Historia secreta
del Camino de Santiago

Historia secreta del Camino de Santiago

Tomé Martínez Rodríguez

Conoce toda la colección en:
Books.AmericanBookGroup.com

HISTORIA SECRETA DEL CAMINO DE SANTIAGO

Fecha de publicación: Mayo 2023

Autor: © Tomé Martínez Rodríguez

Elaboración de textos: Santos Rodríguez

Copyright del editor de la presente edición:
© 2023 American Book Group

Copyright del editor original:
© 2023 Ediciones Nowtilus, S.L.

Fotografía de cubierta: © Sjors737 / Dreamstime.com

Cualquier forma de reproducción, distribución, comunicación pública o transformación de esta obra solo puede ser realizada con la autorización de sus titulares, salvo excepción prevista por la ley.
Para solicitar permisos, contactar con el editor en info@trialtea.com.

ISBN ABG: 978-1681657-87-5

Impreso en los Estados Unidos de América

AmericanBookGroup.com

«Para ti minha Madrinha,
que já caminhas pelas
fermosas corredoiras,
enchidas de estrelas e
vagalumes, perseguindo,
como se fosses uma meninha,
as doces alminhas que a modinho,
te levam de volta
ao teu cósmico Lar…»

Ἐκ τῆς Ἰταλίας φασὶν ἕως τῆς Κελτικῆς
καὶ Κελτολιγύων καὶ Ἰβήρων εἶναί τινα
ὁδὸν Ἡράκλειαν καλουμένην,
δι' ἧς ἐάν τε Ἕλλην ἐάν τε ἐγχώριός τις πορεύηται,
τηρεῖσθαι ὑπὸ τῶν παροικούντων,
ὅπως μηδὲν ἀδικηθῇ· τὴν γὰρ ζημίαν ἐκτίνειν
καθ'οὓς ἂν γένηται τὸ ἀδίκημα.

Aristóteles, Mirabilia 837 a7 / 837 a10

Índice

Introducción. Un paseo por las estrellas 15

Primera parte. El amanecer del Camino Medieval 19

    Capítulo 1. El redescubrimiento 21

        Las raíces del culto jacobeo 26

    Capítulo 2. Construyendo el Camino 35

        Manuscritos y otras fuentes 37

    Capítulo 3. Los inicios de la tradición medieval 45

        Los primeros peregrinos 47

        Personajes clave en la promoción jacobea 49

        Peregrinos de todos los lugares 51

    Capítulo 4. Las otras rutas 55

    Capítulo 5. El Arte del Camino 65

Intercambio de ideas y técnicas: el arte sagrado	67
Capítulo 6. ¿El sepulcro de un mártir apócrifo?	73
El perfil de un hereje	77
Priscilianismo y cristianización	81

Segunda parte. Lo ancestral y lo oculto 87

Capítulo 7. La funcionalidad ancestral del Camino	89
El nexo mitológico	93
La teoría de los pueblos del mar	97
El laberinto	101
Capítulo 8. Gigantes de Piedra	107
Capítulo 9. La «ruta de las estrellas»	111
Diásporas y peregrinaciones atávicas	114
El lenguaje de las aves	118
El juego de la Oca	123
Capítulo 10. La muerte y el Camino	131
Los otros peregrinos	135
Capítulo 11. «Jacques», canteros y maestros de las estrellas	137
Las logias herméticas medievales	139
La conexión cósmica	146
Capítulo 12. Compostela	149
El maestro Mateo y el Pórtico de la Gloria	151

Tercera parte. Antes de Santiago 161

Capítulo 13. El génesis pagano del culto a Santiago	163
La «translatio»	164

Personajes, lugares y viejas cosmologías 169

Asseconia y el Finisterre de los celtas 198

Capítulo 14. El Secreto de Compostela 215

Cuarta parte. La guía secreta 221

Capítulo 15. La Senda Hermética 223

Quinta parte. De lo profano a lo espiritual 311

Capítulo 16. Peregrinar en la Edad Media 313

Capítulo 17. Pitagorismo en el Camino de Santiago 333

Epílogo: El viaje eterno 339

Introducción
Un paseo por las estrellas

Uno de los aspectos más intrigantes que tiene que ver con la ruta jacobea es su relación con el cielo nocturno y sus habitantes: las estrellas y constelaciones que con su luminosa presencia dan vida a la Vía Láctea. Ese extraño vínculo, tan poco ortodoxo, aparece ya citado en las primeras historias que nos describen el misterioso descubrimiento de la tumba del apóstol Santiago presumiblemente en torno al año 813. Es lo que se conoce como la «inventio» del sepulcro del Apóstol «Sancti iacobi». Un acontecimiento rodeado de misticismo y magia en el que un vigoroso y lozano roble llama la atención de Pelagio, un ermitaño que asiste al milagroso acontecimiento de las luminarias y el roble, que por su gran tamaño, según describen las crónicas, debió ser milenario como milenaria fue su funcionalidad sagrada. Esta «materialización» de lo sobrenatural en un lugar sagrado de uso pagano, a través de un símbolo celta tan poderoso como el roble, para llamar la atención de que allí estaba enterrado el Apóstol, me ha llevado a sospechar, durante décadas, que detrás de la historia oficial del Camino existía un trasfondo inédito y sorprendente con raíces históricas y arqueológicas que debía de ser seriamente investigado y desvelado para nuestra mejor comprensión del fenómeno jacobeo.

Durante décadas algunos autores e investigadores hemos tratado de dar respuestas más o menos coherentes sobre lo que podía estar detrás de todo este acontecimiento cultural y religioso en lo que concierne a su génesis. Siempre hemos encontrado serias dificultades para avanzar en nuestros propósitos por la falta de evidencias bien argumentadas y constatadas. El caso es que esas evidencias ya están aquí. Décadas de investigaciones nos permiten, por primera vez, elaborar una interpretación del misterioso origen del Camino, a mi entender, absolutamente revolucionaria. A pesar de los desatinos del pasado, las especulaciones más o menos fundadas o la falta de concreción en las conclusiones sobre el origen de la ruta jacobea elaboradas durante generaciones es evidente que muchos de nosotros no andábamos muy desencaminados cuando tratábamos de justificar esa conexión con el pasado más ancestral echando mano de mitos tan polémicos y fantasiosos[1] como la Atlántida o ciertas evidencias arqueológicas cuyo significado aún no entendíamos bien como los megalitos o los petroglifos que se desperdigan a lo largo del todo el Camino francés pero también de otras rutas que fueron trazadas para llegar al mismo destino en tierras galaicas. Se trataba de una tentativa no exenta de esfuerzo y fe por encontrar una salida que diera como resultado una teoría coherente y factible al respecto. Aunque muchas de esas teorías, que también recojo en este libro, carecían del rigor deseado sí que acertaban cuando aseguraban que existía una origen pagano del Camino. Gracias a los nuevos criterios interpretativos desvelados por la ciencia del siglo XXI en campos tan variados como la arqueología, la arqueoastronomía, la mitología o la historia hemos podido clarificar muchas cosas dando mayor consistencia y rigor a las novedosas conclusiones que trato en las páginas de este libro y que espero no dejen a nadie indiferente. Es ahora, a la luz de estos nuevos datos, cuando todo lo que concierne al génesis del Camino de Santiago adquiere un sentido sorprendente y apasionante por sus implicaciones en la narrativa real que subyace en la filosofía y cosmología del Camino.

Naturalmente no he olvidado la faceta histórica y la visión cristiana del Camino. Las poderosas razones espirituales que durante siglos impulsaron el Camino medieval aún siguen vivas -en parte- entre muchas personas que movidas por sus creencias siguen recorriendo la ruta jaco-

---

[1] Es evidente que la Atlántida es un mito pero es posible que la historia que describe Platón esté inspirada en un acontecimiento real que algunas investigaciones arqueológicas identifican con la mítica Tartessos y que al parecer fue devastada hace miles de años por un tsunami. El impacto de aquel acontecimiento no sólo pudo tener su reflejo en le mito de Platón también lo tuvo en todo el mundo antiguo y existen evidencias. Aquellos que quieran saber más al respecto les recomiendo que lean mi obra *Grandes Enigmas de la Historia* publicada en esta misma editorial.

bea impelidos por la convicción de su fe. Pero incluso estos peregrinos, o al menos una parte de ellos, son conscientes de la estrecha conexión que parece existir en la forma de mirar, leer y sentir el Camino con los peregrinos que siglos antes que ellos lo hicieron por los mismos motivos. Esas lecturas también fueron muy diversas y sobre ellas reflexionamos amplio y tendido pero existe una manera de leer el Camino especial que llevó a los constructores de la ruta medieval a elaborar una especie de «código hermético» que sólo un grupo especializado de peregrinos podía llegar a interpretar. Ese «otro Camino» o más bien esa «otra forma» de hacer e interpretar el Camino ha sido objeto de estudio exhaustivo por personalidades tan relevantes como Jaime Cobreros, Juan Pedro Morin, Juan García Atienza, Alarcón y muchos otros entre los que destaca, por razones no sólo eruditas, el francés Louis Charpentier. Estos autores fueron mi inspiración desde muy joven y se han visto complementados por las nuevas visiones de autores como Sánchez Montaña, José Manuel Barbosa, Balboa Salgado, García Quintela o Santos Estévez, entre otros tantos conformando una fuente de sabiduría que me ha ayudado a complementar en muchos casos ideas y desarrollos muy similares e incluso análogos. De hecho tengo la fortuna de haber podido trabajar con algunas de estas personalidades en algunos de mis documentales de divulgación científica lo que me ha ofrecido la oportunidad de asistir con ellos al gozoso momento de leer entre líneas muchos de esos mensajes del pasado, algunos estrechamente relacionados, como veremos con la ruta jacobea. Los peregrinos especializados que recorrían ese «otro Camino» –que no deja de ser el mismo que recorrían los demás por razones ideológicas – formaban parte de los gremios medievales implicados en la construcción del Camino medieval. Se trataba de artesanos, canteros o arquitectos involucrados en lo que ellos llamaban el proyecto de «La Gran Obra» y que no era otra cosa que la ruta jacobea. Ellos fueron los responsables de ejecutar gran parte de las grandes infraestructuras que jalonan el Camino francés. Aquellos peregrinos veían el Camino con otros ojos. Aprovechaban cada etapa para imbuirse del conocimiento técnico que rezuman los templos románicos y góticos que les salían al encuentro o los puentes que atravesaban en su periplo a tierras gallegas. Para ellos, el Camino era un libro abierto y útil que les servía para, una vez consumada su peregrinación, poder llevar a la práctica muchas de esas técnicas en otros lugares de la Europa cristiana. Pero existía otra lectura más antropológica y fascinante sobre la que también indago; la lectura esotérica que de estos lugares hacían principalmente parte de estos peregrinos especializados; es lo que se conoce como el Camino iniciático. Un camino también transformador para quien lo realiza pero bajo unas premisas cosmológicas diferentes de las cristianas y que enlazan disimuladamente con ese mundo antiguo tan estrechamente vinculado con el origen de la ruta de las estrellas; hasta el punto de poder experimentar la materialización de lo divino e «inexplicable» en acontecimientos laboriosamente diseñados manteniendo el perpetuo diálogo, aunque cristianizado, con la sabiduría más ancestral de lo sagrado. Un ejemplo de lo que digo lo podemos ver escenificado en el capitel de la Anunciación en el monasterio de San Juan de Ortega dos veces año, cuando el equinoccio baña con su luz el alegórico motivo de este capitel en particular a las cinco en punto de la tarde, hora solar. Aspecto este último como tendremos oportunidad de ir comprobando a lo largo de las páginas de este libro altamente significativo. Aquel viaje terminará en el cabo del fin del mundo, en Fisterra evocando los viajes de las almas de los difuntos de las antiguas cosmologías germánicas e indoeuropeas. Estas son las tres vertientes que se dan cita en este libro en un esfuerzo por entender las diferentes perspectivas del Camino de Santiago y conocer hasta qué punto están entrelazadas unas con las otras. Y es que recorrer la ruta de las estrellas no es lo más importante, lo más importante es ser consciente de lo que hacemos cuando viajamos por ella, lo que vemos y sentimos cuando nuestros pies recorren cada etapa del Camino. Saber interpretar los paisajes que nos salen al encuentro o escuchar lo que nos susurran sus monumentos es clave para entender el verdadero valor y dimensión del Camino. El Camino marca el sendero de un conocimiento empírico del alma humana que procede de los lejanos tiempos en los que otros viajeros –siglos antes de que existiera la ruta jacobea– buscaban, paradójicamente, las respuestas a las mismas y grandes preguntas que nos siguen atormentando como seres humanos. Historia Secreta del Camino de Santiago es un libro, además, que aspira a viajar en su alforja cuando finalmente decida experimentar por si mismo la peregrinación a la catedral de Compostela o ir más allá del horizonte estrellado que marca la Vía Láctea. Ha llegado el momento de comenzar nuestro viaje.

Tomé Martínez Rodríguez

Primera parte

El amanecer del Camino Medieval

Incipit epla beati ca

misi: quatinus liquid cor
tutas uia amore apti dil

Capítulo 1
El redescubrimiento

Existe un acontecimiento histórico poco conocido pero de enorme trascendencia en la etapa más contemporánea del fenómeno jacobeo. El 28 de enero de 1879, el canónigo Don Antonio López Ferreiro se disponía a pasar toda la noche encerrado –por cuarta vez consecutiva– dentro de la Catedral de Santiago de Compostela. En ese momento era director de las prospecciones arqueológicas que se llevaban a cabo en absoluto secreto dentro de la catedral y se sentía abrumado por lo que podía llegar a descubrir. Tras seis sondeos infructuosos, López Ferreiro intuyó que aquella noche iba a ser especial. Y es que nuestro protagonista estaba buscando, nada más y nada menos, que los restos del apóstol Santiago.

Doscientos noventa años antes los restos del Apóstol habían desaparecido coincidiendo con la derrota de la Armada Invencible. El poderío naval del entonces temido Imperio español había sucumbido a las fuerzas de la naturaleza que le habían plantado cara en el Canal de La Mancha. Al año siguiente, la reina Isabel de Inglaterra envió a España, tras el fracaso de Felipe II en la invasión de Inglaterra, una armada mayor que la española para destruir la ciudad de A Coruña. Fue aquí donde se dio uno de los grandes hitos de la historia de la ciudad protagonizado por María Pita la mujer que plantó cara al ataque inglés. Recientes estudios han demostrado que la heroína gallega no solo defendió la ciudad de los piratas; aunque entre los expedicionarios figuraba Francis Drake, María Pita y el pueblo de A Coruña defendieron la ciudad de una acción

Don Antonio López Ferreiro redescubrió en 1879 los supuestos restos del apóstol Santiago después de que llevaran desaparecidos varios siglos.

militar de gran envergadura que tenía por objetivo asolar la ciudad y destruir los barcos fondeados en la costa. Los ingleses prepararon para la ocasión seis embarcaciones de guerra y llevaron consigo 23.000 hombres resueltos a tomar la ciudad, entre otros objetivos militares, precariamente defendida por apenas 500 soldados supervivientes del desastre de la Armada Invencible. Finalmente, la flota inglesa acabaría por ser derrotada en los puertos españoles y portugueses. Una humillante derrota militar que permaneció oculta al conocimiento del pueblo inglés y al resto del mundo durante algo más de cuatrocientos cincuenta años.

El lector se preguntará y con razón qué relación tiene todo esto con el Camino de Santiago y es que durante el desarrollo de los dramáticos acontecimientos del desembarco inglés en territorio galaico, el corsario Francis Drake, que estaba al frente de la fuerza naval inglesa comandada por John Norris, se propuso entrar en Santiago y en sus propias palabras «hacer tabla rasa de la ciudad», lo que significaba que anhelaba hacerse con el más preciado botín, simbólicamente hablando, que atesoraba la catedral de Compostela: los restos del apóstol Santiago.

Hoy sabemos que, a partir del año 1589, los peregrinos que llegaban a Compostela adoraban una cripta vacía. ¿Adónde habían ido a

Ilustración de María Pita. Autor: Santiago Llanta.

parar esos restos? Ante el inminente ataque inglés a la ciudad, el arzobispo San Clemente y sus canónigos prepararon la evacuación y naturalmente quisieron llevarse la reliquia con ellos, sin embargo, según reza la tradición no lo llegaron a hacer pues al abrir la tumba surgió de ella un gran resplandor acompañado de un misterioso viento, lo que llevó al arzobispo a desistir de sus iniciales pretensiones con estas palabras: «Dejemos al Santo Apóstol que él se defenderá y nos defenderá». Sin embargo, la realidad fue muy distinta y, aunque el arzobispo no se llevó consigo los restos, sí que los escondió en algún lugar de la catedral. De haber conseguido su propósito, Drake nunca hubiera podido encontrar el escondrijo donde el arzobispo había ocultado los restos. De eso estaba seguro, siglos después, Don Antonio López Ferreiro, que llevaba tiempo buscándolos en una misión ardua y sumamente laboriosa.

Aquella fría noche del 28 de enero de 1879 cuando todo parecía perdido, López Ferreiro tuvo una poderosa intuición. Se percató de que la estrella de la bóveda del ábside se correspondía con la estrella del mosaico y entonces como un relámpago en su mente sintió que aquel era el sitio donde se debía excavar; en concreto entre el altar mayor y el ambulatorio. Cuando eran cerca de las dos de la madrugada, el ayudante Juan Nartullo tropezó con su piqueta en algo. Todos se inclinaron y López Ferreiro acercó con mano temblorosa la farola de acetileno para alumbrar el lugar. No cabía duda, algo artificial pujaba por revelarse ante los ojos de aquellos privilegiados testigos. Así que siguieron excavando con las manos hasta que por fin consiguieron desenterrar lo que a todas luces parecía una urna funeraria primitiva. Emocionado por el momento, López Ferreiro abrió la humilde caja y en su interior pudo ver unos huesos. Con la emoción contenida exclamó ¡son los huesos de Santiago! ¡hemos encontrado sus restos! Entonces Juan de Nartallo sintió una honda impresión. Le afectó tanto que cayó desmayado y al parecer perdió la visión. Es más, cuando recobró el sentido estuvo media hora totalmente ciego, sin poder ver. Este es un momento importante en la historia contemporánea del Camino de Santiago porque a partir de ese momento los supuestos restos del Apóstol volvieron a ser depositados en su cofre original. Aquel redescubrimiento de la reliquia que justifica la peregrinación de millones de creyentes de todo el mundo, tuvo un impacto significativo en la época. Así lo testimonian las fuentes documentales que han llegado hasta nosotros. Manuel Larramendi, el maestro de obras, cuenta así cómo dieron la noticia al cardenal Payá:

> «Eran las dos de la mañana y en cuanto Nartallo fue reponiéndose, don Antonio me dio la comisión de ir personalmente a dar la feliz noticia del hallazgo al señor Cardenal. Llamé repetidas veces a la portería y no me sintió nadie. Entonces fui por la calle de San Francisco y arrojé una piedra a la vidriera de la habitación del cochero de su eminencia. Se asomó con precaución y, en cuanto me conoció y le dije lo que pasaba, vino corriendo a abrirme la puerta de palacio, llevándome al dormitorio del señor Cardenal. Este me recibió muy contento y yo le conté todo lo que había ocurrido. Me mandó que volviese a cerrar el sarcófago en la misma forma que estaba como se hizo».

Al día siguiente el cardenal escribió una carta al rector de la Universidad:

> «La exploración que se está practicando en el subpavimento del presbiterio y tras-sudario, con el fin de descubrir el sepulcro y los huesos del Apóstol, ha dado con el descubrimiento de una gran colección de ellos dentro de un sepulcro rústico en el tras-sudario; sin inscripción alguna que indique ser de los del Apóstol o los de sus discípulos, San Anastasio y San Teodoro, que la historia y la tradición atestiguan

haber sido enterrados junto a las cenizas de su tan amado maestro. Hemos creído lógico y prudente rogar a vuestras excelencias se sirvan reconocerlos, examinarlos, clasificarlos y coleccionarlos, informándonos de estos tres extremos: uno, ¿a cuántos esqueletos pertenecen?; dos, ¿cuál es su antigüedad?; tres, ¿se descubre en ellos alguna señal que haga temeraria o inverosímil la creencia de que son los que se buscan, esto es, los del Santo Apóstol tan solo, o los de este con sus dos indicados discípulos?»

Tras recibir la carta los profesores se personaron de inmediato en la catedral. En el ábside de la basílica, en concreto en el tras-sagrario, los académicos vieron levantado el pavimento y en el centro excavado pudieron percibir una urna tosca. Con gran solemnidad procedieron a su apertura. Así lo explicó en su día uno de los científicos que había acudido al lugar la noche después del descubrimiento del contenedor funerario de los supuestos restos de Santiago:

«Hallamos huesos humanos colocados sin orden y mezclados con alguna tierra, desprovistos de cartílagos y partes blandas y tan deteriorados que no existía ni un solo hueso entero ni completo. Los de la parte superior que no cubría la tierra estaban en mejor estado de conservación».

Aquí comenzó el primer estudio moderno sobre los restos humanos que se encuentran en la catedral; tema sobre el que incidiremos más adelante. Aún así este primer análisis de la cuestión determinó que se podían reconocer los restos apostólicos en algunos detalles sobre los que luego profundizaremos. Sea como fuere, desde un punto de vista oficial, López Ferreiro tuvo el honor de redescubrir las reliquias del apóstol Santiago para la Cristiandad. Este momento histórico marca un punto de inflexión en la historia más reciente del culto jacobeo y probablemente, si no se hubiera llevado a cabo este descubrimiento, hoy la peregrinación a Santiago no sería lo que es. De lo que no hay duda es de que, tras el «redescubrimiento» de los supuestos restos del Apóstol, en la segunda mitad del siglo XIX, el culto jacobeo volvió a tomar impulso, especialmente tras el veredicto oficial de la Iglesia de entonces asumiendo que estos restos eran los de Santiago Apóstol.

Con el tiempo, como tendremos oportunidad de explicar, este redescubrimiento vino a confirmar, en primer lugar, que la ubicación de la catedral de Compostela respondió a la necesidad de cristianizar un antiguo territorio sagrado y por lo tanto de culto, dentro de las fronteras del antiguo *Reino de Gallaecia*, y en segundo término, nos ha permitido contextualizar la verdadera dimensión de la tradición jacobea y la evangelización en territorio peninsular y su relación con los mitos fundacionales de la «inventio» del sepulcro de Santiago de finales del siglo VIII y principios del siglo IX. Así pues, si queremos entender la verdadera dimensión del culto jacobeo deberemos indagar en las raíces de la tradición y la leyenda; así que comencemos por el principio.

LAS RAÍCES DEL CULTO JACOBEO

El *Cronicón Iriense* nos cuenta, a principios del siglo IX, la historia de unos inexplicables acontecimientos relatados por un ermitaño que vivía cerca del castro donde se producían. El anacoreta -de nombre *Pelagio* (*Pelayo* en castellano)- relataba así los misteriosos acontecimientos que le llevaron a descubrir el lugar exacto donde reposaban los restos del apóstol Santiago:

> «Las gentes de Solóvio (la actual *San Fiz de Solovio*) contaban que en el medio de un monte grande, cubierto de matas y robles furiosos, se oían cánticos y se veían luces y estrellas; en el centro estaba el roble grande y más alto y sobre él se ponía una estrella mayor que las otras».

Puesto el hecho en conocimiento de Teodomiro, obispo de Iria, este no tardó mucho tiempo en personarse en el misterioso lugar donde se estaban desarrollando los extraños fenómenos luminosos. Según la tradición, el 24 de julio del año 813[2] Teodomiro llegó finalmente a Solovio y pasó la noche en el castillo de una familia noble. Cuando llegó la medianoche él, junto a sus anfitriones, pudo constatar cómo, en efecto, enigmáticas luminiscencias y lo que parecían estrellas surgían en el entorno del enorme roble que presidía el lugar. Al día siguiente, Teodomiro celebró una misa en la iglesia de Solovio después de lo cual limpió de maleza el entorno donde se producían los milagrosos fenómenos y comenzó las prospecciones donde estaba la «Santa Cueva» en la que penetró. Fue entonces cuando se percató de que estaba labrada laboriosamente presentando el aspecto de un modesto monumento en cuyo interior pudo ver un altar y al pie del mismo una losa sepulcral. Tras mandar levantar

---

[2] Quisiera aclarar que en la historiografía se manejan muchas fechas para datar este momento de la historia jacobea. Finalmente me he inclinado por este año por considerarlo, desde mi punto de vista, como el más aproximado al contexto temporal de aquel acontecimiento singular de nuestra historia. Otro contexto temporal muy valorado ubica el descubrimiento de la tumba del Apóstol entre los años 820 y 830 (nota del autor).

la losa él y sus acompañantes pudieron ver un cadáver que juzgó, en un primer momento, como de alguien relevante; tal vez un santo.

Tras un examen más minucioso del sepulcro, los restos allí depositados y otros detalles, Teodomiro concluyó que los restos humanos encontrados eran los del apóstol Santiago, entre otras cosas, porque el cadáver aparecía decapitado; pero el indicio más relevante consistió en un letrero que decía:

> *«Aquí yace Jacobo, hijo del Zebezeo y de Salomé, hermano de San Juan, que mató a Herodes en Jerusalén y llegó por mar con sus discípulos hasta Iria Flavia de Galicia y vino en un carro de bueyes de Lupa, señora de este campo y de aquí no quisieron pasar más adelante y San Cecilio lo hizo estando juntos la mayoría de los discípulos».*

En esta parte se hace clara mención a la *translatio*, tema sobre el que volveremos más adelante. Teodomiro no tardó mucho en comunicar el descubrimiento del supuesto cuerpo apostólico -en lo que pudo haber sido un monumento funerario de factura romana- al rey Alfonso II el Casto que estaba en Asturias. A los pocos días el monarca conmovido por el hallazgo convocó a toda su corte y a sus obispos para compelerles a que visitaran la tumba y adoraran al Apóstol allí enterrado. Una vez que se procedió a la adoración ordenó que construyeran un templo más grande sobre el propio sepulcro concediendo, de paso, el *«privilegio de las tres millas»*[3]. Éste es el privilegio feudal más antiguo de toda Europa documentado hasta el momento, anterior al mismísimo Imperio carolingio que consolidó esta figura un tiempo después del descubrimiento del sepulcro del Apóstol.

En Santiago de Compostela existen evidencias arqueológicas de una continuidad de culto. Sus cimientos nos hablan del solapamiento de templos a lo largo del tiempo; siendo la catedral el último de esos templos jacobeos erigidos sobre otros más antiguos. Otro acontecimiento arqueológico singular tuvo lugar en el año 1945 cuando el cabildo compostelano acometió la tarea de suprimir el coro. Se trata de un descubrimiento arqueológico casual pues en un principio lo único que se pretendía era desmontar un coro para construir otro nuevo, pero durante la realización de los trabajos se encontraron, tras levantar las tarimas del

---

[3] El privilegio de las tres millas es, de facto, el origen de las Tierras de Santiago, del coto y su entorno. Con el tiempo, el privilegio iría aglutinando más y más territorio abarcando gran parte de las provincias de A Coruña y Pontevedra. Naturalmente, esta expansión territorial respondió a un criterio estratégico que favoreció enormemente a la Iglesia desde un punto de vista económico.

sollado, evidencias arqueológicas de la anterior iglesia jacobea que vienen a constatar la continuidad del culto a lo largo de los siglos. Posteriormente se encontraron elementos de la que se cree es la primera construcción jacobea, anterior por lo tanto a los restos encontrados en 1945. Este último hallazgo es sumamente interesante pues en las prospecciones que se llevaron a cabo se encontraron unas tejas romanas, conocidas con el nombre de *tégulas*, que se utilizaban asiduamente en los templos funerarios. Es más, los restos del llamado primer templo jacobeo, son la evidencia de que mucho antes de que el obispo Teodomiro descubriera los restos del sepulcro del apóstol Santiago en aquel lugar debió existir con toda probabilidad una importante necrópolis. El 2 de febrero de 1946, la exploración arqueológica dio como resultado el hallazgo de un esqueleto completo anterior al siglo IX y posteriormente fueron apareciendo otros sepulcros con sus correspondientes restos humanos todos ellos con características propias de los primeros tiempos de la expansión del Cristianismo; hasta que finalmente se encontró la primera tumba elaborada con *tégulas*, lo que era de uso común en las necrópolis bajo-romanas. En total se contabilizaron, al finalizar las prospecciones, seis tumbas. El caso es que el hallazgo de este cementerio romano, muy anterior al descubrimiento del sepulcro del apóstol Santiago, encontrado bajo la catedral compostelana, se convierte en un elemento que influirá notablemente en las diversas interpretaciones posteriores sobre la tradición jacobea.

Poco después del descubrimiento del sepulcro del Apóstol se erigió, como consta la arqueología, un humilde templo que, sin embargo, sería sustituido por dos construcciones con posterioridad, una en el año 829 y la otra en el 899; ambas de mayores dimensiones destinadas a cobijar a los peregrinos que, conforme pasaban los años, iban creciendo en número; razón última que justificó el mayor tamaño que presentaban. En 997 se erigió otro templo que sería destruido por las huestes de Almanzor[4] aunque poco después se acometerían las obras de reconstrucción. La construcción de la catedral que hoy conocemos comenzó alrededor del año 1073.

Antes de que fuera construida la catedral en torno al santuario que cobijaba los supuestos restos de Santiago se fueron erigiendo numerosos albergues para acoger a los peregrinos; pero también viviendas, palacetes, murallas, posadas y otras infraestructuras que contribuyeron a levantar en relativamente poco tiempo una ciudad. Sabemos que la urbe recibió numerosos nombres a lo largo del tiempo: Locus Sanctum, Compositum, Arca Marmórica; y otros muchos, pero finalmente se acabó por institucionalizar el nombre de Compostela.

---

[4] Cuyo nombre en árabe era Al-Mansur.

La noticia del descubrimiento acabaría extendiéndose por la Europa cristiana pero no fue hasta el siglo x cuando comenzaron a llegar a Compostela numerosos romeros procedentes de todo el mundo cristiano. Compostela fue a partir de ese momento el principal centro de peregrinación de toda Europa. La ciudad en su conjunto acabó viéndose favorecida por la actividad económica que generó el trasiego de personas, mercancías e ideas que se fueron sustanciando a lo largo de los primeros siglos de la peregrinación jacobea; por lo que pronto llegaron noticias de fabulosos tesoros ocultos en la catedral que atrajeron a los vikingos en el año 858 y décadas después se sucedería la invasión árabe en el año 997; es la época de decadencia de la ciudad pero sobre sus cenizas acabaría edificándose una nueva Compostela. A partir de aquel momento se sucedieron una serie de decisiones y acciones de marcado carácter estratégico. Por un lado, la sede episcopal se trasladó de Iria a Compostela y poco después –en previsión de futuros ataques– se levantaron nuevas fortificaciones y murallas defensivas entorno a la ciudad. También se acometieron las obras, en la desembocadura del río Ulla, del Castillo de Honesto y aunque actualmente este ya no existe aún perviven como recuerdo los restos ruinosos de las llamadas *Torres do Oeste*, muy cerca de la villa pontevedresa de Catoira. Con el apoyo del monarca Alfonso VI, Diego Peláez comenzó la reconstrucción de la catedral que sería rematada bajo los auspicios del arzobispo Gelmírez siendo consagrado como obispo de Compostela en el año 1101.

DIEGO GELMÍREZ. EL GRAN PROMOTOR

El arzobispo gallego está íntimamente vinculado a la catedral de Compostela y al culto jacobeo; hasta el punto de que fue el principal promotor con el apoyo de Cluny, naturalmente. Se trata de un personaje complejo que sin embargo tuvo bastante fortuna en su viaje por el poder. Además de obispo era político y guerrero. Su sagaz personalidad y su procedencia noble le permitieron conquistar muchas de sus ambiciones. Era hijo del caballero gallego Gelmiro, un noble con grandes fortunas y bienes que gobernaba uno de los puntos más estratégicos de Galicia. De hecho gestionaba las Torres del Oeste y el territorio comprendido entre el río Tambre y el Ulla. En el año 1093, siendo un simple clérigo, Gelmírez será nombrado, hasta en dos ocasiones, administrador de la diócesis. En la segunda ocasión, el propio papa Pascual II le hará entrega del diaconado. A su regreso a Galicia será consagrado obispo de Santiago. Entre sus muchas actividades destacó la de su decidido impulso a la construcción de la catedral de Compostela que acabará siendo terminada en 1122; en un tiempo récord de 53 años. Años más tarde recibirá de manos del rey Alfonso VI la administración política y civil de los terrenos que dependían de la iglesia de Santiago de Compostela además de otorgarle el derecho de acuñar moneda propia.

En resumidas cuentas; además de la construcción de la catedral de Compostela, Gelmírez llevo a cabo numerosos proyectos con éxito como la construcción de hospicios, escuelas, monasterios o la iglesia que levantó en el Monte do Gozo para los peregrinos que fallecían en el Camino. Fue, de hecho, el protector y hasta el mecenas de Cluny. Otra faceta suya fue la militar, y es que defendió las costas de Galicia de los piratas y los ataques de los moriscos con notable éxito.

Diego Gelmírez ante Fruela Alfonso y Pedro Muñiz. Manuscrito Tumbo de Toxosoutos (siglo XIII).

Resulta evidente que la *inventio* del sepulcro del apóstol Santiago hará de la ciudad de Compostela un referente estratégico sin parangón hasta entonces, convirtiéndose, a partir de ese momento, en una especie de «segunda capital» del Reino de Galicia y en uno de los destinos más relevantes de la Cristiandad con el mismo rango de importancia, sino más, que los grandes centros de peregrinación del momento como Roma o Jerusalén.

Las consecuencias de este acontecimiento fueron variadas. Desde el punto de vista religioso y estratégico la promoción de los restos del apóstol Santiago en la catedral de Compostela atrajo a un número cada vez más numeroso de peregrinos a la ciudad. Estamos en un contexto histórico en el que Santiago se irá convirtiendo, además, en el valedor de las cruzadas.

TIEMPO DE CRUZADAS

Tal como menciono en mi libro *Historia Secreta de la Edad Media*, desde el siglo XI hasta el siglo XIII en su segunda mitad, la historia de Europa giró alrededor del fenómeno de las Cruzadas; expediciones religioso-militares que tenían por misión «recuperar» los lugares santos para el Cristianismo. Fueron muchos los que se sintieron llamados por esta «sagrada» misión pero especialmente las clases más populares y más pobres que decidieron buscar en Oriente fortuna compelidos por sueños de grandeza y grandes riquezas. Con el tiempo los comerciantes se vieron favorecidos por este fenómeno religioso-militar pero también la Iglesia. Las autoridades eclesiásticas entendieron que la promoción de las cruzadas repercutiría muy positivamente en su mal disimulada ambición de extender el Cristianismo eliminando de paso otros competidores, por esa razón las autoridades del momento decidieron promocionar la «liberación» de los Santos Lugares de la hegemonía musulmana. Al mismo tiempo, las peregrinaciones atrajeron a miles de peregrinos que no dudaban en iniciar su incierto viaje a Tierra Santa, Roma o en el caso que nos ocupa, Santiago de Compostela. Por esa razón no resulta extraño encontrar a Santiago «Matamoros» como principal estandarte evocador de este espíritu guerrero imbuido en una religiosidad que nos resulta extraña en nuestros tiempos pero que en su momento respondió a una serie de sinergias e intereses que la definieron y normalizada dentro de un contexto sociológico y cultural medieval.

Santiago Matamoros
(Museo del Prado).

El apóstol Santiago acabará transformándose en el estandarte de la lucha contra el Islam aunque esa imagen se potenció deliberadamente con otra invención: la Batalla de Clavijo (844) en la que se nos describe un Santiago montado a lomos de un caballo blanco, blandiendo una espada[5]; de ahí su nueva acepción popular a partir de entonces en la etapa medieval: Santiago Matamoros. Esta figura idealizada y mitificada tuvo su impacto en la conciencia de las gentes del medievo, en un momento histórico delicado en el que el dominio musulmán amenazaba al mundo cristiano seriamente.

Por otro lado, el descubrimiento del sepulcro de Santiago, repercutió, a su vez, en el ámbito político generando desconfianza por parte de la curia romana que no dudó en poner en tela de juicio la legitimidad

---

[5] Aquel lector que quiera profundizar sobre este particular puede consultar mi obra *Historia Secreta de la Edad Media*, donde hago mención de las razones que justifican que estamos ante una leyenda inventada más que ante un hecho que hubiera tenido realmente lugar en el pasado.

La catedral de Santiago de Compostela en un dibujo de 1660.

religiosa del culto jacobeo en tierras compostelanas por parte de la iglesia de occidente; lo que provocó que a lo largo de los siglos las autoridades eclesiásticas enviaran representantes a Compostela para investigar la peregrinación a tierras galaicas con el propósito de encontrar argumentos que apoyaran la idea de que la peregrinación a Santiago era cualquier cosa menos un culto católico. Esto no evitó que la peregrinación jacobea perdiera interés por parte de la cristiandad, todo lo contrario.

En todo caso, el culto jacobeo fue un acontecimiento, desde sus inicios, que las autoridades vieron con cierto recelo durante mucho tiempo por otra razón. No es casual que la tradición retrocediera a antes del año 40 de nuestra era. Los investigadores gallegos Henrique Egea y Alberto Lago justifican esta idea en el hecho de que la predicación jacobea en Hispania y la fundación de la Sede Episcopal en Braga, veinte años antes de que Pedro llegara a Roma para comenzar su prelatura, condicionó durante un tiempo a los papas que consideraron la peregrinación a Compostela como una amenaza suscitando desconfianza y miedo a que surgiera otro representante santo del Cristianismo que compitiera con Roma o incluso que Compostela acabará convirtiéndose en el centro más importante de la Europa cristiana dando origen a otra Iglesia Católica[6].

---

[6] A excepción de San Pablo y San Pedro, el Apóstol Santiago era el único apóstol enterrado en Occidente. De ahí las reticencias de los diversos papas que mostraron su preocupación con el fenómeno jacobeo.

Por otro lado, para algunos autores, tras el descubrimiento de los restos del Apóstol en territorio galaico, la ciudad acabará ejerciendo mayor influencia y poder dentro del Reino de Gallaecia. Así lo estiman Henrique Egea y Alberte Lago que a modo de ejemplo nos refieren en sus trabajos al heredero de Alfonso II, Ramiro I, el cual será el candidato apoyado por la nobleza gallega, a pesar de que en ese momento estaba en Bardúlia[7]. Por el contrario, el candidato proclamado en la corte, en Oviedo, el conde Nepociano, será derrotado y apartado del trono. Según ellos esto no fue casual y tuvo mucho peso la creciente importancia que fue adquiriendo el territorio gallego al cobijar en su seno los restos del Apóstol. Como veremos a continuación las repercusiones de este acontecimiento abarcaron otras facetas como la económica, la artística y por supuesto, la espiritual.

---

[7] Un territorio que se ubicaba al norte de Castilla.

# Capítulo 2
Construyendo el Camino

Como hemos referido en el capítulo anterior, con el tiempo Compostela se convirtió en la gran metrópoli de las peregrinaciones en Europa; y por todas las rutas, cristianos de todas las lenguas llegaron a Compostela por tierra y hasta por mar. Todos los caminos convergieron en este mítico lugar y trajeron consigo no solo peregrinos, también comercio, conocimientos de todo tipo y experiencias espirituales que han enriquecido durante siglos la civilización europea.

Sin embargo, cabe preguntarse cuáles fueron las razones que explican el prolongado éxito de la peregrinación jacobea a lo largo de los siglos. Resulta indudable el papel que jugaron las monarquías en su promoción. Los reyes de Aragón y Navarra pero también los castellanos hicieron esfuerzos por atraer a sus respectivos territorios a peregrinos de diferentes nacionalidades, pero especialmente aquellos que eran más pudientes y poderosos. Para conseguir sus propósitos institucionalizaron la idea de que aquellos que visitaran al apóstol Santiago recibirían por ello ciertas compensaciones: matrimonios con linajes relevantes, intercambios de favores y regalos, etc. Existió, además, otra razón para llamar la atención de este perfil de peregrino: la lucha militar contra los moros.

Nunca como en aquel momento de la historia se había necesitado tanto la ayuda militar por lo que se valoraba mucho la llegada de príncipes con su séquito protector de soldados. La lucha en el campo de batalla contra el dominio del Islam era encarnizada. El conflicto bélico contra los musulmanes atrajo a muchos soldados cristianos a la península ibérica, en parte persuadidos por las batallas que habían entablado Carlomagno y sus pares en tiempos primitivos. El triunfo cristiano en el año 1085 infundió ánimos renovados en los reinos del norte donde se estaban acometiendo numerosas construcciones de templos e iglesias; especialmente en la ruta francesa que llevaba hasta Compostela en la que no dejaban de erigirse templos que mezclaban influencias, técnicas y elementos artísticos mozárabes y franceses.

El caso es que las pautas diseñadas para reclamar la atención obtuvieron sus frutos. En el año 950 el obispo de Tuy, atraído por los favores que otorgaba el Apóstol, se acercó a Compostela para visitar la catedral y el sepulcro de Santiago. El marqués de Gothia, Raimundo II, también iniciaría su viaje a Compostela once años más tarde, sin embargo fue asesinado antes de llegar. Tendría que pasar un siglo para que otro peregrino ilustre visitara Compostela; se trataba del arzobispo de Lyon. Conforme la lucha contra el Islam se volvía más encarnizada y daba sus frutos, los monarcas ampliaron su estrategia al pueblo llano pues necesitaban repoblar los territorios conquistados además de más dinero para llenar las arcas. Para atraer al pueblo concedieron dispensas, privilegios fiscales, asistencia al peregrino y protección entre otras tácticas de persuasión.

Además de estos señuelos existía una cosmología cristiana que motivaba a muchos cristianos a peregrinar a Compostela y otros santos lugares. En la tradición cristiana el concepto de la peregrinación se basa en dos ideas; la primera de ellas considera que el alma humana está en la tierra en una especie de estado de exilio pero viajando hacia Dios. La segunda idea considera que determinados lugares de culto y ciertos objetos emanan santidad por lo tanto se entiende que visitar estos espacios sagrados o tocar ciertas reliquias materializan el mundo espiritual.

Los templos e iglesias con reliquias potenciaron el comercio enriqueciendo las villas y ciudades que albergaban estos lugares sagrados. En Santiago de Compostela, por ejemplo, la catedral reforzaba, además, la idea de la importancia de las reliquias y su funcionalidad mediadora entre este mundo y el mundo espiritual. Desde un punto de vista cristiano, los fondos recaudados que afluían constantemente por las ofrendas, la actividad de los peregrinos o las donaciones debían ser gestionadas adecuadamente por respeto al Apóstol.

Ocasionalmente, podían darse curaciones milagrosas ante un sepulcro lo que acababa dando mayor prestigio al culto jacobeo. Cuando esto pasaba en la Edad Media se organizaban campañas para canonizar a algún santo u obispo convirtiendo ese lugar en un lugar de peregrinación.

MANUSCRITOS Y OTRAS FUENTES

A partir del siglo XI, la peregrinación a Compostela estaba en muchas ocasiones organizada con el fin de evitar que los rigores del viaje fueran perjudiciales para los peregrinos pero no fue hasta finales del siglo XI cuando realmente la peregrinación gozó de fama internacional. Los promotores de la nueva peregrinación se vieron en la necesidad de justificar la llegada de los restos del Apóstol a Galicia. Debían disipar los recelos y las dudas de este fabuloso acontecimiento en el mundo cristiano. Los documentos compostelanos más relevantes que hablan de ello son:

- *Escritura de concordia* (de Peláez y Fagildo. Siglo XI).
- *Cronicón Iriense*. Se cree redactado en el siglo XII o con anterioridad.
- El *Livro dos Cambeadores*; escrito en el siglo XIV en lengua gallega.
- *Codex Calixtinus* o *Liber Sancti Jacobi*, redactado en el siglo XII. Se trata del texto más relevante de todos y fue fruto de una gran operación de promoción del culto jacobeo por parte de Cluny en confabulación con las autoridades de Compostela.

El documento más antiguo que recoge estos acontecimientos fue redactado en el año 1077 y se refiere a acontecimientos acaecidos mil años antes. Aún así, existe una posición ortodoxa que defiende estas fuentes como verídicas con base más en la fe que en la evidencia científica. Por esa razón la opinión más extendida aboga por una invención forjada en torno al siglo XII para cautivar y finalmente motivar al mundo cristiano para llevar a cabo la peregrinación a Compostela. Como estamos empezando a ver, no resulta fácil estudiar la tradición jacobea, entre otros factores, por el hecho de que se desconoce la identidad de los restos que reposan en la catedral; tema sobre el que volveremos.

El *Liber Sancti Jacobi*[8] es de todas la fuentes conocidas, las más importante. Sabemos que se redactó en los tiempos del arzobispo Diego Gelmírez, uno de los grandes patrocinadores del culto jacobeo. El contenido del libro es variado reuniendo en su interior varios textos, entre

---

[8] Traducción al castellano: Libro de Santiago.

Prólogo del Codex Calixtinus.

ellos una legendaria historia de Carlomagno que acabó por hacerse muy conocida; hasta el punto que influyó notablemente en el trasiego de peregrinos procedentes precisamente del territorio natal de Carlomagno. La leyenda atribuye al emperador la liberación del Camino de Santiago. Según la leyenda «estaba durmiendo una noche en su palacio de Aquisgrán. Esa noche perdió el sueño; sintió que había algo que imperiosamente tenía que hacer; hasta que se le reveló en un sueño. Abrió entonces los ojos y entonces atisbó un camino maravilloso, copado de estrellas, que cruzaba las calles del universo. Pero ¿hacia dónde? El emperador quería saberlo. Se levantó del lecho en el que dormía, y convocó a sus pares. Consultados estos, decidió organizar sus escuadrones, cubiertos de hierro; y en su compañía comenzó la marcha por el largo camino. Desde los bosques de Aquisgrán fue cruzando las tierras de la dulce Francia. En su andadura apareció la Turena y la corriente del Loira. Luchó luego contra la muralla del Pirineo y una vez vencida ascendió hasta cruzar Roncesvalles y atravesar las planicies de Castilla, llegando, entre fértiles paisajes al lugar de Santiago, donde le contaron que allí yacía el cuerpo del Zebedeo. Y fue así como el nombre de Carlomagno y el sepulcro apostólico aparecieron unidos»[9].

La leyenda aparece narrada en los siguientes términos en el Códice Calixtino:

> «Y mirando Carlos al cielo vio un camino de estrellas que comenzaba sobre el mar de Frisia e iba sobre Alemania, Italia, Francia y Aquitania y por último por medio de la Gasguña y Navarra y por España adelante, y finalizar en aquel lugar de Galicia donde el cuerpo del apóstol Jacobo yacía escondido»[10].

Cuando comentamos que la leyenda recogida en el *Liber Sancti Jacobi* atribuye al emperador la liberación de la ruta jacobea nos estamos refiriendo al dominio que ejercían en el Camino los sarracenos. De hecho, en el relato Santiago se aparece a Carlomagno para explicarle el simbolismo que se oculta en la Vía Láctea y su relación con la ruta terrestre. Le conmina a que la transite para que sus reliquias puedan ser veneradas por los peregrinos y finalmente poder de este modo liberar los caminos que llevan a Compostela de los antes mentados sarracenos; entre otros peligros que acechaban al viajero. Esto es lo que nos dice, en parte, el relato carolingio, pero al margen de la leyenda poco se sabe, históricamente hablando, de los primeros itinerarios llevados a cabo por los primeros peregrinos que llegaron a Compostela antes del siglo XI. Pero como ya hemos señalado anteriormente fue precisamente a partir del siglo XI cuando los peregrinos comenzaron a aventurarse a hacer la ruta jacobea tanto por la asistencia que estos tenían a lo largo de su periplo como por otros factores antes reseñados.

Este respaldo a la peregrinación de masas no hubiera sido factible sin la implicación de dos monarcas; por un lado Sancho Ramírez que implantó estas medidas en sus dominios; es decir, en Navarra y Aragón, y el rey Alfonso VI, que hizo lo propio en Castilla y León. Esta acertada intervención de las autoridades conformó, con el tiempo, una eficaz red de asistencia a lo largo de una ruta de Santiago perfectamente definida, protegida en algunos tramos por órdenes como la Templaria y asistida

---

[9] Compendio de la leyenda elaborada por el investigador Francisco Fernández del Riego.

[10] Códice Calixtino.

por una eficaz red de hospitales, posadas y albergues en todas y cada una de las etapas del trazado.

> ### ÓRDENES MILITARES DEL CAMINO DE SANTIAGO
>
> Estas fueron las Órdenes que históricamente hablando desempeñaron un papel importante en el Camino de Santiago junto a otras Órdenes religiosas.
>
> Para empezar, la más famosa de todas; los Templarios. Se trata, además, de la más antigua de las Órdenes militares. Fue fundada por Hugo de Payns y nueve caballeros franceses en Jerusalén para, entre otras funciones, proteger y defender a los peregrinos cristianos; posteriormente añadirían a sus votos la lucha contra el infiel. Según se desprende de las fuentes existentes, Balduino II les concedió un palacio construido sobre lo que se creía había sido un terreno del templo de Salomón. El origen de su nombre lo encontramos precisamente en este hecho. Aunque llevaban a cabo sus oficios religiosos también ejercían su actividad militar con regularidad. Con el tiempo, los templarios se convirtieron en el prototipo de las órdenes militares asumiendo la defensa de los cristianos en cualquier territorio o lugar donde se precisara su custodia o lucha. Llevaban como distintivo una cruz roja en el manto y la cruz patriarcal con dos travesaños bordada en el pecho. De todo el mundo es conocido su funesto final.
>
> Otra orden religioso-militar que se dedicó a custodiar a los peregrinos que viajaban a Compostela fueron los Caballeros Hospitalarios de San Juan. Aunque también nacen en Jerusalén, su origen es hospitalario tomando su nombre precisamente de un hospital erigido en honor de San Juan Bautista. A Raimundo de Puy se le debe la regla que finalmente organizaría la vida de los integrantes de la Orden. Y aunque en un principio era una organización puramente humanitaria que se dedicaba a curar a los peregrinos cristianos que viajaban a Tierra Santa y a otros enfermos acabó finalmente militarizada para hacer frente a las amenazas constantes que los acechaban. Vestían un manto rojo con una cruz de Jerusalén en color blanco, y eran muy apreciados por el pueblo que no dudaba en recompensar su labor con cuantiosas donaciones y limosnas. En Galicia encontramos la fabulosa iglesia de San Pedro Fiz do Hospital, perteneciente al Concello de O Incio. Esta fue construida por la orden militar y hospitalaria de San Juan y se encuentra en una variante del Camino. A ella acudían muchos peregrinos lesionados o enfermos para ser atendidos. Otras órdenes militares relacionadas con el Camino fueron la Orden de Calatrava o los Caballeros de Santiago.

Historia secreta del Camino de Santiago

Cruz de Malta del Hospital de Peregrinos de la Orden de Santiago de San Fiz de O Incio (Galicia) Esta iglesia románica datada en el siglo XII formaba parte de la orden hospitalaria de San Juan de Jerusalén.

Servicios que con el paso de las centurias se irían multiplicando para hacer frente a un creciente número de peregrinos que cada vez se animaban más a hacer el Camino. Esto además contribuyó a mejorar las infraestructuras de comunicación con la elaboración de puentes o la mejora realizada por el rey de Navarra[11] destinada a evitar que los peregrinos se dieran de bruces en su viaje con las huestes musulmanas entre otros peligros que amenazaban su seguridad e integridad personal. Así fue como Sancho el Grande inauguró un nuevo trayecto desde la sierra del Pirineo hasta Nájera. Configurándose de este modo el que, tiempo después, sería denominado Camino Francés o de los Francos en donde –por cierto– ya se definían las etapas más relevantes de la ruta actual.

Dentro del *Libro de Santiago* encontramos también una guía para los peregrinos escrita por Aymeric Picaud para indicar a los romeros las diferentes etapas del viaje a través del cantábrico desde Puente de la Reina en el primer tercio del siglo XIII. La guía nos permite deducir que a mediados del siglo XII las gentes que viajaban a Compostela lo hacían desde lugares tan variopintos y alejados unos de otros como los Países Bajos, Normandía o Italia además de existir una ruta marítima que cubrían los barcos procedentes del norte de Europa. El autor del texto llega a hacer mención de hasta cuatro rutas distintas para alcanzar la meta final en Compostela. El grado de implicación de Cluny en los siglos XI y

---

[11] Se cree que entre los años 1011 y 1027.

xii fue determinante para universalizar el Camino de Santiago. La labor publicitaria de la Iglesia fue de lo más eficaz. Aprovecharon el hecho de que las congregaciones monásticas estaban muy centralizadas lo que les permitía extender su influjo por toda Europa sin problemas. Pero de entre todas las que había, la congregación de Cluny fue la que encabezó, a finales del siglo xi, la operación divulgativa aprovechándose de su buena imagen y prestigio pues se afirmaba que la abadía francesa era la heredera cultural del Imperio romano. Es más, los cluniacenses se habían extendido con éxito por toda la península ibérica en el preciso momento en que estos habían formalizado una férrea alianza con el rey de Castilla. Las redes filiales y la ideología de Cluny canalizaron adecuada y eficazmente las oleadas de peregrinos que transitaban los diferentes caminos que conducían a Compostela. En definitiva, orientaron a los peregrinos hacia los recorridos de su interés. Ese grado de implicación se hizo notar en la magnífica compilación del *Liber Sancti Jacobi Codex Calistinus* donde se registraron todo tipo de detalles para ayudar a los peregrinos en su viaje a Compostela. El contenido del libro está ordenado metódicamente; así, el libro i hace hincapié en mantener un estricto formalismo durante los oficios litúrgicos, el libro ii nos describe hasta veintidós milagros atribuidos a Santiago, el libro iii describe cómo llegó desde Palestina el cuerpo del Apóstol a tierras galaicas y el lugar donde fue enterrado. El libro iv se refiere a la estancia de Carlomagno en territorio ibérico. Siendo el libro v donde se sustancia la guía práctica de los peregrinos del Camino Francés; la ruta oficial más relevante de todas las que existen. Se trata de una guía del peregrino admirable, sumamente práctica y muy completa para la época en la que se narra todo con sumo detalle e incluso se nos describe a las gentes y las diferentes culturas que salen al encuentro del peregrino en su viaje. Así describe, por ejemplo a los castellanos:

> «pasados los Montes de Oca, hacia Burgos, sigue la tierra de los españoles, a saber, Castilla y Campos. Esta tierra está llena de tesoros, abunda en oro y plata, telas y fortísimos caballos, y es fértil en pan, vino, carne, pescado, leche y miel. Sin embargo, carece de árboles y está llena de hombres malos y viciosos».

Sobre los gallegos dice:

> «que se acomodan más perfectamente que las demás poblaciones españolas de atrasadas costumbres, a nuestro pueblo galo, aunque los trate de iracundos y muy litigiosos».

En el libro también se recogen tres capítulos completos dedicados a hablar de manera entusiasta del Apóstol y la catedral de Compostela:

> «En la referida y venerable catedral yace honoríficamente según se dice el venerado cuerpo de Santiago, guardado en un arca de mármol, en un excelente sepulcro abovedado, trabajado admirablemente y de conveniente amplitud, bajo el altar mayor, que se levanta en su honor. Y también se considera que este cuerpo es inamovible, según testimonio de san Teodomiro, obispo de la misma ciudad, quien en otro tiempo lo descubrió y en modo alguno pudo moverlo. Ruborícense los envidiosos trasmontanos, que dicen poseer algo de él o reliquias suyas. Pues allí está entero el cuerpo del Apóstol, divinamente iluminado con paradisíacos carbunclos, constantemente honrado con fragantes y divinos aromas y adornado con refulgentes cirios celestiales y diligentemente festejado con presentes angélicos».

Representantes de diferentes artes y profesiones fueron asentándose a lo largo de las etapas del Camino paulatinamente. Muchos de ellos procedían de más allá de los Pirineos y en su conjunto ayudaron a conformar las ciudades y a definir sus barrios en función de sus peculiaridades y oficios. Con el fin de crear una ciudad libre de los malos usos y perfidias señoriales, el monarca Sancho Ramírez amplió las libertades de sus conciudadanos. Así aconteció, por ejemplo, en Jaca en el año 1077 bajo sus designios soberanos.

En Jaca, se establecieron otras interesantes medidas recaudatorias como cobrar los aranceles de los productos y personas procedentes de Francia. Naturalmente esta actividad económica trajo consigo a los cambistas o la construcción de hospitales y hospederías, tal y como ya hemos referido anteriormente; pero también artesanos, comerciantes, médicos y muchos más representantes de oficios esenciales para responder a las crecientes necesidades asistenciales relacionadas con la peregrinación. Se establecían garantías poco comunes en los tiempos medievales para aquellos que se aventuraban a hacer su vida en las etapas de la ruta jacobea como el disfrute de un derecho municipal que animaba a los más pudientes a comprar terrenos o propiedades en las tierras circundantes bajo la influencia jurídica de la figura de la prescripción de día y año que aseguraba la protección de la vivienda mediante el pago de una multa a aquella persona o personas que osaran invadirla. Estas medidas resultaron tan atractivas que pasado un tiempo de su instauración, a principios del siglo XII, surgieron hasta tres Burgos nuevos. Desde el primer tercio del siglo XI el lugar se transformó de tal manera que cien años más tarde acabaría convirtiéndose en una gran ciudad con una población mayoritariamente franca.

Sancho Ramírez fundó en 1090 la ciudad de Estella la cual también experimentó la misma prosperidad económica lo que se tradujo en un rápido aumento demográfico y una expansión urbana similar en sus efectos a la experimentada por Jaca. Al amparo de la peregrinación, la ruta jacobea y sus ciudades y villas fueron creciendo trayendo prosperidad a sus gentes. La actividad comercial, artística y espiritual de los habitantes de estas poblaciones fue tan extraordinaria que explica cómo los castros defensivos y las localidades agrícolas de comienzos del siglo XI acabaron convirtiéndose en grandes urbes.

Las fuentes que han llegado hasta nosotros también nos hablan de la decadencia del culto jacobeo y de la propia ciudad de Compostela a partir del siglo XIII. De hecho la ciudad no despertó de su letargo y, por ende, las peregrinaciones hasta poco después de que se acometieran las obras arquitectónicas que vistieron la catedral con un manto barroco. Todo eso pasó en un momento de cambio de paradigma en la visión religiosa coincidiendo en algunos aspectos espirituales que también se dieron en el siglo XII cuando el crecimiento demográfico y la bonanza económica de aquellos tiempos fomentaron una peregrinación más personalizada. Las gentes comenzaron a poder liberarse de sus obligaciones comunitarias y dedicarse más a ellas mismas, a su propia introspección personal[12]. A partir de ese momento el peregrinaje adquirió una nueva dimensión volviéndose un fenómeno más complejo.

---

[12] Hubo un clérigo boloñés, Domenico Laffi, que expresó así su experiencia con base en esta dimensión más subjetiva. Se trata de un texto escrito en el año 1673: «Seguimos adelante –tras dejar Vilaroz– hasta que encontramos una fuente donde poder refrescarnos, y nos arreglamos bien, cambiando los hábitos, porque sabíamos que estábamos cerca de Santiago. Al partir de aquella fuente caminamos por espacio de media legua llegando al alto de un montecillo que se llama Monte do Gozo desde donde contemplamos el tan suspirado y ansiado Santiago, que quedaba distante como a una legua. Descubierto así, de pronto, caímos de hinojos, y fue tanta la alegría que saltaron las lágrimas de nuestros ojos y comenzamos a cantar el Te Deum, pero solo dos o tres versos pues no pudimos seguir porque no éramos capaces de articular palabra, por la abundancia de llanto que brotaba de nuestros ojos y la emoción que apretaba nuestro corazón y los continuos sollozos, que nos hicieron detener el canto. Al fin, desahogados del llanto, que había cesado, volvimos a seguir el Te Deum y así cantando continuamos descendiendo hasta que llegamos a la ciudad que es hermosa y grande, donde se construye de continuo. Pasado el Burgo llegamos a la Puerta».

… Capítulo 3
Los inicios de la tradición medieval

Ya hemos comentado que la peregrinación a Compostela vive su mejor momento entre los siglos XI y XIII gracias, entre otros factores, al apoyo decisivo que ejercieron las más relevantes e influyentes personalidades de la época. Pero existió otra clave en la que se fundamentó el éxito del culto jacobeo. Las vías que atraviesan el territorio europeo para entroncar con el Camino contribuyeron muy positivamente a la concepción de Europa como una civilización integrada en la gran cultura cristiana occidental del medievo. Los peregrinos que partían de Francia podían hacerlo por cualquiera de las actuales cuatro vías hoy todavía en activo, en un viaje lleno de atractivos de enorme trascendencia espiritual. En su viaje a España, los peregrinos europeos elegían una de las cuatro rutas trazadas en territorio galo y que partían de lugares de reunión tan dispares como Saint-Guilles, Le Puy, Vézalay y París. En el Codex Calixtino se describe el itinerario. Atravesando los caminos franceses con esta guía los peregrinos de Europa accedían a tierras hispánicas y a su meta final.

El Calixtino, en su Libro V, diseña el trayecto que recorrían los peregrinos que partían de tierras galas. Desde Arlés, se continuaba por San Gil, Montpellier y Toulouse, hasta Somport. La segunda opción discurría por Santa María de Puy, Santa Fe de Conques, y San Pedro de Moissac. El tercer recorrido pasaba por Santa Magdalena de Vézelay, Saint Leonard en Limousin, y la ciudad de Perigueux.

El último itinerario abarcaba Saint Jean d'Angely y Burdeos. Las tres últimas rutas se juntaban en Ostabat para cruzar el Pirineo por Port de Cize. Después proseguían por Ibañeta, Roncesvalles, Vicarret, Larrañosa y Pamplona, hasta Puente la Reina. Como señala Fernández del Riego, la vía de Arlés atravesaba el Pirineo hasta llegar a Somport, continuando por Santa Cristina, Canfranc, Jaca, Osturit, Tiernas y Monreal; y en Puente la Reina se unía a los restantes itinerarios.

A la riada de peregrinos se incorporaban los romeros procedentes de Italia y de la Provenza, que llegaban por la denominada Vía Tolosana, mientras que los alemanes lo hacían por la Vía Podiensis. Quienes viajaban a lomos de una caballería hacían las trece etapas contempladas en la guía medieval, mientras quienes lo hacían andando seguían sus propios criterios y valoraciones personales, pernoctando la mayoría de las veces en los hospitales de peregrinos o en las haciendas, posadas o casas particulares solidarias.

En su largo periplo, los peregrinos transitaban las diferentes etapas de un trayecto que para algunos no terminaba en Compostela, sino en la distante Finisterre[13], bañada por las aguas del Atlántico. Al finalizar la aventura jacobea, el viajero regresaba a su casa con la venera o «concha de Santiago», símbolo de la culminación de su peregrinación a la tumba del Apóstol.

La «vieira de Santiago» símbolo del culto jacobeo medieval.

---

[13] El Finisterre es también conocido, en lengua gallega, con el nombre de Fisterra por lo que dependiendo del contexto narrativo utilizaré ambas denominaciones en castellano y en gallego para referirme al mismo lugar.

LOS PRIMEROS PEREGRINOS

Pero ¿cuál era el perfil de aquellos primeros peregrinos? En realidad, todos y cada uno de los diferentes tipos de peregrinos marcarían a partir de entonces tendencia. Se sabe que desde los comienzos de la peregrinación medieval las personas que recorrieron las rutas que conducían hasta Compostela eran variopintas; así, el Camino lo transitaban aventureros, mendigos, prófugos de la justicia, gentes representantes de diferentes oficios, juglares, y hasta espías. Sin embargo, la imagen del peregrino está bien definida en los diferentes documentos medievales que los referencian como es el caso de los estatutos de hospitales, los textos litúrgicos o los testamentos. En todos ellos el peregrino hace la ruta jacobea por *«pietatis causa»*, *«pro voto»* o *«in poenam»*.

En el primer caso, el peregrino siente la llamada del santo hasta el punto de sentir la necesidad espiritual de estar cerca de donde reposan sus restos que considera un vínculo con Dios. Uno de los casos más llamativos lo tenemos en la figura del obispo griego Esteban, que una vez abandonadas todas sus pertenencias materiales llega a Santiago de Compostela como peregrino, allá por el siglo XII, para poder vivir totalmente entregado al formalismo eremita con la salvedad de que no vivirá en soledad sino en la misma catedral donde obtiene permiso para construir un pequeño chamizo cerca del sepulcro de Santiago.

El Jubileo fue una institución ideada por el papa Calixto II para estimular la peregrinación con la promesa de que a aquellos que la hicieran durante el Año Santo; es decir, cuando la festividad de Santiago Apóstol, el 25 de julio, coincidiera en domingo, se les perdonarían los pecados. Este reclamo provocó que todos los años santos viajaran a Compostela una media de doscientos mil peregrinos anualmente durante el siglo XII.

Otro elemento que anima a este tipo de peregrinaje son las reliquias de santos secundarios que salen al encuentro del caminante devoto. Es el caso de san Isidoro de León o santo Domingo de la Calzada por poner dos ejemplos.

El segundo tipo de peregrinación, la denominada *peregrinatio pro voto* se refiere a aquellas personas que acuden a Santiago en agradecimiento por haberse cumplido alguna promesa. Es el caso bien documentado del obispo de Lieja que en agradecimiento por salir con vida de la batalla de Slepees peregrinó en 1215 en dirección a Compostela. También existen casos documentados de numerosos enfermos que viajaron en agradecimiento al santo por haberlos sanado de ciertas dolencias, como fue el caso de Paulus Sybenburger que padecía epilepsia.

En tercer lugar, tenemos la peregrinación *in poenam* que hacían aquellos que habían sido castigados por la autoridad civil o eclesiástica.

En estos casos se les aplicaba la peregrinación a ciertos santuarios para cumplir penitencia; uno de esos santuarios era Compostela que compartía destino para este tipo de peregrinos con Roma y Jerusalén. Cuanto más gravedad tuviera el delito más lejos se enviaba al penitente.

Existían otros motivos -al margen de los religiosos- para ponerse en camino; algunos ciertamente curiosos desde nuestra perspectiva cultural. Por ejemplo, podía compelerse a una persona a realizar el Camino si quería recibir una herencia. A veces podía pasar que la peregrinación se aplazara obligando al testador a cambiar de criterio o posición. En 1341, un tal Bernardo de Albert había conminado a sus vástagos a llevar a cabo hasta cinco viajes de peregrinación a diferentes santuarios, entre ellos Compostela.

Otra razón para viajar a Compostela era el deseo de conseguir indulgencias o el anhelo de ser testigo, durante el viaje, de algún hecho milagroso. Pero no todo era devoción. También existían personas que solo querían peregrinar como experiencia personal, un poco como pasa en nuestros días, por el mero deseo de conocer mundo y por el placer de aprender y sentir el gozo de la curiosidad; pero también por motivos esotéricos que conducían al peregrino a experimentar los misterios de la iniciación.

Pero para poder viajar a Compostela como peregrino, el obispo o sacerdote tenía que otorgar, previamente, una especie de salvoconducto o certificado que acreditaba a la persona como peregrino oficialmente dándole derecho a ser asistido en su largo recorrido. La indumentaria del peregrino era inconfundible. La alforja se cruzaba en el pecho y en su interior el peregrino llevaba una cadena que se debería entregar a la llegada a Compostela al santo en concepto de ofrenda, el certificado de acreditación y ciertas provisiones para el camino. También destacaba el uso de un abrigo de color pardo, un sombrero, la insignia de la concha o la vieira o venera y por supuesto el típico bordón, una calabaza hueca que servía de cantimplora y una vara con una punta de hierro en un extremo que servía para ayudar al caminante en las etapas del Camino más arduas y complicadas además de servirle como arma defensiva. El historiador Cortés Arrese nos habla de la importancia de dos de estos elementos en la vestimenta del peregrino:

> «Precisamente la bendición de la alforja y el bordón es la última ceremonia celebrada antes de la partida. Ceremonia que tiene lugar en la iglesia y en presencia del sacerdote, familiares y amigos. Más tarde, todos se despiden emocionados en el atrio de la iglesia y el peregrino se une a la caravana de los que le esperan».

Una vez hecho el ritual alguien de la comitiva gritaba para animar al grupo en su marcha: *¡E ultreia!* o *¡Deus aia nos!*.

Peregrinos medievales.

PERSONAJES CLAVE EN LA PROMOCIÓN JACOBEA

Tras la conquista musulmana de la península ibérica aparecen dos figuras dentro de la Iglesia que nos dejan unos textos sobre la predicación del apóstol Santiago en Hispania: el inglés Beda «el venerable», que escribe entre finales del siglo VII y el primer tercio del VIII, y el monje astur Beato de Liébana, que destaca principalmente por el desarrollo de su actividad a finales del siglo VIII.

Beda «el Venerable» conoció el reparto apostólico del mundo conocido en las diversas versiones occidentales del *Brevarium Apostolarum*, una de las fuentes más importantes entre las que dieron a conocer la predicación jacobea en Hispania. Con su publicación, en el siglo VIII d. C, la historia de la supuesta predicación no solo se da a conocer en contextos geográficos europeos –Francia, Alemania, España, Italia–, sino incluso en el norte de África. En el citado Brevarium, el eclesiástico inglés afirma que la evangelización de España corrió a cargo de Santiago.

El «reparto del mundo» tuvo su génesis en las homilías de este eclesiástico inglés. En ellas se dice:

«Pedro recibió Roma; Andrés, el norte del Peloponeso, en Grecia; Tomás, las Indias; Juan, Asia; Mateo, Macedonia; Felipe, las Galias; Bartolomé, Asia Menor; Simón, Egipto y Santiago, Hispania».

Por su parte, el monje astur Beato de Liébana dio a conocer, medio siglo antes de que se encontraran los supuestos restos del Apóstol en Galicia, que la evangelización en Hispania corrió a cargo de Santiago el Mayor, una idea que por entonces ya había sido aceptada por los hispano-visigodos, sugiriendo que la tumba de este se encontraba en territorio asturiano. Estos precedentes tuvieron, sin duda, una notable influencia en la posterior atribución de los restos hallados del Apóstol. Cabe señalar que existen evidencias de la existencia de numerosos templos erigidos bajo la advocación de Santiago en tiempos anteriores al siglo IX; especialmente en la diócesis bracarense lo que constata que la devoción por el santo era ya un hecho en una de las zonas más romanizadas de Gallaecia.

Poco después de que, conforme a la tradición, se encontraran los restos del Apóstol, a mediados del siglo IX encontramos, en territorio galo, otras fuentes que nos hablan del mismo evento y de cómo Santiago predicó la nueva religión en Hispania lo que desató una oleada de veneración del santo en toda la península ibérica. Estamos refiriéndonos a los martirologios de Floro de Lyon que fue posteriormente copiado y que denotan influencias del martirologio de Beda anterior en el tiempo en un siglo, para ser exactos. En la segunda edición del martirologio de Floro encontramos un texto extraído del martirologio de Beda en el que se alude a la localización del sepulcro del Apóstol y se reseña la especial devoción que el culto tenía ya en Galicia:

«Los sagrados huesos del bienaventurado apóstol Santiago, transportados a Hispania, se veneran en la parte más occidental del país, frente al mar británico, siendo objeto de una extraordinaria devoción por parte de sus habitantes».

Para muchos expertos el martirologio de Beda es importante porque contiene la clave sobre la localización del sepulcro del Apóstol en tierras gallegas; aspecto este que no vemos reflejado en los martirologios de Floro ni tampoco en el posteriormente redactado, el de Adón. Francisco Singul y otros especialistas consideran que la obra de Beda ubica el sepulcro antes del descubrimiento de Teodomiro, lo que puede considerarse un indicio relevante que nos puede ayudar a localizarlo. Naturalmente estos textos solo solo tenían por objeto publicitar el culto jacobeo pues el culto ya estaba en marcha desde hacía tiempo. «Tal vez, en el siglo IX –comenta Singul– estuviéramos asistiendo a la «resurrección» de un culto sepulcral muy antiguo, olvidado durante el siglo VIII por la invasión islámica y la desaparición del Estado visigodo». Lo cual tiene su lógica pues ambos acontecimientos tuvieron como resultado el despoblamiento temporal del lugar y el posterior olvido colectivo del sepulcro. De hecho, tal como revelamos páginas atrás, las prospecciones arqueológicas llevada a cabo en los años cincuenta del siglo pasado constataron la existencia de una necrópolis alto-medieval que habría sido construida en un momento anterior al descubrimiento de la tumba de Santiago.

El siglo VIII fue un momento lleno de incertidumbres e inestabilidad lo que obligó a las autoridades de la época a ser prudentes a la hora de divulgar la ubicación exacta del lugar donde «reposaban» los restos del Apóstol. Se trataba del gran tesoro de la cristiandad en esta parte del mundo y lo más sensato fue ocultarlo por un tiempo. Aquella discreción daría sus frutos. Tiempo después el ataque de Almanzor devastó el lugar pero los restos estaban a buen recaudo. La amenaza andalusí y sus ataques se prolongó todo un siglo. Fue a partir del siglo IX cuando la capacidad defensiva cristiana pudo garantizar la presentación pública del «descubrimiento» y posterior culto de Santiago.

PEREGRINOS DE TODOS LOS LUGARES

Numerosos documentos testimonian que la veneración de Santiago en Gallaecia comenzó entre los siglos VI y VIII. Naturalmente, con el tiempo esta devoción prenderá en gran parte de la península ibérica pero también en territorio francés y en Inglaterra. Hay un documento, una carta escrita por el monarca Alfonso III en el año 906, en el que este se dirige al pueblo de Tours que prueba la llegada de peregrinos francos de esta ciudad durante el siglo X a Compostela. Existe documentación medieval que nos confirma la presencia de peregrinos procedentes de la nobleza extranjera llegando a la catedral para venerar al Apóstol.

La *Revelatio* del sepulcro de Santiago y la definitiva formalización e instauración del culto jacobeo daría como resultado la asunción de Santiago como santo patrón del Reino. El peregrinaje a Compostela favorece el desarrollo de una «espiritualidad» y de ciertos beneficios materiales compartidos entre diferentes visiones culturales europeas. Poco a poco la peregrinación alcanzaría prestigio internacional.

Según la tradición más popular, Santiago comenzó a predicar en Tierra Santa para acabar su actividad misionera en Europa occidental. Al parecer, no tuvo mucho éxito en esta labor evangelizadora. En las fuentes tradicionales más optimistas se nos dice que apenas logró tener nueve seguidores en Hispania, aunque este número también podría tener, más que un sentido literal, un significado simbólico derivado de la sacralización de las unidades en todos los sistemas de numeración de la antigüedad. Asimismo, llama la atención que el más fiel de sus adeptos fuera un noble perro que le seguía a todas partes. Como veremos más adelante, la introducción del perro en la historia misionera de Santiago no es gratuita ni anecdótica y además llama la atención como un elemento de probable origen precristiano, dado que en la tradición judeocristiana los animales no tienen el lugar privilegiado que, por ejemplo, le asignaban las mitologías paganas del Mediterráneo Oriental, y de hecho no serán admitidos en el Paraíso cristiano hasta el Renacimiento. En este sentido, el perro compañero de Santiago resulta tan sospechoso de ser una herencia pagana como el cerdo de San Antón.

En cualquier caso, lejos de acabar la historia de su afán misionero en la península ibérica, Santiago vuelve a su Judea natal, donde había iniciado su actividad como predicador y acabará su existencia de modo trágico. Según la leyenda jacobea, su cuerpo decapitado fue robado por algunos discípulos aprovechando la oscuridad de la noche y llevado a un discreto embarcadero.

Allí el cadáver habría sido depositado sobre un viejo navío y, tras un penoso periplo por el Mediterráneo y el océano Atlántico, llegaría al interior de la ría galaica de Iria Flavia. Las gentes que se encontraban próximas al enigmático barco encallado decidieron arrastrarlo tierra adentro para observar mejor su contenido. Según la leyenda, la quilla del buque estaba cubierta de conchas o veneras, que más tarde se convertirían por este motivo en un emblema que distinguía a quienes habían hecho «el Camino». De acuerdo con otra variante del mito, dos caballeros arrastraron la pesada embarcación hasta tierra firme. Exhaustos por el esfuerzo ambos aparecieron cubiertos de veneras ante la estupefacta mirada de los lugareños que no daban crédito.

Poco después del nacimiento de dichas leyendas, otro elemento importante se añadirá al repertorio simbólico jacobeo: la estrella. Esta parece haber tenido su origen en las extrañas luces de Libredón que indicaron al ermitaño Pelagio el lugar donde se afirma haber descubierto el cadáver de Santiago, pero no es la única referencia cósmica que encontramos en la tradición jacobea. La meta de los peregrinos, la ciudad de Compostela, proviene para algunos autores del término latino *Campus stellae*, cuya traducción al castellano denota un claro significado cósmico: «*Campo de las estrellas*», alusivo a las misteriosas luces que acabaron por atraer la atención final del obispo Teodomiro. Aunque no son pocos los expertos que abogan por el término *compositum tellus*; que significa cementerio. Sin embargo, lo que sí se puede constatar es que el viajero que llega a Compostela avanza por un sendero que parece un fiel reflejo de la Vía Láctea. Al alcanzar la catedral de la ciudad podrá advertirse, en el cielo nocturno, la constelación de Can Mayor, en la cual destaca el sistema estelar de Sirio, llamado «estrella-can» por los griegos, un apunte astronómico que evoca la extraña imagen del perro fiel que acompañó siempre a Santiago en su larga y ardua predicación por tierras ibéricas y que la leyenda distingue como uno de sus principales seguidores. Estos y otros indicios, sobre los que abundaremos, demuestran que el Camino de Santiago es un itinerario repleto de numerosas claves que se guarecen a lo largo y ancho de la ruta jacobea y la práctica de su culto.

En el siglo X la ruta jacobea cruza el territorio leonés testimoniándose ya entonces la gran capacidad de convocatoria que tiene el Camino. Y es que serán precisamente estos peregrinos los que darán buena cuenta de su aventura y animaran a otros a hacer también el viaje a Compostela. Ellos se convertirán en agentes difusores del Camino. A través de sus experiencias vitales en las que no escatiman detalles y ciertas dosis de fantasía y fe, los peregrinos que ya han experimentado el viaje conminan a otros a repetir sus pasos y vivir una experiencia que prometía cambiar sus vidas para siempre.

Sisnando I inició una estrategia para conseguir alcanzar el tan ansiado prestigio del Camino a nivel internacional. Todo ese trabajo se sustanció con la consagración episcopal de san Rosendo que en el año 974 adquirió el título de obispo de la sede apostólica lo que propició que a partir de ese momento Santiago fuera considerada al mismo nivel que Roma. Esta decisión tuvo repercusiones pues no gustó al papado. En el concilio de Reims (1049) se decretaría, de facto, la excomunión del obispo que tomó aquella decisión. El caso es que, tras la restauración de la Catedral tras los ataques de Almanzor, Compostela acabaría renaciendo de sus cenizas y las rutas que llevaban a Compostela se vieron revitalizadas.

En el siglo XII el Camino que discurre por tierras francesas, ya ha sido definitivamente institucionalizado y perfilado. Así lo ilustró Aymeric Picaud en su guía cuando informa a los peregrinos sobre los cuatro itinerarios que deberán recorrer en su largo viaje a Compostela: «El primero pasa por Saint Gilles, Montpellier, Tolosa y Somport; el segundo por Santa María del Puy, Santa Fe de Conques y San Pedro de Moissac, el tercero, por Santa María Magdalena de Vezelay, San Leonardo de Limoges y la ciudad de Périgueux; y el cuarto, por San Martín de Tours, San Hilario de Poitiers, San Juan d´Angély, San Eutropio de Saintes y la ciudad de Burdeos». Las tres últimas rutas acababan uniéndose en una en la Baja Navarra, en la localidad de Ostabat, lo que obligaba al peregrino a transitar los Pirineos por Ibañeta, que se conectará con la ruta que lleva a Puente la Reina en lo que se conoce como Camino Navarro y luego las tres rutas conducían al otro destino: Roncesvalles. Finalmente, estas rutas confluirían en un solo Camino, el más importante de todos: el Camino Francés.

Capítulo 4
Las otras rutas

Las rutas de peregrinación tuvieron un sentido religioso pero también contribuyeron muy positivamente en la difusión de ideas, técnicas y conocimientos que a su vez ayudaron a integrar la cultura cristiana occidental del medievo dentro del contexto de Europa como civilización.

Los cuatro caminos franceses que acogen a las rutas oriundas de otras partes de Europa acabarán uniéndose en una vía única a la que ya hemos hecho referencia y que se denomina Camino francés. Las cuatro cabeceras de estas rutas son Le Puy, Vézelay, Arlés y París. El Camino Francés recorre el norte peninsular en su totalidad. Arranca desde Roncesvalles y avanza por las siguientes etapas a lo largo de 750 kilómetros: Pamplona, Estella, Logroño, Náxera, Burgos, Frómista, Sahagún, León, Astorga, Ponferrada, Villafranca del Bierzo, O Cebreiro, Triacastela, Samos, Sarria, Portomarín, Palas de Rei, Melide, Arzúa, Lavacolla y finalmente llega a la deseada meta de Santiago de Compostela.

Los peregrinos que procedían del este de Europa o de Italia iban a parar a la llamada Vía Tolosana que comenzaba su itinerario en Arlís y discurría por Saint Gilles, Montpellier, Castres, Toulouse, Auch, Sauveterre, Lescar, Oloron y Somport. Arlés tenía un especial atractivo para los peregrinos pues, según la tradición, había sido fundada por San Trófimo, un discípulo de los Apóstoles. Precisamente sus reliquias eran el principal reclamo de los caminantes. Se trata, además de una localidad vinculada al mito. Así se creía que en la denominada Avenida de Alyscamps recibieron sepultura los famosos doce Pares y los héroes de Roncesvalles. Tal vez esta leyenda tiene su origen en el hecho de que Carlomagno batalló contra los sarracenos a las puertas de la mismísima ciudad.

Otra ruta secundaria desemboca en Arlés. Esta parte de Tŕeveris, en territorio alemán y continuaba por Metz, Toul, Lagnrres, Digon, la famosa abadía de Cluny, Lyon, Vienne, Valence, Aviñón y finalmente Saint-Gilles, donde era obligado saludar a San Gil. Cuenta la tradición que durante una cacería el rey de Gascuña y de Tolosa disparó e hirió a una gacela; entonces esta huyó para ocultarse del monarca buscando protección en la cueva del santo, con el que por cierto vivía; entonces, el santo la vendó y la curó. El monarca se empecinó en cazar a la gacela en varias ocasiones hasta que un día dio con su guarida y cuál no sería su sorpresa ya que en vez de ver a la gacela vio tendido en el suelo a San Gil con una flecha clavada en su cuerpo. El rey se vio tan afectado por la experiencia que finalmente contribuyó para hacer una abadía. Tuvo tanta fama el santo que recibió la visita de Carlomagno para que fuera confesado por él de un pecado secreto. Una mañana San Gil recibió una carta de manos de un ángel donde Dios perdonaba ex profeso el misterioso pecado secreto del emperador.

Desde Saint-Gilles los peregrinos continuaban su viaje hasta Montpellier donde eran acogidos en el hospital de San Eloy o en el de Santiago. Al margen de Compostela, Toulouse era un centro sagrado importantísimo para los peregrinos pues en él existían gran cantidad de reliquias. Una de las visitas obligadas era la abadía románica del siglo IV de San Saturnino (Saint Sernin) pues se suponía que en su interior yacía el cuerpo del que fue el primer obispo de la ciudad de Toulouse. Una de las reliquias más importantes es la supuesta cabeza de Santiago el Menor, regalo de Doña Urraca al arzobispo Diego Gelmírez. Finalmente, los peregrinos superaban Auch, Sauveterre y Lascar hasta llegar a la cumbre de Somport.

Las rutas de Centroeuropa y Alemania se unían en la llamada Vía Podianense. Los peregrinos bávaros y suizos llegaban a Le Puy un lugar singular donde los templos se levantan en las rocas volcánicas; es el caso de la catedral románica y la iglesia de San Miguel. Ambas construcciones denotan la influencia hispánica en aspectos técnicos como las dovelas alternas de diferentes colores o las cúpulas sobre trompas entre otros detalles como los arcos angrelados. En la catedral los peregrinos visitaban la misteriosa Virgen Negra. De Le Puy los peregrinos continuaban camino por Aubrac, Espalion hasta llegar a Sainte Foy de Conques; una de las iglesias románicas más importantes de Francia con claras reminiscencias estéticas como las que podemos ver en Compostela. El 14 de enero de 866 los monjes consiguieron los restos de Santa Fe. A partir de ese momento el lugar fue muy visitado por los romeros y a la santa se le atribuyeron fabulosos milagros lo que contribuyó, aún más, al incremento de personas dispuestas a visitar este aislado lugar. Los peregrinos seguían ruta por Figeac, Cahors, Moissac que a orillas del río Tarn alberga en su territorio una abadía cluniacense del siglo XI con su famoso tímpano en el que se representa la imagen de un Cristo Majestad, rodeado por tetramorfos y encima del arco aparecen esculpidos los veinticuatro ancianos del Apocalipsis; todos ellos reflejan el sereno terror de la cultura medieval. Una vez visitado, los peregrinos continuaban en dirección a Ostabat.

La Vía Limosina cruzaba oblicuamente Francia y era transitada por peregrinos alemanes y alsacianos que tras superar Tréveris, Troyes y Auxerre acababan llegando a Vézélay. El Camino discurría en este punto por rutas secundarias y atajos que conducían a numerosas reliquias. Tras pasar Vézélay, se continuaba por Nevers, La Châftre, La Souterraine, Bénéevent-L'Abbaye, con una iglesia románica del sigo XII de gran belleza; Saint Léonard, lugar predilecto para los cautivos que hacían la ruta jacobea; Limoges, Brantôme, con su fabulosa abadía benedictina, Sorges, Périgueux con su catedral de estilo bizantino. En esta etapa muchos aprovechaban para acercarse al santuario mariano de Rocamadour. Según la leyenda, Zaqueo, que habría recibido en su momento al Nazareno en su hogar, se encargaría años más tarde de evangelizar la región del Querey; encubierto por el nombre de Amadour donde erigió un santuario sobre una roca. Tres santuarios; uno encima del otro, en lo más alto de la roca, sirven de dosel a otra Virgen Negra. Finalmente los peregrinos se encaminaban por La Réole hasta llegar a Ostabat.

La primera de esas rutas francesas era la Vía Turonense; la cual partía de la torre de Santiago en París hasta unirse, al sur de Francia, en el País Vasco. En esta vía confluían peregrinos de diversa procedencia; los holandeses llegaban a París desde Namur y Tournay; los que salían de Namur pasaban por Soissons y Laon para aterrizar en París también y aunque existían vías secundarias que conducían a santuarios marianos y lugares donde venerar las reliquias de santos, el trayecto más concurrido partía de París y seguía por Étampes, Orleáns, Blois, Amboise, Tours; donde reposaban los restos del Apóstol de las Galias San Martín cuya tumba se encontraba en la iglesia románica de la ciudad, Châtelleraut, Poitiers; con sus joyas del románico y más tarde del gótico, Lusignam, Saintes; con su santuario bajo la advocación de San Eutropio, Sainte Foy la Grande, Bordeaux, Dax y finalmente Ostabat. Existían algunos enclaves que no estaban muy lejos de la ruta y que los peregrinos visitaban; es el caso de Chartres con su enigmática catedral y sus numerosas claves esotéricas. De todas las biblias en piedra que son las catedrales, la de Chartres es la que más destaca por su perfección[14]. Es una obra maestra

---

[14] Recomiendo al lector que esté interesado en conocer la dimensión técnica y esotérica de la catedral que acuda a mi libro *Historia Secreta de la Edad Media*, publicado por esta misma editorial.

de la arquitectura medieval, pero también lo es por la soberbia ejecución de sus vidrieras, sus esculturas, sus portadas, su simbología como el laberinto, y sus claves ocultas al ojo desnudo del profano. Pero por esta ruta enfilaban sus pasos también los peregrinos procedentes de Irlanda o de Inglaterra los cuáles desembarcaban en Dunkerque o Boulogne para luego encaminarse hacia su primera etapa terrestre: Amiens.

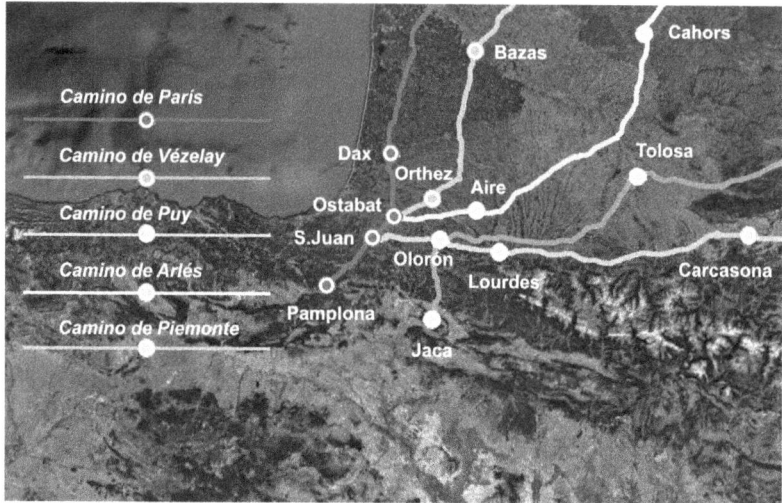

Los cinco caminos desde Francia.

LA RUTA POR MAR

En el siglo XII los escandinavos, flamencos y británicos, como nos recuerda el doctor Francisco Singul, fueron los pueblos que más utilizaron el mar para llegar a los puertos de Galicia (A Coruña, Ferrol, Ribadeo y Muros). Desde allí continuaban su itinerario a pie o a caballo por el denominado «camino inglés», que parte de Ferrol y conduce hasta Santiago de Compostela.

Existe numerosa documentación medieval que retrata de una manera fidedigna los detalles de este periplo por las aguas procelosas del Canal de la Mancha y su viaje por las aguas atlánticas hasta llegar a las costas gallegas. Naturalmente, algunos, como hemos referido antes, arribaban a las costas francesas para comenzar, desde allí, su largo periplo a Compostela. Pero los peregrinos ingleses que desembarcaban en A Coruña recorrían a pie, por el denominado «camino inglés» los kilómetros que les separaban, desde allí, de la ciudad de Santiago. Otro puerto al que al parecer llegaban estos peregrinos, aunque en menor número, fue el de Ferrol.

Los primeros escandinavos que llegan a Compostela formaban parte de grupos de cruzados que compaginaban su devoción guerrera y religiosa con las costumbres propias de sus lejanos antepasados vikingos por lo que, en ocasiones, no dudaban en robar determinados poblados o a personas. Sabemos, además, que estos viajeros consideraban Galicia como una escala relevante en su viaje a Tierra Santa.

En términos generales, aquellos cruzados que peregrinaban a Palestina haciendo escala en tierras galaicas solían desembarcar, la mayoría de las veces, en la ciudad de A Coruña y desde allí se encaminaban a Compostela para rendir culto a los restos del apóstol Santiago. Los cruzados escandinavos oriundos de las islas Orcadas y las Feroe junto a los daneses serán los que visiten en mayor medida en esta primera fase histórica el «País de Santiago». Los suecos tardarán aún un tiempo en mostrar interés por visitar la catedral de Compostela. De hecho, eso no sucederá hasta el siglo XIII. El investigador Vicente Almazán se hace eco del esmero con el que se llevaban a cabo los preparativos de este viaje por la conocida como *vestvegr* o «ruta del oeste» que avanzaba por la costa portuguesa en dirección al cabo de San Vicente para luego dirigirse a Italia, penúltima etapa antes de desembarcar en territorio palestino:

«Para estos viajes se construían barcos especiales (...) El viaje comenzaba siempre en otoño para poder pasar el invierno en Galicia. Utilizaban la brújula y seguían casi siempre las costas, que les eran bien conocidas de épocas anteriores. Desde el puerto de Ribe, en el oeste de Dinamarca, hasta A Coruña, la travesía duraba ocho días y seis noches»[15].

A partir del siglo XII hasta bien entrado el siglo XVI, representantes de los cuatro países de lengua escandinava viajan frecuentemente por esta ruta marítima en peregrinación a Compostela. Y es que para entonces el apóstol Santiago El Mayor atrae con fuerza a masas de peregrinos procedentes del norte que no dudan en viajar a tierras galaicas en expediciones por mar cada vez más intermitentes y en grupos cada vez más numerosos.

Con esto queremos aclarar que la peregrinación a Compostela no solo se realizaba por tierra. El puerto de A Coruña era el que más peregrinos acogía -especialmente los que procedían de las islas británicas-, pero no fue el único que jugó un papel destacado en la peregrinación por mar. Los puertos de Bilbao, Ferrol, Viveiro o Ribadeo también eran el destino predilecto

---

[15] Almazán V. *Introdución ao estudo das relacións galaico-escandinavas na Idade Meia.* Editorial Galaxia 1986. Página: 128.

Peregrinos medievales inician su viaje a tierras galaicas por mar.

de muchos peregrinos y romeros que gozosos viajaban a Compostela desde países distantes. Muchas de aquellas embarcaciones, con su cargamento de peregrinos, partían de los puertos de Southhampton o Bristol y, tras atracar en los puertos ibéricos, regresaban a sus lugares de origen cargados de mercancías de todo tipo y cómo no, de cultura y conocimiento.

Otra de las rutas más concurridas partía de Portugal: es el conocido como «Caminho Português» o «Vía de la plata» que conecta Galicia con Portugal. Pero si hay un camino realmente histórico ese es el llamado «Camino Primitivo» pues fue la primera ruta que se abrió en los tiempos de la *Revelatio*. Se trata de la ruta asturiana que conecta Oviedo con la ciudad de Compostela. De hecho, el primer peregrino que hizo uso de este camino fue el mismísimo rey Alfonso II que acudió a la llamada de Teodomiro para comprobar en primera persona la supuesta realidad del descubrimiento del sepulcro del apóstol Santiago el Mayor y los restos de sus otros dos acompañantes que se supone fueron Teodoro y Anastasio.

A lo largo de los siglos XI y XII, los monarcas hispanos promocionaron todo lo que pudieron el uso del Camino Francés; constituyéndose en la ruta más compleja desde el punto de vista histórico, pero también antropológico o cultural. Un trayecto lleno de claves sobre las que profundizaremos más adelante. El caso es que existe otra ruta que rivaliza con la francesa en lo que concierne a su profunda transcendencia espiritual y cultural. Me estoy refiriendo a la ruta que conduce al caminante hasta Fisterra pero también hasta Muxía.

Eran muchos los peregrinos que decidían continuar hasta Fisterra después de haber llegado a la catedral de Compostela. Las razones que les llevaban a tomar esta decisión trascendían los parámetros interpretativos de la religión católica y se situaban, más bien, en el ámbito de una búsqueda interior sumamente compleja y que enlazaba con ancestrales cosmologías. Pero además, esta ruta estaba íntimamente relacionada con los orígenes del culto jacobeo: por un lado, Fisterra está vinculada con la leyenda de la *translatio* donde se nos describe el viaje del cuerpo del Apóstol desde tierras palestinas hasta Galicia; pero también la milagrosa manifestación mariana a Santiago en Muxía; un lugar, como otros tantos sobre los que hablaremos con claves muy alejadas del Cristianismo y que enlaza con las raíces espirituales de los primeros pobladores de la *Costa da Morte* con sus cultos y rituales precristianos. Un fenómeno que, como veremos, se repite en otros contextos de la geografía jacobea. Y es que a pesar de los litigios religiosos que combatían aquellos comportamientos que distorsionaban la ortodoxia cristiana muchos peregrinos se sentían atraídos por estos ancestrales lugares de culto. Territorios sagrados que conectaban al individuo con una visión arcana que les permitía experimentar una trascendencia y asumir un conocimiento al que solo unos pocos accedían con plena consciencia.

EL CAMINO DE FISTERRA: LA RUTA GALLEGA

Esta ruta parte de Santiago de Compostela y continúa por Negreira y desemboca en Fisterra y Muxía más al norte. Una vez superada la ciudad de Ponferrada con su misterioso castillo templario erigido entre los siglos XII y XIII y su iglesia de la Virgen de la Encina que en el año 1200 se apareció a los caballeros templarios, los peregrinos se adentran en los silenciosos y embriagantes paisajes que inspiraron durante siglos a anacoretas y ermitaños de todas las épocas. La siguiente parada es Villafranca del Bierzo con su famosa iglesia románica erigida en el siglo XII: la iglesia de Santiago. Desde aquí los peregrinos reúnen fuerzas para ascender un camino entre majestuosas montañas hasta llegar al Cebreiro con sus pallozas evocadoras de la fabulosa civilización de los castros. La siguiente etapa es Triacastela donde, según la tradición, los peregrinos recogen una piedra del suelo y la llevan consigo hasta la localidad de Castañeda; luego vienen Samos con su majestuoso monasterio, la villa de Sarria con su convento del siglo XIII de La Merced y Barbadelo con su enigmática iglesia. La iglesia fortaleza de San Xoán de Portomarín es tal vez el monumento más singular de esta singladura no solo por su singular arquitectura sino también por sus innumerables gliptografías de factura jacobea y la leve música que parece oírse cuando se observa la portada principal del templo donde el artista representó para la posteridad a los 24 ancianos del Apocalipsis tocando sus instrumentos medievales. Tras superar el «cruzerio de Lameiros» los peregrinos recorrían Vilar de Donas con su monasterio, Palas de Rei, la iglesia de Santa María en Arzúa, el monasterio de Sobrado dos Monxes, Lavacolla donde, en palabras del insigne Picaud «los peregrinos no solo se lavaban la cara sino que por amor al Apóstol se lavaban todo el cuerpo, limpiándose de toda suciedad después de despojarse de todos sus vestidos». Es entonces cuando los peregrinos alcanzaban a llegar a la cima del Monte do Gozo donde exclamaban de júbilo mientras observaban en la distancia las dos torres de la catedral compostelana. Una vez visitado el sepulcro del Apóstol con la «Compostela», el certificado que acreditaba su hazaña, viajaban hasta el cabo de Fisterra donde el sol se hunde en las profundidades del océano Atlántico cada noche.

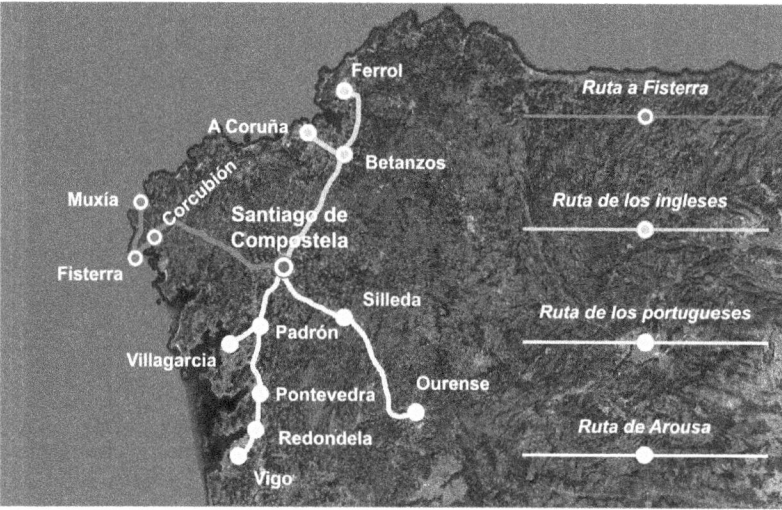

La ruta a Fisterra y otras rutas gallegas.

El perfil de ese tipo de peregrino respondía, en la mayoría de los casos, a aquellos que formaban parte de ciertos gremios medievales. Estos viajeros estaban involucrados en la construcción de las infraestructuras del Camino y de los templos y catedrales que lo jalonan en su largo devenir a la ciudad de Compostela. Una de las razones que impulsaba a este tipo de peregrinos a hacer la ruta era la posibilidad de estudiar e intercambiar todo tipo de ideas y técnicas relacionadas con sus oficios e incluso participar en la construcción de algunos templos o infraestructuras. El Camino francés se convierte, así, en uno de los elegidos para peregrinar bajo estas premisas por la enorme riqueza arquitectónica y artística que encontramos en él; pero también por las numerosas claves que se agazapan en muchos de sus rincones. Naturalmente, esa lectura no estaba al alcance de todo el mundo. Pero antes de profundizar en estas manera de percibir e interpretar la ruta jacobea veamos hasta qué punto se hacen notar esos intercambios técnicos y artísticos en el Camino francés.

Capítulo 5
El Arte del Camino

A principios del siglo XI, las sucesivas razzias de Almanzor dejaron testimonio de su paso. El aspecto que presentaban los reinos peninsulares del norte fue desolador. Muchos templos e iglesias fueron arrasadas entonces. Afortunadamente, unas pocas sobrevivieron al vendaval violento del caudillo árabe. Son construcciones ubicadas en lugares casi inaccesibles. Pero tal vez la herida más profunda que dejó Almanzor en aquel momento fue la destrucción de Compostela y su basílica, construida por Alfonso II. Milagrosamente, el sepulcro del Apóstol sobrevivió al ciclón destructivo de las hordas musulmanas. Almanzor actuó de este modo por una razón estratégica. Sabía la importancia que tenían estos lugares de culto, como era el caso de la Meca para los musulmanes. Por eso vertió toda su furia destructiva en este símbolo de la cristiandad; sin embargo, el corazón seguía latiendo en medio de las ruinas. El sepulcro no había sufrido daños importantes.

Tiempo después, en la batalla de Calatañazor, Almanzor perderá la vida pero aquello no impidió los encontronazos bélicos. Sin embargo, un golpe de suerte vino a cambiar las tornas. El Califato de Córdoba comienza a sufrir los ataques septentrionales. En este contexto aparece la figura del monarca Sancho III de Navarra que gobernó la mayor parte del primer tercio del siglo XI. Paulatinamente, y sin prácticamente usar la violencia, el rey consigue someter los territorios cristianos del norte peninsular. Entre sus objetivos trata de asegurar una paz y un orden duraderos. Una vez estabilizada algo la situación comienza una importante labor de restauración de muchas de las edificaciones cristianas destruidas por las hordas musulmanas. Su labor acabaría devolviendo el esplendor perdido y el prestigio internacional al Camino de Santiago; aunque su apogeo definitivo no se sustanciará hasta un siglo después.

Además de la influencia ejercida por Cluny, existieron otras influencias menos conocidas que contribuyeron a recuperar el prestigio perdido de la ruta jacobea. Una de esas influencias vino de la mano del abad Oliva, de origen noble y amigo personal de Sancho III. Desde el monasterio de Ripoll, considerado entonces como uno de los focos intelectuales y artísticos más notables de la cristiandad en el siglo X, llevó a cabo el proyecto de reconstrucción de la ciudad de Oviedo y de su catedral. Misión que cumpliría con éxito. Pero si hay una influencia notable, por las repercusiones que tendrá no solo en el Camino sino en la historia del arte misma, fue la influencia que ejercieron las mujeres de Sancho III y de Fernando I; esta última, Doña Sancha, influyó a su vez sobre su hija Urraca en el mismo sentido. Ellas son las responsables directas de que surja un nuevo modelo arquitectónico y artístico: el románico, que tiene su fiel reflejo en la construcción de la basílica de San Isidoro de León.

El siglo XI resulta decisivo para la aparición y desarrollo de este nuevo movimiento arquitectónico y artístico. Así lo describe Glaber:

> «Transcurrido el año mil, aconteció en casi todo el Universo, pero especialmente en Italia y las Galias, la renovación de las basílicas eclesiásticas, pues aunque muchas estaban decorosamente adornadas, no lo necesitaban; sin embargo, cada comunidad cristiana rivalizaba en mejorar la suya con respecto a otras. Era como si el mundo, sacudiéndose a sí mismo y dejándose de vejeces, se impusiera la vestidura cándida de sus iglesias; los fieles trocaron las catedrales, monasterios y ermitas por otras mejores».

Aunque se ha hablado mucho de un románico cluniacense, no fueron estos, sin embargo, los creadores de un, digamos, arte propio pero sí los promotores e impulsores del mismo. Se trata del arte que vemos en el Camino de Santiago. Los expertos califican a esta construcción con el nombre de iglesia o templo de peregrinación. La catedral de Compostela, junto a San Marcial de Limoges (que lamentablemente ya no existe) y San Martín de Tours presentan características comunes de este nuevo estilo pero sin duda la catedral gallega es la que alcanza mayor perfección por lo que sirve de referencia para el estudio analítico y técnico de las demás. Tímidamente, el románico acabará superando al prerrománico del siglo XI pero no se hará notar con contundencia hasta el siguiente siglo. Sabemos que aunque hubo influencias exteriores que favorecieron, como ya hemos señalado, la importación y difusión del románico en España, el Camino de Santiago resultó decisivo en este proceso.

INTERCAMBIO DE IDEAS Y TÉCNICAS: EL ARTE SAGRADO

No hay que olvidar que la ruta jacobea fue una vía de comunicación continuada en el tiempo que favoreció estos intercambios culturales pero también técnicos, económicos, comerciales, científicos, etc., fue una especie de «ruta de la seda» en pequeñito, si la comparamos con China, pero fue al fin y al cabo una red constante de comunicación que se retroalimentaba y que generó todas las sinergias que favorecieron la complejidad arquitectónica y artística que hoy podemos admirar en el Camino Francés, entre otros aspectos que trataremos más adelante.

El estilo románico fue el resultado de los elementos artísticos precedentes; por lo tanto, su identidad no está localizada en ningún país en concreto. Se trata de un estilo europeo con elementos e influencias de diferentes lugares. El románico que se concita en el Camino de Santiago era el estilo arquitectónico que estaba en boga entre los siglos XI y XIII. Los cluniacenses fueron los propagadores de un arte que en ese momento favorecía los intereses eclesiásticos y la vida claustral pues, para las autoridades de la época, la elección de un determinado estilo artístico respondía a criterios formales y litúrgicos que eran fácilmente asimilables por la cultura sociológica del momento.

Todo en el románico tiene un sentido. Las ceremonias y liturgias se desenvuelven en estos grandes templos con holgura. Durante estas liturgias los peregrinos observan los capiteles y las esculturas de los tímpanos que evocan en muchas ocasiones las temáticas de sus oraciones y meditaciones más íntimas. La luz, las miniaturas de los fabulosos libros religiosos, las cruces, los cálices adquieren bajo esta perspectiva un esplendor que se singulariza en el devoto, en lo más profundo de su ser. Gracias a los dos grandes fenómenos medievales, la peregrinación y las cruzadas, se produce un constante intercambio de ideas y conocimientos que se fusionan con diferentes perspectivas culturales y cosmologías procedentes de lugares tan distantes como diferentes lo que enriquecerá notablemente las técnicas y la expresión artística y arquitectónica del nuevo estilo que aporta elementos nórdicos, latinos y orientales.

El románico se distingue por una planta basilical con tres o cinco naves que suelen terminar en igual número de ábsides. Por detrás del presbiterio las naves se prolongan partiendo de una girola hasta una capilla grande. Este sistema se ideó para que los visitantes pudieran ver las reliquias circulando por sus pasillos con fluidez. Los brazos del crucero se alargan adquiriendo mayor dimensión espacial. La nave central alcanza mayor altitud y anchura. Las laterales contrarrestan los empujes. Encontramos un arbotante en la nave central. Sostenida por arcos fajones, la bóveda presenta la forma de medio cañón. El simbolismo se hace notar por doquier en toda la edificación. Destaca el pilar compuesto que se conforma en una columna donde se adosan columnas de base toscana rematadas por capiteles ornamentados con temáticas geométricas, vegetales, de animales, etc. La fachada muestra sus respectivas puertas con sus arcadas, sus ventanas y el rosetón. En el Camino encontramos varias joyas románicas: la catedral de Jaca, San Martín de Frómista, San Isidoro de León, siendo Santiago de Compostela la culminación técnica de esta técnica arquitectónica. En definitiva, donde culmina la perfección del románico. Naturalmente, encontramos en el Camino muchos más testimonios románicos pero estas son las construcciones más relevantes del románico jacobeo, así consideradas por la mayor parte de los especialistas, por su perfección técnica, estética y funcional. El románico peninsular acaba de expandirse por todos los territorios conquistados a mediados del siglo XII; solo hay una excepción: Castilla la Nueva donde predomina el arte morisco en detrimento del románico. Lo mismo pasará en el Levante y en tierras andaluzas, salvo en Córdoba y Valencia.

En los primeros tiempos del Camino de Santiago los peregrinos que transitan la Vía Tolosona se ayudarán del curso del río Aragón para llegar a Jaca donde se encuentra la antes mentada catedral de Jaca cuyas obras comenzaron en el año 1080. Los peregrinos especializados en las técnicas constructivas e involucrados en su ejecución estudiaban y analizaban todo lo que veían para luego aplicarlo en sus proyectos. Eran capaces de hacer una lectura introspectiva meramente técnica en la que veían cómo ciertas soluciones o elementos arquitectónicos se repetían en tal o cual catedral o iglesia del Camino. Por ejemplo, la planta basilical de la catedral de Jaca resultaba familiar al ojo especializado pero también al peregrino de a pie pues evocaba en su mente otros monumentos que aplicaban la misma solución o simplemente la reproducían tal y como pasaba en San Martín de Frómista o Santa María la Real en Sangüesa. En San Isidoro de León también se pusieron en práctica soluciones semejantes. La investigadora María del Carmen Lacarra confirma estos parentescos:

> «El empleo de piedra sillar para ser utilizada como material de construcción y la importancia que se le concede a la decoración escultórica, tanto en capiteles como en ménsulas y en menor medida en los tímpanos, confirmarían los parentescos».

Tanto la catedral de Jaca como San Martín de Frómista fueron erigidas en un periodo de esplendorosa creatividad artística que fascinaba a los peregrinos. El escultor de la catedral de Jaca conocido como Maestro de Jaca se formó en San Martín de Frómista y después marchó hacia la catedral aprovechando la infraestructura del Camino. Es un ejemplo de la actividad que existía a lo largo del Camino por parte de muchos peregrinos que en realidad ejercían su oficio en él y luego difundían su estética o su conocimiento a través de otros colegas o de ellos mismos.

Campanario de la catedral de Jaca.

A finales del siglo XI, San Isidoro se convertiría en un santuario que competiría con Compostela en celebridad en gran parte gracias a la iniciativa llevada a cabo por Doña Urraca que consiguió consolidar una iglesia mucho más rica que la primera y que acabaría siendo consagrada por el monarca Alfonso VII en el año 1149. El mismísimo Aymeric Picaud recomendó visitar los restos del cuerpo de San Isidoro. La propia Doña Urraca modificó el proyecto anterior añadiendo un transepto saliente a la estructura inspirado en el que existe en la catedral de Santiago de Compostela. Por otro lado, no es extraño encontrar analogías técnicas con los talleres escultóricos de Compostela. De todos modos, ninguna edificación europea alcanzó entonces la perfección de la catedral románica de Compostela; hasta el punto de convertirse en el referente que inspiró durante siglos otros proyectos.

Al tiempo que se conseguía llevar a efecto el definitivo traslado de la sede episcopal de Iria Flavia a Compostela, comenzaron las obras de la catedral bajo la atenta vigilancia del obispo Diego Peláez en el año 1075. Sin embargo, se sabe que fue Diego Gelmírez el verdadero impulsor de su construcción. Cuando el maestro Mateo terminó su gran obra del Pórtico de la Gloria, en la segunda mitad del siglo XII, la iglesia, que sustituía la anterior basílica prerrománica, fue definitivamente terminada. Presentaba un aspecto muy diferente respecto a la visión barroca que capturan nuestras retinas contemporáneas. Tenía nueve almenas y torres presentando el aspecto de una ciudad fortificada.

La catedral está rodeada de cuatro plazas: la del Obradoiro, la Plaza de la Quintana, la de la Azabachería y finalmente, la de las Platerías. La fachada románica de las Platerías consta de dos puertas abocinadas en cuyos tímpanos podemos observar varias escenas evangélicas. En ellas podemos ver la creación de Adán y Eva modelados por la mano de Dios. Según la leyenda, la mujer que aparece con una calavera tiene una explicación. Se trata de una mujer adúltera que ha sido obligada, dos veces por día, a besar la calavera de su amante. Muchos se preguntan cual es su verdadero significado. Es en esta plaza donde encontramos la Puerta Santa (1611) que fue deliberadamente adornada con figuras románicas procedentes del antiguo coro pétreo del Maestro Mateo. Se le concede importancia porque el último día de diciembre de los años jubilares se abre para los devotos. La concepción exterior de la catedral trató de reflejar monumentalidad y grandiosidad. Propósito que consiguió con creces. Basta echar un vistazo a los paramentos de sillares y los materiales usados en su construcción.

Fachada de «As Praterías».

Detalle de la misteriosa «mulher adúltera». En el Códice Calixtino se hace mención a esta misteriosa figura: "No ha de relegarse al olvido que junto a la tentación del Señor está una mujer sosteniendo entre sus manos la cabeza putrefacta de su amante, cortada por su propio marido, quien la obliga dos veces por día a besarla. ¡Oh, cuán grande y admirable castigo de la mujer para contarlo a todos!» Se cree que esta imagen representa toda una advertencia conforme a los cánones morales de la época.

Al pasar al interior vemos que la catedral consta de capillas abisales, girola y tres naves con crucero. Una bóveda de cañón cubre la nave central. La catedral está bien iluminada aunque en sus orígenes llegó a tener ciento veinte ventanales que hoy no existen o se han cegado. Sus naves cumplen a la perfección la funcionalidad para la que fueron concebidas que es acoger a muchedumbres de peregrinos sin problemas en su periplo hasta la tumba del Apóstol.

Los peregrinos que llegaban a Compostela procedentes de la ruta francesa entraban por la *Porta Francíxena* en dirección a la calle de la Azabachería que los conducía directamente hasta la última «frontera» a superar antes de poder entrar en la catedral: la Puerta de la Azabachería. Allí un monje les decía dónde debían hacer efectivas sus ofrendas. En el medievo esta plaza era la meta de los peregrinos y recibía le nombre de El Paraíso.

Los romeros procedían después a confesarse en la *capilla de la Corticela,* luego les recordaban las indulgencias por peregrinar y otros actos exteriorizados por los romeros en el Camino. Una vez superados estos formalismos accedían, detrás del altar mayor, a la imagen del Santo y la abrazaban. También se ha documentado un ritual que consistía en tomar su corona para inmediatamente después volverla a colocar en su cabeza mientras recitaban: «Amigo de Cristo, encomiéndame a Dios. Con esta ceremonia se gana una gran indulgencia porque no se puede tocar su cuerpo santo»[16]. En los primeros tiempos la efigie venerada por los peregrinos estaba hecha de madera. Posteriormente, se sustituiría por

---
[16] Laffi.

otra de oro y plata. También se podía ver y hasta tocar el hacha con el que se había cortado la cabeza a Santiago. Después los peregrinos recibían la certificación que constataba que habían hecho el Camino, *la Compostela*. La entrega de la Compostela era muy importante especialmente en aquellos casos en que el peregrino había hecho el Camino en pago de alguna deuda, o en concepto de penitencia civil o religiosa. Al serles entregada la Compostela estos veían conmutada la razón que les había empujado a hacer la ruta. Sin embargo, la mayoría la hacían de buen grado en la creencia de que en la fabulosa catedral podrían venerar, por fin, los restos del Apóstol preferido de Cristo: Santiago el Mayor.

Y es aquí donde surge el problema histórico. Ya hemos visto que uno de los problemas para estudiar objetivamente el culto jacobeo es el desconocimiento más absoluto sobre la identidad de los restos humanos que se encuentran en la catedral. Del mismo modo, la tradición jacobea nació de la leyenda. Así las cosas es lícito sospechar que los restos óseos custodiados en la catedral de Compostela no son de Santiago. Si es así, ¿de quién podrían ser? ¿serán de alguien relevante en la historia a pesar de todo? ¿o simplemente se trata de un burdo engaño?

Urna con los supuestos restos del Apóstol y sus discípulos Teodoro y Atanasio. Esta pieza de plata fue elaborada en el año 1880 poco después del redescubrimiento de las santas reliquias por parte del canónico Antonio López Ferreiro en 1879. Sabemos que los peregrinos medievales que rezaban ante la urna no podían fijar la vista en ningún sitio mientras lo hacían.

Capítulo 6
¿El sepulcro de un mártir apócrifo?

Si nos situamos frente a la catedral con su fachada barroca, contemplaremos en un mismo instante el románico, el plateresco, el neoclásico y el barroco conjugándose armónicamente en la Plaza del *Obradoiro*. Allí encontraremos el hostal de los Reyes Católicos; antiguamente conocido con el nombre de hostal de peregrinos; el estilo neoclásico de la Casa Consistorial y la fachada románica de San Jerónimo. Siguiendo las ancestrales huellas de aquellos peregrinos podemos intuir el grado de emoción que les embargó al ver esta mole de piedra ante sus ojos, paso previo a visitar la tumba del Apóstol después de meses persiguiendo ese momento.

La capilla mayor y la tumba de Santiago se levantan en ábside central. Ese era y sigue siendo el objetivo de los peregrinos cristianos. Los romeros buscaban abrazar la imagen del santo y luego pasar una larga noche sin dormir lo más cerca de su tumba orando y reflexionando. Es una urna de plata la que atesora los restos óseos del Apóstol además de los huesos de los discípulos que le acompañaron en la *translatio*. Y aunque en la imagen del Apóstol podemos leer una inscripción que afirma que en ese lugar yacen los restos de Santiago, son muchos los que dudan de ello. Entonces ¿quién está enterrado en la catedral?

El siglo IV d. C. será decisivo para la asimilación parcial del Cristianismo en la Hispania romana, pero surgirá un escollo: Prisciliano. Un

Praza do Obradoiro (Plaza del Obradoiro).

obispo hereje iniciado y aleccionado por un misterioso monje oriundo de Egipto y que se llamaba Marco de Menfis. En un momento en que la Iglesia combatía los ritos y las creencias pre-cristianas, consideradas heréticas, la aparición de Prisciliano supuso un problema serio a combatir por las autoridades del momento pues ponía en peligro los dogmas y el paradigma ortodoxo cristiano. Fue Higinio, obispo de Córdoba, quien denunció lo que estaba pasando en tierras de Gallaecia. Al parecer Prisciliano estaba expandiendo una doctrina herética y llevando a cabo una liturgia que ponía en serio peligro el plan de la Iglesia. Hoy podemos afirmar que lo que realmente preocupó a las autoridades eclesiásticas no fue precisamente el cuerpo doctrinal prisiclianista, sino los «extraños rituales» que empujaban a muchos de sus miembros a experimentar estados alterados de conciencia que la Iglesia no podía aceptar por considerarlos una práctica hereje que acercaba a quienes lo llevaban a cabo al diablo. Naturalmente, existió otro aspecto que desagradaba a las autoridades, y era el hecho de que las mujeres podían llegar a ejercer el sacerdocio en igualdad de condiciones con los hombres. Un paradigma doctrinal, el prisicilianismo, que hacía peligrar el ecosistema de la naciente Iglesia de occidente y su hegemonía de poder.

El Cristianismo tratará de hacer desaparecer todas las manifestaciones de carácter pagano. Sin embargo, a pesar de su creciente pujanza no logrará destruir las tradiciones precristianas profundamente arraigadas

Santiago de Compostela retratada por David Roberts en 1837.

entre los pueblos nativos. Con la llegada del nuevo culto, los druidas y su conocimiento sincrético aparentarán haber desaparecido. Las nuevas circunstancias les empujarán a una especie de exilio en las sombras –de hecho, se vieron obligados ya por las autoridades romanas a restringir sus enseñanzas solo al ámbito medicinal– pero continuaron sustentando sus creencias en la clandestinidad. Es evidente que se vieron obligados a pasar inadvertidos y que la tradición que atesoraban se volvió mucho más reservada, pero continuó trasmitiéndose.

El siglo IV d. C. será decisivo para la asimilación parcial del Cristianismo en las principales localidades que acabarían configurando el Camino de Santiago. Durante este siglo –en cuyo primer tercio tuvo lugar el Concilio de Nicea–, estos núcleos cristianizados acabarán siendo sedes episcopales con un enorme peso político. Sin embargo, este primer impulso evangelizador no afectará tanto a las zonas rurales y los poblados de las montañas. En estos ámbitos geográficos la influencia decisiva partirá de una filosofía que sería declarada herética antes de que finalizara el siglo: el priscilianismo.

Y es que la doctrina de Prisciliano caló hondo en toda Galicia. Pero resulta paradójico el hecho de que el priscilianismo impulsó significativamente el Cristianismo, especialmente en parte de lo que, siglos después, será territorio cultural jacobeo y el territorio de Gallaecia. Esto fue así gracias a que el ideario elaborado por Prisciliano y sobre todo su sólida formación en cultura clásica resultaban familiares para las creencias nativas anteriores a la llegada del Cristianismo; lo que, para algunos autores, propició el sincretismo.

En este sentido, es importante advertir que el punto de partida de Prisciliano, obispo de la ciudad de Ávila, fue realmente una reacción contra el Cristianismo nacido en Nicea en el año 325 d. C. Él elaboró una doctrina que pretendía salir al paso del proceso de degradación que afectaba a las comunidades cristianas desde que la Iglesia renunció a la tradición iniciática original para transformarse en un culto de masas, con una fuerte servidumbre respecto del poder político y una vocación totalitaria e intransigente.

Es importante detenernos en la figura de este obispo a la hora de explorar los misterios del Camino. Entre otras cosas, porque no faltan los autores que piensan que el cadáver descubierto en un cementerio romano que dio origen a la tradición de la ruta, no era el de Santiago, sino el de Prisciliano de Ávila... Para comprender las bases de esta hipótesis resulta esencial hacernos cargo de las ideas de este obispo de Ávila que fue condenado y ejecutado como el primer heresiarca (líder de herejes) por la Iglesia de Roma.

El Concilio de Nicea representó el surgimiento de una actitud que estaba en las antípodas del legado de Jesús. Este había instruido a sus seguidores no solo para mantenerse al margen de la pugna por el poder y la riqueza, sino que también dictó preceptos sencillos que contenían una fuerte contestación a los valores del «mundo» o de la «carne». La actitud para vivir enteramente en función del desarrollo y del crecimiento espiritual, según Jesús de Nazareth y las primeras comunidades cristianas, iba mucho más allá de la renuncia, puesto que postulaban una posición beligerante respecto a la jerarquía mundana y la acumulación de riquezas. En el primer punto, opone la vocación de servicio sin privilegios a cambio del «ordeno y mando» y, respecto al segundo, una comunidad de bienes que no deja espacio a la propiedad privada y que fue una condición imprescindible para ser admitido como cristiano en las comunidades primitivas.

Bermejo Barrera indica que en el último tercio del siglo IV d. C., el clero ya reclutaba a sus miembros entre los comerciantes y funcionarios públicos. Pero estos no abandonaban sus viejos hábitos mentales ni su actividad económica para consagrarse a la labor misionera, sino que seguían ejerciendo sus profesiones al mismo tiempo que adoptaban formalmente la nueva religión del Imperio. Estos clérigos estaban plenamente integrados en la vida secular, incluso en las intrigas políticas.

EL PERFIL DE UN HEREJE

El sistema teórico de Prisciliano predicaba la retirada periódica de zonas deshabitadas, en una línea promotora del ascetismo como fórmula de espiritualización y antídoto contra el creciente materialismo de la emergente nueva religión.

No era este, en cualquier caso, el aspecto de su magisterio que decidiría a sus enemigos a condenarle y ejecutarle por hereje antes de que acabara el siglo IV. Mucho más grave era el lugar relevante –como he dicho anteriormente– que concedía a la mujer, como demuestra el hecho de que escogiese a su discípula Egeia para viajar a Egipto en busca de fuentes cristianas que no hubieran sido manipuladas por la Iglesia de Roma.

Pero el perfil subversivo de Prisciliano tampoco se agotaba en esta reivindicación de la igualdad de los sexos. Era un hombre versado en las

Presumible imagen de Prisciliano.

siete artes liberales de la ciencia antigua: el «trivium» y el «quadrivium». Por lo tanto, tenía una sólida formación en matemáticas y astronomía, aparte de retórica y gramática. Según afirma el investigador Terán Ferro:

> «su inquietud filosófica y los contactos orientales le proporcionaron conocimientos adicionales de astrología y de la divina ciencia de los números, lo que trató de compaginar con la literatura apócrifa e incluso la canónica».

En resumen, conocía profundamente a los autores clásicos de la antigüedad, sus doctrinas y sus mitos.

En el *Liber apologitecus*, Prisciliano aborda el tema zodiacal. La referencia al Zodíaco no puede ser más clara. Basta descomponer el término griego: Zoe, vida; Diakos, rueda. Efectivamente, esta rueda circular relacionada con el tiempo nos habla de la repetición de los ciclos. Y este entorno del círculo sobre sí mismo es un lugar común en las filosofías platónicas, estoicas y pitagóricas.

Prisciliano también tuvo un maestro egipcio. Por lo tanto, aparte de conocer el bestiario zodiacal y su significado durante la helenística, debió tener información sobre la religión del antiguo Egipto. No se trataba de un conocimiento tan excepcional como puede parecer a primera vista. Al menos en el siglo IV d. C, cuando aún actuaban muchos padres de la Iglesia que habían tenido una formación pagana en su juventud, como también se observa en San Agustín. No es casual, en este sentido, que este obispo de Hipona incluyera en sus obras de juventud la afirmación de que el Cristianismo no era sino el nuevo nombre que, desde Jesús, había adoptado una religión eterna que existía desde los comienzos de la raza humana (sobre la fe y el credo), ni tampoco es casual que la Iglesia obligara a este santo a retractarse de semejante afirmación (retractaciones). Pero la Iglesia emergente de Roma no estaba dispuesta a aceptar ninguna idea que pudiera entenderse como legado del Cristianismo primitivo de los siglos II y III, sobre todo si contenían el más mínimo indicio de contaminación gnóstica, como ocurría con esa «religión eterna» del San Agustín joven. Así lo asumió incluso el propio san Agustín, que aprobó la persecución y la condena a muerte de quienes se resistían a renunciar a la ideología que él mismo había sustentado en su juventud.

La tragedia de Prisciliano estuvo directamente causada por su compresible desconfianza hacia Roma y por su negativa a renunciar a ese Cristianismo primitivo, el más próximo al original, aunque en último término también fuese una interpretación de este a la luz de la gnosis universal precristiana o pagana, y que en buena medida se expresó en el gnosticismo como corriente interna de la Iglesia, más o menos tolerada hasta el Concilio de Nicea.

Según los gnósticos existen tres niveles en la Creación: el primero, denominado Nivel de la Luz, es el más alto. Bajo este hallamos la zona del Medio o de la Derecha y, finalmente, en el más bajo, la región de Abajo o de la Izquierda. En el área superior hallamos a los Eones. En la parte intermedia, los Enviados cumplen su misión mesiánica de rescatar las almas de los fallecidos.

Finalmente, la zona inferior o última alberga un dragón poseedor de doce cámaras, con un Arconte (magistrado) zoomorfo en cada una. Doce aposentos que hacen clara referencia a los doce meses del año.

Los nombres de los primeros Arcontes se corresponden con las denominaciones zodiacales griegas, mientras que la simbología zoomórfica de los segundos está relacionada con la fauna zodiacal difundida durante la helenística. En la zona intermedia, los compuestos esenciales que configuran al hombre -el alma y el cuerpo- ganan relevancia interpretativa. Serán estas dos dimensiones –celeste y terrena– las que adoptará Prisciliano en las interpretaciones cosmológicas y antropológicas sobre las cuales construyó su doctrina.

E. Babut, junto a otros priscilianistas, observa la profunda crítica del obispo de Ávila hacia aquellos que tratan de interpretar la simbología:

«existe el riesgo de recrearse en el signo sin pasar al significado, apegándose a la imagen y no trascendiéndola hasta alcanzarlo».

En esta búsqueda del sentido último del mensaje que contiene todo simbolismo la escuela priscilianista investigaba las relaciones entre letras, números, planetas, animales, elementos, etc., inscribiendo ese sistema de correspondencias heredado del paganismo en el marco general de la cultura bíblica.

Parece clara la intención de Prisciliano al desarrollar su teoría: *integrar el judeocristianismo en un nuevo sistema que no rechazaba la antigua herencia, sino que la aprovechaba como una base sólida cuyo signo ideológico era la gnosis universal.* Entre otras cosas, pretendía elaborar un horóscopo cristiano que sustituyera a los elementos paganos de su época, pero conservando el antiguo marco astrológico. En esta concepción –auténtica alternativa integradora que no demonizaba la religiosidad pagana sino que la «actualizaba»– hizo suya la máxima de «ya no más bajo el signo de Aries, el Carnero Zodiacal, sino el signo divino del Cordero».

Pero ¿por qué era esto tan peligroso? Sobre todo, porque, como vimos, al mismo tiempo que cristianizaba los signos, Prisciliano insistía en trascender la imagen para alcanzar el significado profundo. El nuevo signo del Cordero divino (cristiano), se convertía así en una clave para acceder no ya al signo del Carnero, sino al significado trascendente de ambos. Por este sistema, el Jesús histórico solo era la manifestación más reciente de un misterio que le precedía y, al mismo tiempo, un signo o figura cuyo significado profundo no era el histórico, sino el «Cristo eterno».

Es posible que, a primera vista, el lector moderno no entienda la razón política por la cual semejante pensamiento resultaba tan subversivo e inadmisible para la Iglesia de Roma. Pero la explicación es muy simple: tanto si se acepta el «Cristo eterno» como si se asume el concepto agustiniano de una «religión verdadera eterna», se legitiman automáticamente todos los cultos como vías alternativas que conducen, en última instancia, a la misma verdad. Por este sistema, la Iglesia perdía exclusividad como «la única verdadera» y, psicológicamente, su capacidad para inspirar terror y revestirse de un poder inapelable, dado que fuera de semejante Iglesia «no hay salvación ni redención posible». Por esta razón, aplicó toda su capacidad a demonizar primero y a destruir después todo vestigio de una tradición anterior que pusiera en evidencia el elemento de juicio decisivo: el mensaje de Jesús constituía la reiteración de un mensaje universal.

Prisciliano perfeccionó su concepción del Cosmos sobre estas bases y, al hacerlo, rescataba y validaba la antigua sabiduría pagana:

> «Dios me ha dado la verdadera ciencia de todas las cosas que existen, para que conozca la disposición del orbe y la virtud de los elementos; el principio, la consumación y la medianidad de los meses, las mutaciones y divisiones de los tiempos (o estaciones), los cursos del año y las disposiciones de las estrellas; las naturalezas de los animales y la ira de las bestias, la fuerza de los vientos y los pensamientos de los hombres, la diferencia entre los árboles y las virtudes de sus raíces; he conocido, en fin, todas las cosas, las escondidas y las manifiestas».

Esta cosmografía -que como los antiguos cultos asociaba la divinidad al cielo y a la naturaleza– fue el detonante que lo condujo al patíbulo en el 385 d. C. En un primer momento, los obispos de la época intentaron que Prisciliano y sus seguidores fuesen condenados por la Iglesia. Al no conseguirlo conspiraron para que el poder imperial consumara sus deseos. Se acusó a los priscilianistas de organizadores de orgías sexuales, relación con la herejía maniquea y rituales de magia. Las mismas acusaciones son reveladoras, puesto que suponen la demonización del sexo sagrado, el dualismo y de los ritos iniciáticos reservados, dado que en este contexto histórico el término «magia» se empleaba –como ocurría en la cultura judía del siglo I d. C.– en un sentido muy amplio y abarcaba todo aquello que se estimaba maléfico o prohibido, como el propio esoterismo cristiano, al cual la Iglesia había renunciado en aras de un culto exclusivamente público y de masas.

Tras la muerte de Prisciliano, sus seguidores serán excluidos de los ámbitos de influencia del poder imperial. A pesar de ello, hasta el siglo VIII d. C., esta corriente sobrevivirá parcialmente en el mundo rural, contribuyendo positivamente a la asimilación del Cristianismo, mezclada con elementos paganos y mitológicos que enriquecieron de paso el mundo tradicional, no solo en Galicia, sino en todos los lugares por los que pasa la ruta jacobea.

PRISCILIANISMO Y CRISTIANIZACIÓN

En este marco histórico, es altamente probable que el priscilianismo perviviera en la clandestinidad, incluso en el seno de las comunidades de religiosos, como sucedió con muchas otras corrientes condenadas por la Iglesia como heréticas a lo largo de la historia. Seguramente, se trataba de pequeños grupos o de místicos solitarios que escogieron la vida retirada. En el mejor de los escenarios, acaso pudieron haber sido mayoritarios en algunos monasterios en los cuales, tras las bambalinas del culto oficial, se estudiaban en secreto los escritos prohibidos. Pero debemos considerar altamente probable que todavía fueran bastante numerosos y que incluso conservaran a algunos acólitos discretos en puestos de poder eclesial en el siglo IX d. C., cuando un clérigo descubre, en un antiguo cementerio pagano, el supuesto cuerpo del Apóstol sobre cuyo culto se erige la tradición medieval del Camino.

¿Se trataba de un cuerpo anónimo que fue identificado con Santiago o acaso el cuerpo de Prisciliano de Ávila, a quien sus seguidores, siglos después, hicieron pasar por el Apóstol para erigirle un culto secreto? Naturalmente, no podemos saberlo. Pero es una posibilidad que no puede descartarse. Sobre todo si tenemos en cuenta las implicaciones astronómicas y zodiacales del Camino –mucho más familiares al pensamiento de Prisciliano que a la ideología de la Iglesia oficial–, así como la fuerte presencia de reductos priscilianistas en toda la zona, especialmente en las áreas rurales. Unos reductos que, seguramente, debieron mantenerse –en buena medida– fieles al magisterio del obispo de Ávila durante mucho tiempo, aunque debieran ocultar su identidad para evitar ser destruidos por la feroz represión de la Iglesia oficial.

En cualquier caso, no dejaría de constituir una ironía histórica que este espacio sagrado, cristianizado por decreto de Roma, y que acabó por erigirse en una meta de peregrinación tan importante como la propia Roma o Jerusalén para los europeos, rindiera sin saberlo un homenaje póstumo y un reconocimiento de santidad a quien la Iglesia había hecho condenar por heresiarca.

En islas a pie de costa, en el nacimiento de los ríos, o en la espesura del bosque, cientos de ermitaños construyeron pequeños cenobios desde los que se instauró una especie de centro estratégico de las liturgias animistas-panteístas, lo que la nueva religión venida de fuera sabrá traducir o adaptar a otras formas menos agresivas y más sutiles, ganándose, de esta forma, poco a poco, la batalla de la cristianización –la cual nunca será completa– pues en ella hallamos fórmulas perceptibles del folclore más tradicional, tal y como hemos apuntado antes. Si el antiguo paganismo consiguió pervivir como una tradición subyacente en las nuevas condiciones, más probable es que sucediera otro tanto con la figura mucho más reciente de Prisciliano.

Monasterio de San Pedro de Rochas (San Pedro de Rocas, en castellano). Un asombroso ejemplo de iglesia rupestre que fue habitada por eremitas y ermitaños durante siglos. Ahora sabemos, además, que fue un lugar de culto ancestral. Así lo atestigua la existencia en las inmediaciones de un santuario rupestre pre-romano. En el interior del templo también encontramos la representación subliminal de una especie de mapamundi del mundo hasta entonces conocido.

Este hecho no tendría nada de excepcional. La Iglesia, consciente de la fuerza de los cultos paganos para las gentes que estaban en la zona de influencia del Camino, decide valerse de los mismos, introduciendo en ellos elementos propios del Cristianismo, tales como la cruz o el santoral religioso.

Para los responsables de la predicación del Evangelio, esta estrategia será la que garantice sus futuros triunfos divulgativos, aun cuando estos estén viciados de ciertos elementos anacrónicos. Todas estas ceremonias ancestrales se verán influidas por la nueva corriente de pensamiento crítico. Animales sagrados de tradición celta como el jabalí, verán añadidos escultóricos en forma de cruz sobre sus lomos pétreos. Lo mismo sucederá con las fuentes mágicas a las que el pueblo acude masivamente en busca de la sanación para sus males y a las que los misioneros añadirán la cruz cristiana.

Los auténticos personajes de las leyendas galaicas de tradición oral serán sustituidos por la Virgen María, Noé o Cristo, un proceso que también afectará al santoral de la región jacobea. Muchos de estos personajes, tenidos anteriormente como druidas o curanderos de gran prestigio social entre los sujetos culturales del pasado sufrirían una reconversión de su auténtica personalidad. Naturalmente, las viejas deidades también fueron transformadas por la nueva religión.

Asimismo, determinadas piedras o megalitos fueron cristianizados. Es el caso de otros peñascos a los que se les atribuyen ciertos poderes sobrenaturales como aquellos que tienen una funcionalidad fecundadora, como es el caso de *A Pedra dos Namorados,* de la que se dice que aquellos que duermen sobre su superficie recuperarán la fertilidad perdida.

Pedra dos Cadrís (Santuario de A Virxe da Barca, Muxía).

En su libro *Viaje a Galicia* (1745), el Padre Sarmiento, a propósito de su estancia en el promontorio coruñés de Nerio, nos relata su ascensión a la montaña y su llegada a la *Ermida de San Guillerme (Fisterra)*. En aquel lugar le mostraron el lecho de piedra donde yacían las parejas estériles que deseaban desesperadamente tener un hijo. Al parecer ciertos árboles todavía recibían culto, al igual que algunos elementos pétreos. Cuando se creía oportuno, se era más explícito y en vez de colocar una cruz o «*cruzeiro*» en el sitio sagrado donde se desarrollaban cultos paganos, se edificaba directamente una ermita o iglesia.

El mismo comportamiento se observa en los otros «países celtas» del entorno, en relación al folclore referido a la muerte y a las tradiciones derivadas de ello. En Galicia, la meta del peregrino, este es un hecho destacable. Una de las creencias más conocidas es la de *A Santa Companha*, una leyenda en la que todavía se cree mucho en la Galicia rural, donde la Compaña es una comitiva que anuncia la muerte de alguien.

Esta idea hunde sus raíces en un pasado muy anterior a la llegada del Cristianismo a Galicia. No obstante, esta tradición tampoco será ajena a la influencia misionera ejercida por los primeros cristianos llegados a territorio gallego.

Toda simbología ritual pagano-cristiana resulta inquietante. Cada piedra, santuario, fuente o peñasco con signos paganos, evoca fuertes conexiones con el pasado más incógnito de las zonas por las que discurre la ruta cósmica de Santiago; y es que Galicia fue considerado durante siglos el país adonde viajaban las almas de los muertos en su viaje al Más Allá; razón que explica que gran parte de su territorio esté plagado de santuarios.

Veamos algunos lugares dentro del ámbito de influencia del Camino de Santiago.

En el municipio coruñés de Ponteceso se encuentra el monumento presumiblemente prehistórico de *A Pedra da Serpe de Gondomil*. Este monolito es famoso, además de por su altorrelieve serpentiforme, por la litolatría del que pudo haber sido objeto en el pasado. Raro sería que no lo fuera dadas las características del misterioso monumento. De su antigüedad apenas se sabe nada pero se cree que puede remontarse a la Edad del Hierro. La serpiente se representa enroscada y la cabeza está posada sobre el cuerpo en actitud de reposo. Finalmente, el diseño es rematado por dos alas totalmente desplegadas en los costados, mientras que su cúspide está coronada por una imponente cruz. Sus rasgos insinúan una técnica depurada, propia de un maestro cantero, cuyos trazos firmes sugieren una atropellada amalgama de cuestiones a quien visita este insólito grabado.

En la historia del arte occidental, las serpientes aladas son un hecho poco frecuente. En Europa, los orígenes de este motivo son griegos, con base helenística. Este hecho lo podemos comprobar en el Museo Capitolino, en el cual se halla expuesto el sarcófago de Proserpina, característico por los diseños de serpientes aladas ubicados en su interior. Este sarcófago del siglo III d. C. evoca el mito de Proserpina, que fue raptada por Plutón, llevada a los infiernos y traída de nuevo a tierra por

A Pedra da Serpe (Gondomil).

Hermes. Otro hecho desconcertante estriba en el hecho de encontrar la serpiente alada en contextos tan alejados de Galicia como la América precolombina.

En la localidad costera de Muxía, también en Coruña, hallamos una de las prácticas paganas más populares de Galicia. A orillas del mar, prácticamente besando las aguas atlánticas, dos enormes lajas –*A Pedra de Abalar* y *A Pedra dos Cadrís*– son objeto de una costumbre cuyas raíces se remontan a los cultos más ancestrales que se dieron por estas tierras.

Próximo a ambas piedras, la huella de la cristianización la encarna la iglesia de la *Virxe da Barca*. El nombre de este santuario no procede del estamento religioso, sino de la esfera legendaria. Conforme al mito jacobeo, este santuario recibe el nombre de la Madre de Cristo por la forma en la que esta arribó a las costas gallegas. Según la leyenda, en tiempos de la predicación de Santiago en Galicia la Virgen María llega a este lugar en una barca de piedra, razón por la que el santuario recibió su nombre. Tampoco debemos olvidar que Santiago emprende su viaje en una nave fenicia desde Jaiffa hasta llegar al puerto de Iria, territorio pagano bajo el dominio sobrenatural de la diosa Isis.

Son solo algunos ejemplos de asimilación religiosa. Hacer el Camino es también viajar en el tiempo y emprender la aventura de descubrir -como predicaba Prisciliano- que no hay que quedarse apegado al signo o imagen, sino profundizar hasta internarse en el corazón de su significado trascendente y oculto, si realmente se desea poseer el conocimiento revelado que se expresa a través de estas imágenes y lugares ancestrales de poder. Algo que ya hemos insinuado en los primeros capítulos y que toca examinar para descubrir la dimensión más insólita del Camino de Santiago.

Segunda parte

Lo ancestral y lo oculto

Capítulo 7
La funcionalidad ancestral del Camino

Ya hemos visto que Prisciliano, en el fondo, estaba proponiendo una solución que facilitase la asimilación del Cristianismo por parte de los nativos que se resistían a la nueva religión y que en Galicia y el País Vasco se mostraron muy beligerantes, pues el arraigo a su cosmología y sus costumbres era muy fuerte. Esto tiene una explicación antropológica; y es que en estas latitudes se tenía por costumbre materializar el mundo mitológico en territorios que adquirían, a partir de entonces, no solo sacralidad sino funcionalidad. Esa funcionalidad, que –por ejemplo– aún podemos ver en muchos santuarios de Galicia dedicados a la cura de enfermedades de diversos tipos, estaba tan arraigada en el pueblo que a duras penas la Iglesia pudo hacer nada salvo llevar a cabo parte de la estrategia que quería formalizar Prisciliano, solapando disimuladamente muchos de estos lugares y señalizando con una cruz los mismos. Cuando decimos solapar, nos estamos refiriendo a sustituir el nombre de antiguas deidades por el de una Virgen, por ejemplo, o ser permisivos, dato importante, con el uso secular que tenían estas piedras desde tiempos remotos. Al preservar esa funcionalidad la cristianización avanzó considerablemente. Naturalmente, las autoridades, siempre que han visto que un culto perdía peso en el mundo tradicional, han aprovechado para abatirlo definitivamente. Este fenómeno acontece incluso en la actualidad.

Hace unos años durante el rodaje de un documental me encontraba filmando en el popular santuario de *San André de Teixido*. Desde tiempos remotos existe la tradición de atar y colgar pañuelos en las ramas de los árboles adyacentes a la *fuente del santo (fonte do santo)* donde se siguen llevando a cabo rituales de adivinación. Esta práctica pagana perduró hasta nuestros días hasta que recientemente el párroco del lugar la prohibió. La respuesta de los parroquianos fue continuar con la tradición unos metros más abajo donde se pueden ver las copas de otros árboles y algunos vallados repletos de pañuelos blancos en agradecimiento a ciertas peticiones al santo. Afortunadamente, aún subsisten muchas de estas prácticas y en los últimos tiempos parece que hay más gente interesada en rescatarlas del olvido.

Existe una teoría fantástica según la cual la peregrinación a los acantilados de Fisterra tendría su origen hace unos doce mil años atrás, tiempo que coincidiría –según los promotores de esta idea– con un lejano cataclismo; aquel que según la leyenda de Platón provocó la destrucción de una portentosa civilización: la Atlántida. Conforme a esta tesis, parte de los supervivientes de aquella tragedia arribaron a las costas galaicas y otros *finisterres* atlánticos. Aquellos supervivientes llevarían en sus alforjas la sabiduría en la que se fundamentó su civilización. Todos esos conocimientos superaban presumiblemente a los de los nativos que los habrían acogido en sus territorios próximos al mar. Se especula que estos náufragos, al menos los más sabios, transmitirían estos conocimientos a los habitantes autóctonos ayudándolos a evolucionar. Es más, puede incluso que los integrantes de aquellas primeras tribus llegaran a considerar a estos hombres sabios como auténticos dioses. Por lo que el viaje al Finisterrre atlántico sería una evocación de la búsqueda del conocimiento en sus diferentes vertientes, incluida la espiritual. Ese residuo ideológico permanecería vivo entre algunos peregrinos que irían percatándose, a lo largo de su caminar, de las numerosas señales que harían mención a esta visión del Camino tan poco ortodoxa. Al fin y al cabo, si lo pensamos bien, por donde ahora discurre el Camino de Santiago han pasado antes numerosas culturas relacionadas con ciertos mitos y visiones cosmológicas que, en ocasiones, se agazapan en la ruta jacobea. Es el caso de los celtas, los suevos, los romanos, los priscilianistas.... Toda esta carga histórica, antropológica y cultural debería tener, en teoría, su reflejo en el Camino de Santiago.

Sabemos que en estos entornos geográficos se produjeron grandes migraciones humanas por razones climáticas y que la cultura megalítica relacionada con una parte del camino de Santiago fue preservada durante siglos por sus constructores; pueblos nómadas que dejaron a su paso caminos especialmente diseñados para que aquellos que transitarán por ellos pudieran percibir con sus ojos y sus otros sentidos el poderío sobrenatural y político del territorio que pisaban. Se trataba, por lo tanto, de una estrategia de comunicación para transmitir la idea de superioridad sobre otros pueblos «menos evolucionados». Una técnica de persuasión prehistórica muy efectiva que compartieron otras culturas del remoto pasado como los hititas[17] pero también los habitantes de los castros.

También están los petroglifos[18] que para autores como Atienza y Charpertier podrían ser signos inequívocos de una herencia cultural de aquellos pueblos remotos del pasado que huyeron de la devastación provocada por un cataclismo. Naturalmente, esta imaginativa teoría es solo eso y, de hecho, es criticable en muchos aspectos, pero como veremos existen ciertos matices que nos permiten vislumbrar que en parte podría tener una vinculación con una realidad histórica olvidada evocada en el mundo tradicional de diversas maneras aunque la relación que algunos le presumen con la Atlántida de Platón despierta los lógicos recelos por parte del mundo académico.

Es evidente que esta conexión responde a un pensamiento más moderno que sin embargo ha entrado en la narrativa interpretativa del Camino en su vertiente más heterodoxa, «mágica» y popular. Y es que —como estamos viendo— existen numerosos testimonios del pasado y del mundo tradicional que parecen confabularse para potenciar esa peculiar interpretación del Camino.

Así tenemos historias de ciudades hundidas como la leyenda gallega de A Lagoa de Antela donde se afirma que bajo sus aguas se encuentra la ciudad de Constantinopla o la presencia de megalitos a lo largo de la ruta jacobea, junto a los mitos de criaturas o fenómenos inexplicables que generalmente se contextualizan en estos yacimientos arqueológicos, de la misma manera que pasa en los yacimientos rupestres al aire libre

---

[17] Para más información sobre este tema pueden acudir a mi libro *Civilizaciones Perdidas* editado por esta misma editorial (nota del autor).

[18] Nuestro conocimiento sobre el significado de los petroglifos ha sufrido una auténtica revolución en los últimos años. Para aquellos lectores que tengan interés en saber sobre el particular, les recomiendo leer mi libro *Galicia Secreta* en su edición más reciente.

con petroglifos que en ocasiones denotan vinculaciones astronómicas constatadas o motivos rupestres de gran complejidad, como el caso del laberinto de Mogor que nos remite al significado de este símbolo en diferentes épocas incluida la Edad Media o tradiciones tan maravillosas como la de Noé en tierras de Noia donde se asegura que después del Diluvio el personaje bíblico encalló con su arca en el monte Aro; en la sierra del Barbanza, por cierto, uno de los yacimientos megalíticos más importantes de Galicia.

Laberinto de Mogor (A Bairrada, Pontevedra).

Este lugar, sobre el que luego hablaremos, está relacionado a su vez con otro misterio medieval: las lápidas gremiales de *Santa María A Nova* en cuyas superficies se han esculpido insólitos grabados y que comparten espacio sagrado con las gliptografías medievales que vemos reproducidas tanto dentro del templo como fuera de él. Algunos de estos diseños evocan los temas rupestres de los petroglifos galaicos y otras veces nos remiten a la narrativa hermética de los gremios medievales. Es evidente que todo este simbolismo que encontramos en el propio Camino o sus variantes próximas, no es casual; no se trata de una mera licencia artística. Se trata de señales que conducen, a aquellos que se aventuran a seguirlas, a la *comprensión de un conocimiento hermético* que para poder ser adecuadamente asimilado precisa de una intensa experiencia personal y espiritual por parte del peregrino el cual deberá demostrar una predisposición a ser receptivo a las señales que se encontrará en su viaje y una disposición activa a transgredir, si fuera necesario, los convencionalismos cosmológicos y la visión constreñida de la ortodoxia católica.

Estas claves del Camino exigen por parte del caminante a Compostela una dimensión espiritual e intelectual compleja que naturalmente no tenían la mayoría de los individuos que transitaban la ruta jacobea. Por esa razón solía ser una práctica que llevaban a cabo los integrantes de gremios especializados directamente relacionados con la construcción del Camino. Con el paso del tiempo esa tradición hermética ha pervivido en la conciencia de muchos colectivos modernos que continúan haciendo el Camino conforme a esos parámetros tan peculiares pero dentro de un ámbito más espiritual con matices esotéricos e iniciáticos pero también cristianos. Por eso el Camino despierta tanta fascinación entre la francmasonería; lo que a fin de cuentas tiene sentido puesto que el origen de la masonería está en los gremios medievales. Arquitectos, artesanos, monjes de órdenes militares... todo este tipo de personas partían muchas veces de un conocimiento esotérico que buscaban con avidez ver materializado en algún rincón secreto de la extensa ruta que ansiaban recorrer hasta la lejana Fisterra.

Este tipo de peregrino era considerado un iniciado que viajaba intencionadamente hacia el poniente, donde muere el Sol, en busca de un renacimiento. En las diversas etapas que debería superar se encontraría señales relacionadas con la muerte y la resurrección, señales secretas y extrañas como seres sin boca, toponimias fuera de lo común que evocan relaciones cósmicas, símbolos sin aparente sentido; templos con funcionalidades astronómicas, etc. Las claves con las que se tropezaba eran muchas veces pruebas a superar que conformarían poco a poco algo más que una experiencia vital para convertirse en un conocimiento que trascendía la perspectiva común de los mortales y su relación con la realidad. Pero profundicemos más en estos aspectos tan reveladores e interpretemos a la luz de ciertos mitos donde está el límite entre lo imaginario y lo real dentro del contexto jacobeo.

EL NEXO MITOLÓGICO

La vinculación existente entre el mar y la tradición jacobea encuentra referentes mucho más antiguos dentro del ámbito de la mitología. La peregrinación a Compostela está relacionada con el océano Atlántico y con el arte de la navegación ya que, como sostiene Louis Charpentier,

> «los lugares donde expira la ruta son puntos de recalada en rías, es decir, espacios geográficos lo bastante adentrados en la tierra como para servir de refugio y permitir que los navíos sean puestos en seco.

No se trata de puertos de embarque. Las gentes que vienen de Sainte-Odile o de los Pirineos centrales no son marinos. Estos lugares son elegidos por gentes oriundas del mar como puntos de desembarco y los itinerarios fueron diseñados por hombres del interior que salen a encontrarlos, tanto si se trata de comercio, como si es otro el motivo».

La mitología, nunca probada pero a veces cargada de indicios que merecerían un estudio más exhaustivo, menciona el desembarco del legendario Hércules en la costa galaica. Se nos dice que el héroe griego, tras robar parte del ganado del gigante Gerión, lo transportó a la península ibérica, a las costas de la actual ciudad de A Coruña. La leyenda afirma que, tras desembarcar en Galicia, Hércules guareció dicho rebaño en una cueva, sobre la cual construyó un torreón, que identificamos de inmediato con la popular «Torre de Hércules». Como todas las leyendas, puede que también esta presente algunas claves de interés para entender ciertos acontecimientos del remoto pasado.

La Torre de Hércules (A Coruña), construida por los romanos, fue vinculada por Alfonso X con el mito de Hércules que tras vencer a Gerión la construiría como símbolo de victoria sobre el mítico gigante. Aunque no existe ningún indicio que avale su relación con ningún asentamiento celta en la zona en el Leabhar Ghabhala (*Lebor Gabála Érenn*) se la relaciona con la fundación de su construcción por parte del mítico rey galaico Breogán.

Según la leyenda, Hércules posee una tecnología que lo sitúa en un contexto temporal anterior a la Edad del Bronce. Así se deduce de las fuentes mitológicas que nos describen un héroe con un armamento compuesto por una maza y un modesto arco. Hércules viaja por el mundo cautivado por la idea de conseguir los frutos más preciados de la ganadería y la agricultura. También se nos dice que desconoce la tecnología náutica, razón por la que contratará los servicios de unos marineros singulares. Si estas deducciones son correctas ¿podría ser Hércules la reminiscencia de un acontecimiento histórico real? En ese caso, ¿podría Hércules ser en realidad el representante de un grupo humano que buscó con avidez los secretos de la ciencia agrícola, ganadera y náutica? Conocimientos, todos ellos, desconocidos en el Oriente Medio anterior a la Edad del Bronce. En esta interpretación del mito, Hércules es asimilado con aquellos ancestros que supuestamente buscaron el conocimiento explorando aquel mundo desconocido para finalmente arribar a tierras galaicas.

Otro personaje, esta vez bíblico, también está relacionado con el mundo tradicional jacobeo. Se trata del antes referenciado Noé. La leyenda nos dice que este encalló en un lugar próximo a la localidad de Noia: los montes de Aro. Paradójicamente en la historia original de Noé, este recala con su embarcación en el monte turco de Ararat.

Dos topónimos Aro y Ararat, extrañamente similares. Es más: el monte, sito en la Sierra de Barbanza, cobija —como he referido antes – numerosos monumentos megalíticos a los que los portugueses y los gallegos llaman «arcas» y que muy probablemente fueron la fuente de inspiración para recrear esta historia en tierras galaicas.

En ambas historias el tema central es el conocimiento de la agricultura, la ganadería y la náutica en tiempos remotos. Probablemente, estos mitos evocan la idea de la búsqueda de un conocimiento técnico sobre el que edificar lo que denominamos civilización. Hércules lo encuentra en el ámbito de influencia de la costa atlántica; en concreto, en un conjunto de islas atlánticas que el eminente y respetado Platón designa con el nombre de «Atlántidas». Según Charpentier,

> «la lección de Hércules se sitúa antes de la desaparición de estas porciones desperdigadas de territorio aún emergente, es decir, antes del cataclismo poseidoniano que las hizo desaparecer en el fondo del mar y que abrió el estrecho de Gibraltar».

El mito nos recuerda que el héroe griego es un hombre primitivo procedente de la cultura cavernícola, y por eso, cuando pone pie en lo que hoy son tierras coruñesas con el ganado de Gerión lo esconde en las cuevas. A grandes rasgos, estos datos nos pueden llevar a pensar que la peculiar búsqueda de Hércules tuvo lugar hace más de diez mil años; tal vez en el contexto temporal en el cual la historia de Platón sitúa la dramática desaparición de la civilización atlante; aunque es mucho presuponer.

Por su parte, el mito del Noé gallego, además de estar relacionado con el conocimiento náutico, denota relaciones con la historia del cataclismo que –según la Biblia y casi todas las tradiciones de la antigüedad– asoló el planeta en parte o en su totalidad, depende de la fuente consultada.

En tal sentido, es significativo que respecto a los pueblos que fueron afectados por el diluvio bíblico se perciben interesantes paralelismos entre los mitos de las diferentes culturas. Como ya hemos indicado antes, según la tradición galaica, tras varios meses a la deriva el Arca de Noé se posará sobre la cima del monte coruñés de Aro, muy próximo a la localidad de Noia. En Grecia Noé es conocido con el nombre de Decaulión y, al igual, que en la leyenda original, posará el Arca en la cima del monte Parnaso. En la India el mítico náufrago se llama Manú y su nave también se posará sobre la cima de una montaña. En los países nórdicos, su nombre es Belgermir, en México, Nala; en Persia, Niya; entre los celtas, Dwifah; en Perú, Viracocha; y en Babilonia, Oannes. La lista es casi interminable. Las tradiciones sobre inundaciones se encuentran en todo el hemisferio occidental, desde Alaska a Tierra de Fuego.

La geóloga Dorothy Vitaliano, afirma en su libro Legends of the Earth que no hay evidencias geológicas que sostengan la idea de un Diluvio Universal, aunque sí es probable que existieran varias zonas del planeta en las cuales se produjeron importantes inundaciones que forzaron el abandono de las tierras afectadas. Por lo tanto, y según su hipótesis, cabría esperar que las tradiciones independientes que describen un Diluvio Universal hubieran surgido casi en cualquier parte del planeta, originadas por la evocación mitológica de hechos catastróficos reales de carácter natural. Sin embargo, de todas las posibles causas que pudieron provocar un fenómeno de anegamiento tan dramático, solo los tsunamis habrían sido capaces de inspirar el mismo mito en zonas tan distantes.

Existen otros elementos mitológicos que apuntan en la misma dirección interpretativa. El primero en darse cuenta de esto fue, nuevamente, el investigador y escritor francés Louis Charpentier que en su libro Los Gigantes y el Misterio de los Orígenes, relaciona tres relatos legendarios que nos hablan de seres gigantescos y pueblos desperdigados.

LA TEORÍA DE LOS PUEBLOS DEL MAR

En las tres fuentes, se traslucen los paralelismos a través de los cuales parece vislumbrarse la presencia de un misterioso pueblo oriundo del mar, poco después del Diluvio Universal. Los supuestos fundamentos de esta teoría se encuentran en las mitologías helénica, egipcia e irlandesa. Todas ellas comparten paralelismos sorprendentes.

En el mito griego, los dioses Urano y Gea engendran a los cíclopes y a los titanes. La enemistad de ambos deriva en guerra y Urano acabará expulsando a los cíclopes a las profundidades del Tártaro. Gea incita a los titanes y a Cronos para vengar a los cíclopes. Más adelante, Cronos consigue su objetivo derrocando a su padre. Sin embargo, no libera a los cíclopes, sino que los deja encerrados, por miedo ser destruido por estos y los hijos que ha tenido con Rea, a los cuales devora. Solo Zeus se salva de este infortunio, obligando a Metis a que libere de las entrañas de Cronos a sus hermanos, tras lo cual inicia una guerra de diez años contra su padre y los titanes. Cuando Zeus libera a los cíclopes, estos se hacen aliados suyos en la batalla definitiva que derrotará a Cronos y a los Titanes.

Por otra parte, en la mitología egipcia, se nos habla de Osiris, uno de los hijos de Nut y Geb. Osiris se casará con una de sus hermanas, Isis y, tras fundar la ciudad de Tebas, emprende un viaje para difundir los pilares básicos de la civilización, enseñando a los hombres la agricultura y la ley. A su regreso será asesinado por su hermano Seth y setenta y dos aliados, tras lo cual su cadáver será arrojado al Nilo en un arca de madera de acacia. Según la leyenda, el arca quedará varada en las cercanías de Tiro durante una larga temporada. Es entonces cuando entra en escena Isis, la hermana-esposa de Osiris, quien rescata el cuerpo de su marido. Pero Seth le volverá a arrebatar el cadáver, desmembrándolo en catorce pedazos que desperdigará por el mundo.

Los fragmentos de su cuerpo fueron a parar a otras tantas ciudades, lo que no desanimó a Isis. Con el paso del tiempo esta diosa volverá a reunir los miembros de su esposo y, con la ayuda de los dioses Thot y Anubis, conseguirá resucitarlo. De la unión de ambos nacerá Horus, que vengará a su padre derrotando a Seth.

El mito irlandés gira en torno a la figura de los *Thuata-De-Dannan*. Tras el diluvio, estos protagonizaron espeluznantes batallas con sus vecinos, los *Fir-Bolg*. La leyenda sitúa estos encontronazos bélicos en suelo gaélico. Ambos grupos habían llegado por mar, ocupando el espacio geográfico dejado previamente por la raza de los Partholon. Curiosamente, esta raza había desaparecido inexplicablemente. La primera confrontación se saldó con la derrota de los Tuatha-De-Dannan, poseedores, según el *Lebor Ghabhald (Lebor Gabála Érenn)* o *Libro de las Invasiones*, de la magia blanca. Como consecuencia de esta primera derrota se verán compelidos a vagar por tierras extrañas.

En su tránsito fueron bordeando las costas hasta llegar al Mediterráneo. Esto les facilitó el contacto regular con pueblos próximos a los litorales y riberas, lo que les brindó la oportunidad de instruirles con parte de su «magia». Su Dios era Lug, maestro de las técnicas constructivas y conocedor de los entresijos de la madre naturaleza. Pasado el tiempo, los *Thuata-De-Dannan* recuperaron fuerzas y volvieron al campo de batalla, confiados en una pronta victoria contra sus acérrimos enemigos. Esto les depararía el triunfo decisivo sobre los Fir-Bolg. La derrota de estos últimos les conduciría a un definitivo confinamiento en el interior de las cavernas.

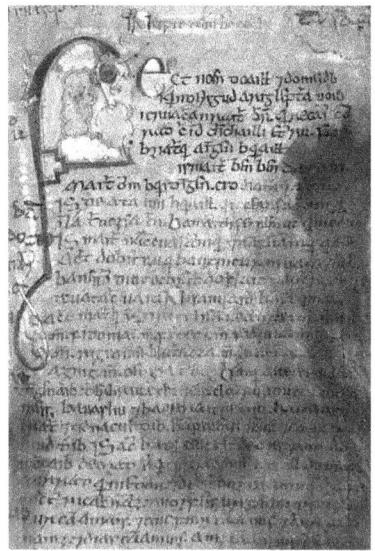

Texto de Lebor Gabála Érenn.

En las tres historias hay dos entidades hermanas que, sin embargo, son enemigas. Una de ellas representa el conocimiento. Este pueblo portador de cultura será vencido y dispersado en una primera batalla. Durante su periplo cederá parte de sus conocimientos a pueblos asentados en lugares próximos al mar y, finalmente, tras el paso de varias generaciones, incitará a la revancha en una nueva confrontación que concluirá con su definitiva victoria y la recuperación de sus anteriores posesiones territoriales.

En los tres mitos, la entidad dispersa como resultado de la primera batalla divulgará su ciencia a los pueblos marítimos con los que contacta. Paradójicamente, esos espacios geográficos son los mismos en los que encontramos megalitos; construcciones tras las que se solapan técnicas y sabidurías ancestrales de gran complejidad, transmitidas por las entidades que las diferentes leyendas asimilan con los *Cíclopes*, con *Osiris* y con los *Thuata-De-Dannan*. En todas estas historias, la venganza de los pueblos civilizadores se produce tras varias décadas de preparativos, el tiempo suficiente para permitir el alzamiento de los primeros complejos megalíticos de la franja atlántica europea. Desde esta perspectiva, los hechos legendarios recogidos por la tradición parecen presentar una sospechosa relación con acontecimientos históricos. Como la existente entre los *Thuata-De-Dannan* y la meta donde desemboca el Camino: Galicia.

Ramón Sainero, uno de los especialistas en estudios celtas más relevantes del siglo XX, invirtió mucho tiempo en el estudio de los manuscritos gaélicos. En sus trabajos muestra su convencimiento sobre la veracidad de un episodio cuyo escenario concreto se sitúa en territorio galaico. El episodio en cuestión hace mención al rey Brath. Se dice que, tras saltar a la península, procedente del norte de África, y después de enfrentarse en arduas batallas con varias etnias, llegó a Galicia. Más tarde, tendría un hijo al que llamaría Breogán, gracias al cual se construyó la ciudad de Brigantia y una torre próxima al mar.

Guerrero Galaico.
Puede que Breogán presentara
un aspecto similar en el
imaginario popular.

Con el paso de los siglos, Brigantia se convirtió en la ciudad de A Coruña. La actual «Torre de Hércules», reconstruida durante siglos por las sucesivas culturas que invadieron la ciudad, es el recuerdo de aquella primera construcción que evoca la leyenda. Finalmente, Breogán llegó a ocupar un lugar de honor en el himno nacional gallego. Pero hay más. Breogán, al igual que su padre, es –conforme a la tradición gallega– descendiente directo de Noé.

En resumidas cuentas, parece que las gentes de antes y después del diluvio, la escurridiza Atlántida, y el conocimiento venido del mar, encuentran eco en el tradicionalismo mitológico y en los yacimientos arqueológicos en los que se vislumbran vestigios de los esfuerzos por engendrar una nueva civilización. Todos estos elementos se dan cita, además, en la ruta jacobea.

Como iremos viendo en las sucesivas páginas que componen este libro, la mayoría de los referentes mitológicos del «Camino» tienen una conexión directa con el universo pagano. Además, los testimonios arqueológicos y santuarios que encontramos a su paso o en su ámbito de influencia no son una excepción. Está claro que las tradiciones marineras que describen la llegada de embarcaciones en tiempos remotos son lo suficientemente numerosas como para no ser tomadas en serio por los investigadores. Algunos consideran que resulta lícito sospechar que en todas ellas –y en el caso concreto que nos ocupa, aquellas que se circunscriben al ámbito jacobeo– existe un trasfondo de verdad histórica. Conforme a esta opinión, no se puede separar la ruta a Compostela de los supervivientes del Diluvio Universal, de la legendaria civilización perdida o de la figura de Noé; que no sería otra cosa que una evocación de los numerosos Noés que naufragaron en las costas y finisterres donde siglos después se institucionalizaría el sendero cósmico que nos conduce a los acantilados del noroeste peninsular.

Louis Charpentier abogaba en sus escritos en favor de una inundación provocada por un cataclismo de gran envergadura. Según él, esta inundación alcanzó su mayor impacto en el ecuador del planeta, sumergiendo –si es que realmente existió alguna vez– el imperio de la Atlántida. Desde este punto de vista, no debe sorprendernos que el desembarco paulatino de los supervivientes de la mítica civilización se hubiera realizado a partir del paralelo 45, en sistemas montañosos que ganan altitud conforme nos acercamos al ecuador, el Cáucaso o la zona cantábrica por la que discurre la ruta jacobea. Como señalamos anteriormente, dicha vía de comunicación posee otros signos relacionados con culturas paganas anteriores al Cristianismo: las estructuras megalíticas y los petroglifos.

El fenómeno rupestre de los petroglifos, al que me he referido antes sucintamente, tiene una característica en común: la coincidencia de intenciones por parte de quienes diseñaron estos grabados y los constructores de megalitos. En ambos casos la piedra ha sido el soporte para transmitir información de gran complejidad. En unos casos se trata de referencias a la cosmología de aquellos pueblos en las que se constatan conocimientos astronómicos tanto en las manifestaciones rupestres como en las construcciones megalíticas y por supuesto se deja entrever una sabiduría técnica asombrosa que es la que ha permitido que muchos de estos grandes monumentos, como los dólmenes o los túmulos, hayan llegado hasta nuestros días intactos, sin derrumbamiento alguno, a pesar de haber pasado miles de años.

Según los autores que defienden esta teoría estas dos manifestaciones estarían vinculadas con los misteriosos civilizadores a los que nos estamos refiriendo. Durante décadas muchos de los autores que han defendido esta tesis, como Atienza o Charpentier, se han cuestionado si los diseños rupestres no serían, también, reminiscencias de la escritura de alguna cultura atlántica olvidada. El hecho de que los petroglifos gallegos, canarios y de otros puntos de Europa e incluso de América, estén próximos a la costa, o en la costa misma, demostraría una clara conexión con el medio marino y por lo tanto –según los defensores de esta visión– estos serían los indicios evocadores de aquellos lejanos civilizadores que hipotéticamente trajeron los pilares del conocimiento que sustentó las primeras sociedades organizadas. Por esa razón el Camino, así entendido, evoca la búsqueda de un conocimiento con arraigo en tiempos ancestrales pero que es asimilado e interpretado bajo el matiz del esoterismo y la iniciación personal de los individuos que recorren con esa idea la ruta jacobea. Uno de esos conocimientos sería el astronómico. Esa vinculación con las estrellas, como veremos, está arraigada en la tradición jacobea y lejos de ser una especulación se basa en una serie de indicios y evidencias comprobables. Por esa razón el Camino de Santiago recibe también la denominación más atractiva si cabe, de *Ruta de las Estrellas*.

EL LABERINTO

Otra evocación que vincula el Camino con cosmologías ancestrales precristianas es el símbolo del *laberinto* que vemos representado en petroglifos como el de Mogor en Galicia. ¿Qué significado tuvo este motivo para quienes lo representaron en la prehistoria por primera vez?

¿Compartieron el mismo concepto todas las culturas que lo adoptaron? ¿qué significado tenía para alcanzar a proyectarse como motivo trascendente en contextos culturales tan distintos?

Para algunos expertos en arte rupestre, este tipo de petroglifo sugiere, con claridad, el tránsito por un «camino interior». En el yacimiento de Tinganel, los dos laberintos evocan asimismo el recorrido por un sendero. Por su parte, los indios norteamericanos Hopi y Pima parecen darle un significado ritual idéntico. También un laberinto etrusco fue grabado junto con la representación de una pareja de jinetes que están realizando un ritual descrito por Virgilio en La Eneida, como *«Iulus Troiae»*, ejercicio ecuestre vinculado con tradiciones funerarias. En las pinturas pompeyanas este motivo se halla claramente enlazado con el mito cretense del Minotauro, o al menos eso es lo que se desprende de la inscripción que acompaña a estos grafitos: *Labyrinthus hic habitat Minotaurus.*

El significado de este motivo como símbolo del peregrinaje por un sendero cósmico, iniciático y sagrado pudo tener su origen en la cuenca mediterránea, en plena Edad del Bronce. El investigador gallego B. Cegarra cree que el laberinto de Knossos sirvió como modelo de referencia en toda Europa. Como otros expertos, opina que no se debe desechar la posibilidad de que laberintos como el de Mogor sean mucho más tardíos. Sin embargo, también hay autores que han sugerido que los diseños laberínticos pudieron tener su origen mucho antes, en el norte de Europa, en pleno Neolítico, y que estos pudieron llegar a las culturas de la cuenca mediterránea por las rutas comerciales del ámbar, procedentes de las costas del Mar Báltico. La hipótesis más fantástica afirma que el laberinto tuvo su génesis –una vez más– en la supuesta civilización atlante.

En cualquier caso, la idea de que nos hallamos ante un motivo cuyas raíces se pierden en la noche de los tiempos no es tan aventurada como puede parecer a primera vista. Según sostiene Mircea Eliade en su *Tratado de historia de las religiones*, este es un tema probablemente derivado de la espiral y asociado al simbolismo de las aguas primordiales desde las fases más primitivas. No es fácil determinar en qué momento o fase evolutiva de las antiguas culturas humanas dicho motivo se transformó en una clave formal del proceso de iniciación, pero seguramente debió suceder ya en una época temprana, puesto que la vivencia mágico-religiosa parece tan antigua como la propia humanidad. Otro tanto puede afirmarse respecto a la identificación del cielo con una divinidad suprema de naturaleza celeste, según este notable historiador de las religiones. Sobre esta base, resulta inevitable pensar que el significado de dicho signo ya era inequívoco y tenía carácter universal desde mucho antes de que se intuyera la ruta jacobea.

Los antiguos constructores de la catedral de Chartres también dibujaron un enorme laberinto sobre el pavimento del templo. Lo llamaban «La Legua», queriendo expresar así –según Charpentier– la longitud del itinerario. Otros lo denominaban «el camino de Jerusalén». En términos generales, las organizaciones medievales de constructores estimaban el

Laberinto medieval (Iglesia de Lucca, Italia).

centro del diseño como la desembocadura de un tortuoso periplo exclusivamente reservado al *Maestro de la Obra*.

Desde esta óptica parece claro que el Camino de Santiago fue percibido desde sus comienzos, al menos por un sector selecto de peregrinos que poseían el conocimiento de una cosmología ancestral, como una ruta iniciática, idea muy alejada del concepto penitencial que tenía oficialmente la ruta para la Cristiandad católica de los días durante los cuales se instituye como tal la ruta jacobea.

Seguramente, esa peregrinación a Compostela fue entendida de forma muy diferente por los constructores medievales, que hacían conscientemente el Camino de Compostela en busca de la sabiduría que se solapa en los monumentos y los numerosos signos que surgían a su paso. Se trataba, por lo tanto, de un viaje de observación y reflexión introspectiva pero también de un viaje donde compartir conocimientos técnicos y reflexionar sobre ellos con otros colegas del mismo gremio u otros. Este tipo de peregrino fue el que probablemente encarnó con mayor fidelidad el espíritu de los antiguos constructores de la ruta porque, como veremos, podemos sospechar que el Camino mismo o partes de él, ya eran funcionales muchos siglos antes del «hallazgo» del supuesto cuerpo de Santiago. En ese caso podríamos especular con la idea de que el referente simbólico de esos iniciados pudo haber sido el laberinto, no la concha o la venera, que constituyó el emblema de los peregrinos convencionales.

Muchos de estos diseños rupestres se han perpetuado más allá de la Edad Media. Los podemos encontrar a lo largo de la ruta jacobea, esculpidos en los muros de las iglesias y monasterios. De igual forma, muchos de estos templos cristianos han sido edificados en antiguos lugares de poder: cavernas prehistóricas, yacimientos megalíticos o, como en el caso de la catedral de Compostela, sobre antiguos cementerios precristianos. Este fenómeno, que ha sido una constante en la historia mágica del Camino, sugiere con fuerza que en realidad llegaron a superponerse dos rutas y que la más reciente –católica– usurpó y ocultó el itinerario iniciático original. Es evidente que una parte del trazado del Camino respondió a este criterio cristianizador incluidas las rutas vinculadas que nos conducen a territorios de singular trascendencia para el peregrino ávido de conocimiento.

Básicamente, habría ocurrido con el Camino lo mismo que sucedió con el culto de los santos: la reconversión de los cultos preexistentes de antiguas deidades de carácter más o menos local. Esta estrategia, a la que ya hemos hecho referencia, por ejemplo, cuando hablábamos de Prisciliano y que seguiremos evidenciando, cuando toque, en las próximas páginas, tenía una clara función ideológica: *facilitar la cristianización en masa de los pueblos europeos permitiéndoles persistir en su veneración de las antiguas deidades bajo nuevas denominaciones.* En un primer momento, los viejos dioses eran aún reconocibles bajo los nuevos nombres y representaciones, como podemos confirmar observando el sincretismo que se produjo en América con los cultos autóctonos. No obstante, la represión sistemática y sostenida de la Iglesia en el ámbito europeo –mucho más prolongada– acabaría por difuminar dicha memoria ancestral en la conciencia colectiva de la abrumadora mayoría de las comunidades nativas, confinándola a individuos aislados o a pequeños grupos que, por razones de supervivencia, solo podían transmitir estas tradiciones a muy pocos discípulos o iniciados.

En la misma línea, cuando se construye una iglesia sobre un antiguo territorio sagrado pagano se está «cristianizando» y colonizando un territorio al que desde antiguo se le confiere una naturaleza sobrenatural que es usurpada bajo un nuevo paradigma. Por esa razón los nativos precristianos eran tan reacios a ceder sus territorios de culto, pues entre otras cosas, se contextualizaba toda una cosmología con sus deidades y criaturas imposibles.

Nunca sabremos, sin embargo, cuántos iniciados –y durante cuánto tiempo– siguieron realizando este itinerario original a la sombra del Camino cristiano, mimetizándose como peregrinos convencionales y viviendo su propia mística en secreto. Podemos vislumbrar determinados legados subyacentes, inmediatamente anteriores a la cristianización propiamente dicha, como el céltico, pero seguramente estamos también, en estos casos, ante una cultura que recogía tradiciones muy anteriores, cuyos orígenes se nos escapan. Apenas podemos intuir su presencia a partir de vestigios aislados que sobrevivieron al olvido.

Capítulo 8
Gigantes de Piedra

Como estamos viendo, el Camino francés en su trazado hasta Galicia se convirtió en la gran escuela del medievo europeo. Aunque los vestigios arqueológicos más antiguos –los petroglifos y los megalitos– son mudos testigos de un complejo conocimiento arcaico, hacia finales del siglo XIII todo parece dormido, aunque subsisten las enseñanzas de un pasado lejano para aquellos que sabían interpretarlas y guardar el secreto.

Numerosos yacimientos megalíticos se dispersan por la geografía gallega. En la reciente historia de la arqueología nuestra percepción del megalitismo ha variado notablemente y ya podemos afirmar con seguridad que los yacimientos más antiguos se remontan al año 7.000 a. C. Naturalmente los megalitos se encuentran a lo largo del Camino de Santiago dentro del área de influencia de este, y teniendo en cuenta el interés que mostraban algunos de esos peregrinos medievales por las muestras de litolatría y ciertos cultos paganos, muchos se desviaban de su ruta original por caminos vinculados con la ruta jacobea para ver con sus propios ojos y experimentar con todos sus sentidos el potencial sobrenatural de estos territorios sagrados cargados de energías telúricas y habitados por deidades y otras presencias invisibles.

Los espacios megalíticos nos hablan de una revolución espiritual en la que el ser humano comenzó a domesticar la naturaleza y su entorno. Entonces, unos enigmáticos ingenieros comienzan a salpicar el paisaje con estos majestuosos signos de autoafirmación. El megalito se convertirá así en un mediador cosmológico dentro de las sociedades prehistóricas

Dolmen Axeitos (Coruña).

de aquellos lejanos días. Como referimos anteriormente estos megalitos fueron objeto de culto por parte de sus constructores y están vinculados a rituales de peregrinación que morían, a veces, en el mar; en otros finisterres y en ocasiones estaban vinculados a ríos o lugares de la geografía considerados especiales para sus promotores por razones cosmológicas. Sabemos que en el complejo megalítico de Stonehenge se llevaba a cabo un ritual de peregrinación también. Gentes de lugares lejanos acudían a este santuario megalítico y en su interior se han encontrado evidencias de una funcionalidad muy significativa que podemos hacer extensiva a los megalitos que se suceden en el ámbito de influencia del Camino de Santiago aunque, naturalmente, con sus matices y diferencias locales. Y es que Stonehenge fue un lugar de peregrinación donde se escenificaban cultos de sanación y rituales funerarios desde hace algo más de cinco mil años. Por lo tanto, el concepto de peregrinación enlaza con aquellos primeros santuarios y las razones, similares, por las que fueron erigidos. Esto podría no ser una casualidad dentro del contexto jacobeo que se desarrolla bajo estos parámetros perceptivos tan alejados de la visión ortodoxa que movió a la mayoría de los peregrinos medievales. De alguna manera algunos creen ver una vinculación con la sabiduría que se oculta detrás de los megalitos, el arte rupestre prehistórico y los orígenes que fundamentarán, con el paso de lo siglos, el Camino medieval. Naturalmente no todos estos parámetros interpretativos son certeros pero en esencia estas referencias tienen una lógica bien contrastada por la historia. Todas las culturas se han ido solapando aprovechándose para ello de los soportes ideológicos y territoriales que sustentaron antiguas cosmologías para ser sustituidas por otras y así sucesivamente. Así lo hizo también el Cristianismo con las culturas ancestrales tanto en su territorio mental como en los lugares sagrados que fueron reutilizados y asimilados por la nueva religión.

Los cromlech, dólmenes o túmulos de la ruta jacobea siguen en muchos casos siendo útiles en los entornos rurales como elementos

Dolmén de La Hechicera (Elvillar, Álava).

mediadores para determinadas prácticas o cultos paganos enmascarados por la práctica religiosa ortodoxa. Y a tenor de los indicios comentados son también una referencia indicativa de lo que parecen ser *antiquísimos lugares de paso*. El hecho de que ciertos megalitos estén emplazados en lugares de tránsito de ancestrales rutas no responde a la casualidad, sino a una intencionalidad premeditada por parte de sus constructores. Estos elementos artificiales del territorio formaban parte de un paisaje mitológico y funcional reconocido por aquellas culturas. Los peregrinos medievales que hacían la ruta y se desviaban a conocer algunos de estos lugares lo hacían para indagar sobre el origen primitivo de este tipo de rituales donde la cosmología se traslada del ámbito neurológico al plano físico para desde allí enlazar el mundo de lo mágico y lo sobrenatural, con el mundo real, el mundo de los humanos.

Louis Charpentier encontró en Occidente tres importantes vías iniciáticas que demuestran lo que estamos diciendo: la inglesa, la francesa y la ibérica. La ruta inglesa comienza en Dover y discurre a lo largo de la costa norte de Cournalles, siguiendo un paralelo próximo a los 51º 18'. Por su parte, la ruta francesa tiene su origen en Sainte-Odile, desembocando en el extremo más remoto y aislado de Armónica y discurre por el paralelo 48º 27'. Finalmente, el Camino de Santiago recorre una orografía delimitada y rica en toponimia y cultura tradicional que lo vinculan con el Cosmos y las estrellas que centellean sobre las cabezas de los peregrinos que viajan a Compostela y más allá.

Capítulo 9
La «ruta de las estrellas»

En la época de las peregrinaciones medievales, órdenes religioso-militares como la de los Hospitalarios o la de los Templarios variaron ciertas etapas de la ruta jacobea con el fin de hacer más seguro el viaje por aquellas aisladas tierras. Gracias a las primeras edificaciones jacobeas conocemos el primer trazado oficial que delimita el Camino con dos hileras de estrellas de la Vía Láctea, cuyas latitudes son de 42º 30'y 42º 50'.

Cuando se promocionó la peregrinación medieval a Compostela se acudió a la prestigiosa figura de Carlomagno. Tras su muerte, alguien grabó en la superficie del relicario que guarda sus cenizas una *doble hilera de estrellas* que, lejos de ser fruto de la imaginación del artista, realmente existen y se dejan ver con nitidez en las noches claras.

Las hileras del Camino santiagués se extienden desde el Mediterráneo hasta el océano Atlántico en dirección este-oeste. La primera parte en tierra francesa se corresponde con el *Pic d'Estelle*. Con este «monte de la Estrella» situado más al oeste y todavía en territorio francés, encontramos el *monte de las Tres Estrellas*. Saltando los Pirineos —y ya en territorio ibérico— la vinculación se establece en la región de *Estella*. Finalmente, y más al oeste, en Galicia, tenemos Astray. El resto del Camino es pobre en toponimia referente a estrella alguna.

Por su parte, la segunda hilera de estrellas también encuentra su correspondencia en territorio francés, concretamente en la localidad de *Les Eteilles*. Próximo a Somport se encuentra *Lizarra* y, en Pamplona,

Lizárraga. Más allá de León encontramos *Liciella* y en Galicia, meta del Camino, tenemos *Aster*, desde donde el paso del peregrino nos llevará a Compostela, cuyo significado, tanto etimológico como alquímico, nos rememora la Estrella que desde un principio parece presidir los orígenes de la ciudad y de su catedral.

Como ya señalamos capítulos atrás, según la tradición, el nombre de Compostela proviene de *Campus Stellae* o *Campo de la Estrella;* aunque como ya insinuamos también existe una discrepancia pues podría provenir en realidad de *compositum tellus* (cementerio). Ahora bien, el punto donde se alza la catedral de Santiago recibe el nombre de *Compostela* y no de *Campostela*; por lo tanto, etimológicamente hablando, tal vez se haga referencia, además, al *compos alquímico*, el germen profundo de la sabiduría. Por esta y otras razones que iremos desvelando, el enclave compostelano muy bien pudiera corresponderse con interpretaciones como la de «el conocimiento de la Estrella», o con lo que alquímicamente se conoce como «El Sabio o El Maestro de la Estrella», expresión que traducida a nuestro paradigma mental y cultural está relacionada con el mito de las «luminarias de Libredón», que condujeron al descubrimiento del presunto cuerpo del Apóstol.

La denominación francesa de la ruta jacobea, *Le Chemin de Saint Jacques*, la inglesa de *Janez*, la italiana *Giacome* y las vascas *Jakintza y Jakin*, parecen darnos las claves del aspecto iniciático de la ruta jacobea y corrobora la concepción alquímica anteriormente descrita. De hecho, las nomenclaturas extranjeras que mencionan el Camino también significan etimológicamente «Señor» o «Sabio».

Esta segunda correlación resulta sorprendente cuando comprobamos que las referencias toponímicas vinculadas con las estrellas se ubican en una latitud aproximada de 42° 46'. Solo Estillón y Compostela poseen una longitud diferente. Esta última se encuentra a 42° 53', pero el popular Pico Sacro –primera morada, según la leyenda, del cuerpo del apóstol Santiago– coincide asombrosamente con las coordenadas de 42° 46', paralelo próximo a la ciudad de Noia, en la cual la leyenda sostiene que encalló el Arca de Noé tras el Diluvio.

Las tres rutas siguen dirección este-oeste, avanzan bajo las coordenadas del mismo paralelo y desembocan en las zonas más occidentales de sus respectivos territorios. Además, todas están relacionadas con la historia del Santo Grial. La ruta española y la francesa hacen mención en sus tradiciones orales al desembarco de Noé y la ruta inglesa, como la gallega, tienen en común el símbolo del laberinto. ¿Adónde nos lleva todo esto?

Resulta obvio que todo lo visto no es casual, sino que más bien parece responder a una cuidadosa planificación cuyo propósito es objeto de polémicas especulaciones. Las correspondencias astronómicas y toponímicas entre el camino terrestre y el celeste son la consecuencia directa de la puesta en práctica de la ciencia antigua, que tan a menudo se ejecuta en las construcciones megalíticas pero que ahora tiene su reflejo también en los templos e iglesias que jalonan la ruta. Esto enlaza con la idea, expresada a lo largo de estas líneas, de la conexión cósmica de ciertos lugares de poder y las diferentes expresiones arqueológicas ubicadas en el ámbito de influencia del Camino de Santiago. Es más, el peregrino que hace la ruta bajo esta consigna no solo explora la faceta esotérica de la ruta, también la técnica. Descubre los complejos métodos arquitectónicos que explican por qué algunos dólmenes no se han derrumbado miles de años después de ser alzados sobre la tierra; también aprende el porqué de las correlaciones astronómicas existentes en algunos de estos ancestrales lugares, a veces objeto de culto pagano encubierto en plena Edad Media. Es una experiencia que ensancha su visión, que le da mayor perspectiva y que fomenta su conocimiento más allá del constreñido corsé de los convencionalismos de la época. Una lectura que da sentido al monumento en cuestión con el entorno y su profundo significado espiritual y funcional. Todos estos factores serán luego reproducidos por estos peregrinos especializados relacionados con la construcción del Camino en sus múltiples facetas. Luego vendrá la interpretación más espiritual, la iniciática, la esotérica. Al final se trata de un conocimiento holístico cuya comprensión se revelará cuando el peregrino haya asimilado todas las señales y sus secretos. Aquellos que logren este nivel de comprensión se convertirán en maestros del Camino. El trayecto «cósmico» que lleva a Compostela y Fisterra fue cristianizado por la Iglesia, al menos si bien no todo el trazado, gran parte del mismo. Esta operación de asimilación debió de dar comienzo hacia el siglo IX[19], en un esfuerzo por borrar los cultos que se llevaban a cabo en el medievo en ciertos santuarios que visitaba el peregrino y que remitían a una funcionalidad basada en una cosmología que podría ser considerada herética por las autoridades eclesiásticas; pero también contribuyó a que las huellas de la sabiduría técnica que estaba tras las obras de ingeniería megalítica o los petroglifos, pasara desapercibida para la mayor parte de los que acometían el viaje a Compostela. El Camino de Santiago, así entendido, es una ruta

---

[19] Naturalmente nos estamos refiriendo al proceso de cristianización del Camino de Santiago y sus lugares de influencia. La cristianización, como ya señalamos anteriormente, comenzó siglos antes (nota del autor).

de iniciación que tiene su origen -cuanto menos- en tiempos neolíticos, aunque estas teorías nos remitan a tiempos aún más remotos y otras interpretaciones, sobre las que hablaremos más adelante, y que abogan por contextos temporales más recientes pero anteriores a la romanización. En realidad, todos estos contextos temporales están relacionados entre sí pues generalmente las tradiciones y cosmologías más modernas asimilan, como hemos explicado, elementos de las más antiguas; pero lo que se va perfilando con claridad es un origen pagano de muchas de las piezas que conforman la cultura y el culto jacobeo.

DIÁSPORAS Y PEREGRINACIONES ATÁVICAS

Es probable que los ideólogos del Camino medieval se inspiraran en estas viejas tradiciones de peregrinación a centros de poder en tiempos remotos y es que el impulso de viajar como rito lo vemos en muchas otras culturas de la antigüedad. Pero también como opción de supervivencia. Casualmente, gran parte del trayecto jacobeo actual sirvió de vía de escape del frío y la muerte a nuestra especie que oriunda de los confines de Europa atravesó los Pirineos y entró en la península ibérica siguiendo casi el mismo periplo que hoy siguen los peregrinos que viajan por el Camino francés. Ese acontecimiento vino marcado por la Glaciación Würm; que se extiende desde el 80.000 al 10.000 a. C. En torno al siglo IX a. C., gentes procedentes de las regiones septentrionales deseaban rendir culto al sol allí donde este muere; al pie de los acantilados, en el fin de la tierra de los hombres; los *finisterres*. Aunque aquellos pueblos ya estaban asentados en Centroeuropa en el siglo XX a. C, todos tenían la misma procedencia: Asia. Ellos fueron los que dejaron rastro de su cultura y sus creencias en los santuarios megalíticos que pueblan la geografía sagrada de la ruta jacobea y sus entornos, pero también en los misteriosos campos de urnas, la toponimia o en las tradiciones o el folclore que en muchas ocasiones denota reminiscencias ancestrales. Esos pueblos estaban vinculados al Cosmos. Prueba de ello la encontramos en las fuentes que han llegado a nosotros gracias a los griegos o de los romanos que se refirieron a ellos en sus informes. Es el caso de los *saefes* artífices de los enterramientos de las cenizas de sus muertos en los antes mentados campos de urnas; o la tribu de los Nerios que daba culto en el *Ara Solis* a la *Strela Escura*, siendo su panteón mitológico de gran influencia en la toponimia de la península ibérica y la propia del Camino. Es el caso, por ejemplo, del dios de las tormentas y el cielo; *Taranis* que lo vemos recogido en toponimias como la de Tarañosdiós en Cangas de

Onís, Asturias. El dios de la luz; *Belenos* lo encontramos en la localidad asturiana de Beleño; o el relevante dios Lug cuyo nombre es la raíz que da nombre a la ciudad gallega de Lugo o la francesa de Lyon.

EL ENIGMA DEL DIOS LUG

Como venimos señalando, en su tentativa por cristianizar las antiguas leyendas relacionadas con el Camino de Santiago la Iglesia llevó a la práctica una estratagema a veces un tanto ambigua que favorecía la pervivencia, aunque fuera solapada, de ciertos cultos pero también de ciertos nombres. Ciertos santuarios prerromanos, objeto de culto popular precristiano, tenían un nombre que evocaba, en términos generales, a un dios pagano. A veces la estrategia consistía en conservar disimuladamente el nombre o traducirlo al idioma del Imperio o asimilarlo con alguna referencia análoga o semejante con algún santo cristiano. Generalmente la raíz del nombre original marca el sendero para reconocer de donde viene en realidad. «Cuando la Iglesia intentó hacer desaparecer a Gargán –comenta Charpertier– inventó a San Gorgón». De este modo, facilitaba su toma de posesión de estos antiguos lugares de referencia sagrada, en lugar de intentar destruirlos. Una de esas leyendas de tradición oral relacionadas con el Camino que podemos considerar como un fruto de esta política de colonización religiosa en Galicia fue la reina Lupa, sobre la que volveremos. Conforme a lo que señala la tradición, esta misteriosa reina Lupa gobernaba los territorios de la actual provincia de Lugo; significativamente feudo del dios Lug. Los orígenes fundacionales de la ciudad de Lugo estarían en la antigua Lucus Augusti y podría tener relación con un antiguo bosque sagrado. Al parecer, el término Lug había sido asimilado antaño con Lupus. De modo que hay quien especula con la posibilidad de que la soberana de esta leyenda constituyera, en realidad, un intento de asociar el antiguo mito y culto pagano de Lug con la historia sagrada cristiana.

Para los ligures, Lug fue un dios particularmente ingenioso, capaz de llevar a cabo cualquier tarea con gran destreza. Todavía hay quienes piensan que esta deidad pagana fue introducida en la península ibérica por los celtas. Sin embargo, la presencia de una toponimia vasca relacionada con el mítico dios demuestra que su origen es muy anterior al céltico, e incluso al ligur. No olvidemos que la toponimia vasca es la más antigua, no solo de la península ibérica, sino también de la europeo-occidental.

El investigador Fernández Albalat considera que la figura del dios Lug, es otra característica de la religión celta.

«Lug es luminoso y politécnico –comenta– posee todas las capacidades y asume todas las funciones de las otras divinidades. Tiene por madre a Eithe personificación alegórica de la soberanía y por madre adoptiva a Tailtiu, símil de la tierra de Irlanda. Su fiesta, el Lughnasad, es la fiesta del rey en tanto que garantiza la abundancia y prosperidad de su reinado. Es un fuera de clase al ser sacerdote, guerrero y artesano. El es el rey de los dioses, pero no el dios-rey. Se vincula tanto a las facetas brillantes y luminosas como también hereda de su madre la oscuridad de las divinidades sombrías. Lug comanda el ejército de su hermano Mananan y con él recorre los caminos hacia el campo de batalla».

No se sabe si los ligures representaban una entidad cultural homogénea y definida. Al igual que parece haber sucedido con sus sucesores en tierras británicas y gallegas –los celtas–, estos constituían un pueblo desperdigado, pero con un sustrato cultural común. Resulta lícito sospechar que ellos fueran los constructores de muchos megalitos. De hecho, se cree que esta es la razón de las relaciones que se observan entre los ligures, la toponimia y ciertas expresiones arqueológicas como el megalitismo.

Al buscar topónimos relacionados con Lug en la península ibérica nos encontramos con desconcertantes revelaciones. Al igual que en Francia, el territorio ibérico conforma una toponimia directamente relacionada con este dios y presenta una llamativa peculiaridad: la unión de estos topónimos en un mapa mediante una línea roja da como resultado un diseño en espiral. Curiosamente, dicha forma se prolonga en el territorio ibérico, conformando otras enormes espirales, una inversa con respecto a la otra. Espacios consagrados a Lug en territorio peninsular son, por ejemplo, la ciudad de Oviedo, antigua Lugones (Asturias); la provincia de Lugo (Galicia), una de las pocas que ha conservado la referencia toponímica original; e incluso Portugal (la antigua Lusitania).

El Camino de Santiago está plagado de referencias a Lug. Un ejemplo lo tenemos en la vieja *Civita Legionae*, el actual León. Aunque resulte asombroso el hecho de encontrar una ruta jacobea llena de referencias al dios Lug a través de estas espirales, no olvidemos ese río del Camino: la Vía Láctea. Naturalmente, todo indica que aquellas culturas no podían sospechar que esta constituía la galaxia a la que pertenece nuestro sistema solar, pero ahí queda esta asombrosa coincidencia,

> puesto que la denominada Vía Láctea es una galaxia en espiral. También resulta revelador que, en Irlanda, dicha forma fuese conocida con nombres como «el arco iris de Lug» o «la senda de Lug».
>
> Estas coincidencias no parecen ser fruto de la casualidad. Además, por alguna razón poderosa este símbolo de la doble espiral aparece profusamente reproducido en la superficie granítica de numerosas lajas, tanto en el territorio francés como en el español. Aunque los topónimos relacionados con Lug han sido difuminados por la influencia latina, la árabe y la cristiana, en el norte de España, como hemos visto, todavía resulta viable apreciar su conexión en el nombre de numerosas localidades de esta región peninsular.

Laxe da Pedrafita (Lugo). Se cree que los agujeros de su superficie sirvieron para introducir los pilares de madera de lo que fue un templo dedicado al dios Lug (cortesía de Manuel Santos Estévez).

Muchos de los cultos que sorprenden al peregrino en su viaje evocan viejos cultos procedentes de otras culturas del pasado; especialmente la celta. Un universo de creencias protegidas por sus sacerdotes -los druidas- que llevaban a cabo cultos con las plantas y que consideraban que ciertos árboles, especialmente el roble, el espino, el olmo o el fresno, favorecían la vinculación con lo sobrenatural pues constituían la materia prima para elaborar medicinas pero también servían a propósitos mediadores con otros niveles de realidad. Es el caso del roble con el muérdago cuyos alcaloides se usaban por razones medicinales pero también servían para provocar estados alterados de conciencia en aquel que consumía cierta dosis de esta planta parásita. Los druidas eran conocedores de las numerosas propiedades beneficiosas que nos pueden llegar a brindar el reino vegetal. Eso explica que druida signifique, literalmente, «hombre árbol». Son los predecesores de los *mencinheiros* gallegos[20] siglos después. Como sacerdotes que eran cumplían también una función chamánica y para poder mediar entre el mundo de los humanos y los espíritus llevaban a cabo la elaboración de compuestos alucinógenos en los que utilizaban también la seta *amanita muscaria*; entre otras plantas y hongos.

Pero aunque estas pistas de un pasado remoto pueden tener una vinculación con el ámbito cosmológico y tradicional del Camino iniciático, los romanos fueron realmente los artífices de la ruta pues le dieron un soporte físico previo. Sus obras de ingeniería sobre gran parte del territorio sobre el que discurre el Camino de Santiago, inspiraron muy probablemente parte del trazado medieval. Los romanos también se relacionaron con las tierras que ocupaban edificando sus propios santuarios siguiendo los mismos parámetros que hemos referido antes sobre sus predecesores. Ellos también solaparon su cosmología materializándola en lugares anteriores de culto.

EL LENGUAJE DE LAS AVES

En la provincia de Lugo a unos catorce kilómetros de donde estaba la antigua *Lucus Augusti* encontramos el santuario de *Santa Eulalia de Bóveda*. Se sospecha que este lugar fue erigido sobre un santuario celta anterior y está rodeado de misterio. Estuvo enterrado durante mil años hasta que fue descubierto de una manera casual por el párroco José María Penado en 1914 aunque la noticia de su descubrimiento no se dio a conocer hasta el año 1926. Es un santuario tardorromano del siglo III o IV d. C. y existen diferentes teorías sobre la advocación que motivó su construcción. Las teorías más recientes abogan por el dios Dionisio como el inspirador de esta cripta sagrada; en cuyo caso estaríamos hablando de una funcionalidad funeraria. La teoría más extendida afirma que fue un ninfeo dedicado a la diosa Cibeles o Rhea donde se llevaban a cabo rituales purificativos. Los ninfeos estaban originalmente dedicados a las *ninfas*, criaturas de gran belleza que proceden del imaginario mitológico griego, relacionadas con la fertilidad, las aguas y los bosques sagrados. La dificultad de transferir su culto explica

---

[20] Aquellos que deseen profundizar sobre esta misteriosa figura de la medicina tradicional gallega pueden acudir a la nueva edición de mi libro Galicia Secreta (Editorial Almuzara 2020).

Santuario de Santa Eulalia de Bóveda (Lugo).

la extraña diversidad simbólica que encontramos tanto fuera del santuario como dentro. Encontramos motivos frigios, griegos, incluso se especula con que existan reminiscencias mesopotámicas y egipcias. En su interior observamos numerosos dibujos de plantas y aves y en el centro de la cripta custodiada por cuatro columnas destaca una piscina que debió servir para el culto; probablemente los baños rituales. Uno de los aspectos más singulares de Santa Eulalia son las diferentes especies de aves representadas pero de todas las existentes destaca una por su relación con la senda cósmica de Santiago: la Oca[21].

En cualquier mitología o lugar donde se nombre, la Oca es considerada como un símbolo trascendente. Entre los celtas, esta ave es considerada un mensajero del Más Allá. Desde el punto de vista simbólico, esta figura sufre interesantes evoluciones formales que repercuten en su representación gráfica. La vemos reproducida por los druidas con la forma de tres trazos divergentes, a veces unidos por la cúspide (los tres rayos druídicos) para simbolizar la búsqueda del conocimiento a través de la enseñanza de los sacerdotes celtas. También aparece representada en forma de un tridente, que era el arma distintiva del dios atlante Poseidón. Ya en el medievo, el símbolo en cuestión adquiriría –al unirse ambos signos por sus respectivas cúspides– la forma propia de la estrella de seis

---

[21] Nuevas teorías afirman que el ave representada en Santa Eulalia no es una Oca, sino una Focha del Nilo. Soy de los que piensan que esta percepción carece de pruebas contundentes que la avalen definitivamente, por lo que a día de hoy sigo apostando, como muchos, por la Oca; aunque simbólicamente hablando se trata de un ave palmípeda que implica la misma funcionalidad simbólica de la Oca.

puntas, que a su vez se convertirá en uno de los motivos preferidos de los canteros herméticos medievales: el crismón.

Este signo está constituido por las letras alfa y omega y su análisis ha deparado sorpresas. Si bien está considerado simbólicamente como el anagrama de Cristo, el hecho es que posee unas peculiaridades que ya vemos representadas siglos antes en los petroglifos.

El crismón muestra el siguiente aspecto: reducido a una cruz central en su cúspide destaca una especie de bucle cerrado que da como resultado una especie de letra P. En la parte izquierda de la cruz encontramos la letra *alpha* y en la derecha, la *omega*. Pues bien, todos estos elementos los encontramos previamente representados en el arte rupestre que se da cita en la ruta de las estrellas o en los territorios bajo su influencia. La parte más representativa del crismón encuentra su referente más apropiado en el centro del laberinto rupestre, solo que en este la P no existe, al estar el bucle abierto, pero a partir de los brazos en los que se señala el *alpha* y el *omega* se va perfilando el diseño laberíntico. Este símbolo cristiano parece tener su origen en los enigmáticos canteros prehistóricos que elaboraron diseños como el laberinto de Mogor en Galicia. El mismo diseño perdurará deliberadamente en el tiempo bajo otras formas sospechosamente evocadoras, como la Flor de Lis. Finalmente, la pata de la Oca (evocada en el tridente) se acabará convirtiendo en la famosa venera o concha de Santiago.

Crismón de San Juan de la Peña (Aragón).

La Oca también se evoca en la toponimia del Camino. En las inmediaciones de la región de Jaca encontramos el valle de Ansó, reminiscencia de la versión indoeuropea de «gansa» o «ansa». No muy lejos de allí encontramos dos ríos que llevan su nombre: el río Oca y el Oja.

También existen unos Montes de Oca, no muy lejos de la villa leonesa de Astorga. En dirección al Pico Sacro, hallamos un *Paso da Oca*. La toponimia relacionada con esta ave en el Camino de Santiago es lo suficientemente rica como para entender que –de la misma manera que sucede con otros muchos otros signos de la ruta jacobea– su difusión no es fruto de la casualidad.

El investigador Louis Charpentier sugirió la posibilidad de que el famoso juego de la oca tuviera su génesis en una especie de mapa o tablero iniciático con el que se entrenaba a los aprendices pertenecientes a los gremios medievales implicados en la construcción del Camino para mentalizarse y saber qué criterios debían seguir para recorrer la ruta de las estrellas con los ojos de un iniciado. Por esa razón se aleccionaba al aspirante en el complejo reconocimiento de símbolos y signos. Este conocimiento era necesario para poder leer entre líneas muchas de las pistas que se le presentarían a modo de retos en su viaje al lejano Finisterre gallego. Y entre la variedad de símbolos existentes en la ruta jacobea, la imagen de la oca o del ánsar encerraba en sí misma el secreto de un misterioso idioma, al que metafóricamente hablando se le conocía con el nombre de *lenguaje de las aves*.

Son numerosas las tradiciones que con frecuencia se refieren a la misteriosa lengua de los pájaros. Se trata, sin duda, de una designación simbólica que funciona, en palabras del investigador René Guénon, «como prerrogativa de una alta iniciación». Es más, en las leyendas nórdicas el héroe comprende perfectamente el idioma de las aves, lo que le permite acceder al significado del simbolismo en cuestión. De este modo, la victoria sobre el dragón tiene como consecuencia la conquista de la inmortalidad, representada por algún objeto que el dragón defendía frente a cualquier incursión en su territorio. Desde un punto de vista simbólico esta conquista de la inmortalidad implica –según Guénon– «la reintegración en el centro del estado humano, esto es, en el punto que se estableció la comunicación con los estados superiores del ser. Dicha comunicación está representada por la comprensión del lenguaje de las aves, pues, de hecho, los pájaros son considerados habitualmente como símbolo de los ángeles». Con esto el investigador francés quiere decirnos que en las tradiciones herméticas y por lo tanto en la medieval especialmente, esta misteriosa lengua está relacionada con los «estados superiores» que aspira alcanzar el iniciado que hace el Camino. De alguna manera, el Camino nos reconduce hacia un territorio sagrado donde algunas esculturas parecen susurrar en ese extraño idioma los secretos de los grandes templos y santuarios que los peregrinos exploran en su viaje a los distantes acantilados de Fisterra.

Así pues, la oca es una de las imágenes más arcaicas que existe. Su triple naturaleza (es una ave acuática, terrestre y aérea) siempre ha llamado la atención de los ocultistas medievales; por esa razón muchas de aquellas hermandades gremiales se identificaban con este animal debido a sus atributos. Como el dragón, otro símbolo muy manido en el medievo y en la cultura jacobea, la oca era portadora de la sabiduría secreta que transmitía el maestro al discípulo que a partir de ese momento sufría una transformación radical. Digamos que la oca transmite el conocimiento voluntariamente, pero el dragón no. A este último hay que obligarlo a hacerlo venciéndole en su campo de batalla. Este ave, además, puede convertirse en ave Fénix y, por lo tanto, puede emerger de sus cenizas. Por su parte, la pata de la oca también es un símbolo universal muy utilizado desde tiempos antiguos. Es el caso de la tribu beduina de los *an'za* que utilizaban este símbolo para marcar y proteger el ganado. Otro interesante ejemplo lo tenemos en Siberia. Los chamanes de estas latitudes tenían la costumbre de transformarse en oca para luego ser vigilados estrechamente por un espíritu conocido como Señor del Universo y que algunos estiman que podría ser la representación de la Madre Tierra.

En el ámbito ibérico, la oca es considerada un ave protectora. En su forma originaria la pata palmeada encuentra su equivalencia simbólica en la «Mano de Dios» que vemos representada en numerosos templos románicos del Camino de Santiago como por ejemplo, la que se puede ver en el Panteón de Reyes de San Isidoro, en León y a la que se le atribuye la «operatividad» del Creador al crear el mundo y el Universo entero. Sucede lo mismo con el árbol de las tres ramas, el tridente o la flor de lis. Pero la oca se conviete además en el símbolo aceptado como propio por parte de los arquitectos medievales que construyeron el Camino.

La supuesta Oca de Santa Eulalia de Bóveda. Símbolo esotérico del Camino de Santiago.

EL JUEGO DE LA OCA

Hay quien relaciona el famoso juego de la oca con el trazado de la ruta jacobea que en el tablero de juego se compendia en forma de espiral y que permite, a pesar de ello, llegar a unas percepciones equivalentes a las que experimentaban, lógicamente con un impacto mucho mayor, los peregrinos que recorrían la senda iniciática. Para empezar, el juego, que por cierto fue introducido en España por Felipe II, tiene una dimensión numerológica que se corresponde con el Camino. El tablero representa una espiral que se distribuye en 63 casillas independientes o etapas que el jugador deberá transitar durante la partida. A estas casillas debemos añadirle otra que no está numerada, conocida como la Gloria y que es la meta final que hay que alcanzar. Si descomponemos el número 63 nos dará nueve; es decir: 63 = 6 + 3 = 9. Si incluimos la casilla numerada el resultado es el siguiente: 64 = 6 + 4 = 10. Ambos números guardan una estrecha relación simbólica con el Camino. El número 10 representa a la Divinidad y anulaba los principios dualistas que los constructores herméticos medievales rechazaban por considerarlos un artificio de los sentidos. Algunos de los templos e iglesias más relevantes que jalonan la ruta de las estrellas están concebidos en base al número 9. Es un número que representa al peregrino que avanza en su búsqueda hacia una nueva dimensión que favorecerá su transformación subjetiva y su visión del Cosmos. Encontramos un paralelismo evidente entre el juego y la primera guía del Camino de Santiago; el Códice Calixtino que divide la peregrinación en 13 etapas; pues bien, en la espiral del juego de la oca existen 13 casillas ocupadas por la enigmática imagen de la oca; las doce primeras enumeradas y la última, que es la meta final, sin numerar. Si nos ceñimos al plano de la realidad, la sugerencia del autor de la guía medieval no puede hacerse efectiva por el peregrino a pie, ni siquiera aquel que montaba a caballo, no era fácil cumplir el itinerario propuesto en 13 jornadas, lo que ha llevado a algunos autores a sospechar que, tal vez, el autor del Códice Calixtino se vio compelido a plasmar esta idea por imposición manifiesta de las logias iniciáticas involucradas en la construcción de la ruta jacobea.

Un análisis más detallado de las imágenes representadas en el juego nos permite encontrar equivalencias con la peregrinación propuesta por las hermandades herméticas de constructores medievales. Aparte de la oca, cuya toponimia, como veremos a continuación, se deja ver a lo largo de toda la senda cósmica de Santiago, existen otras figuras y elementos utilizados en el juego que nos remiten a los utilizados en la tradición arcana. Para empezar tenemos los dados que se utilizan en la casilla número cero. Aquí los dados simbolizan, muy probablemente, las denominadas *«piedras angulares»* de la tradición hermética medieval.

Dentro de los parámetros interpretativos del simbolismo constructivo, la «piedra angular» tiene una forma tal que por un tiempo no encontrará aún su lugar en la construcción que se esté levantando por parte de los que operan la obra pétrea. Ella solo encontrará su espacio en el momento en que la edificación concluya; convirtiéndose así, conforme a la nomenclatura utilizada por las logias herméticas medievales, en «cabeza de ángulo». Se trata de una piedra que tiene una forma singular y que los constructores no saben muy bien cómo encontrarle una funcionalidad. Es evidente que el destino final de esa piedra solo será comprendido y correctamente interpretado por otra categoría de constructores que cruzaron la escuadra y el compás y, por esa razón, es necesario entender y saber utilizar apropiadamente esos dos instrumentos en función de las formas geométricas con las que se quiere trabajar; de este modo hay que saber trazar el círculo y el cuadrado acertadamente. Así la forma cuadrada se corresponde con la parte inferior del edificio mientras que la circular con la superior, que además está constituida, a su vez, por un domo. La «piedra angular» se convierte al final en la llave misma que da sentido a lo construido; simbolizando el principio del que todo depende para que esta obra exista tal como es.

El peregrino utiliza los dados de manera simbólica para expresar que aún queda por definir el destino final del peregrino en su búsqueda

Tablero de Juego de la Oca (Siglo XIX).

que para nada está determinada por el azar, sino por la voluntad de comenzar un camino en busca del conocimiento hermético que se agazapa en las diferentes etapas de la ruta de las estrellas.

Otra casilla interesante es la número seis. Aquí encontramos la representación de un puente que eventualmente aparecerá más adelante, en concreto en la casilla número doce. Conforme a las reglas del juego se debe pagar, pero no debemos entenderlo en ese sentido economicista de la vida cotidiana. Si lo trasladamos al ámbito iniciático, el peregrino deberá pagar por el aprendizaje recibido hasta ese momento. La casilla diecinueve alude a la Posada, el lugar donde los peregrinos que hacen el Camino descansan del largo viaje. Naturalmente, descansar supone perder un tiempo precioso por parte del neófito que ansía aprender durante su periplo jacobeo. Los dados vuelven a hacer acto de presencia en la casilla número veintiséis; una evocación clara no solo de las antes mencionadas piedras angulares sino de la sabiduría y la ciencia hermética que se esconde tras la construcción de estas obras de ingeniería; pues no solo sirve a fines pragmáticos sino funcionales en todos los sentidos, incluido el espiritual y el filosófico. Si durante el juego tenemos la mala fortuna de caer en el Pozo deberemos esperar a que otro jugador caiga en la misma casilla para rescatarnos. Es, sin duda, una advertencia. En los tiempos ancestrales, existían pozos que servían a rituales paganos. El peregrino debe evitar dejarse llevar por la tentación de comprobar si en su interior hay algún tesoro material pues corre el riesgo de caer en su interior. Llegamos al laberinto en la casilla número cuarenta y dos. Es sin duda, el símbolo más elocuente del juego. Se sabe que este fabuloso símbolo era representado asiduamente en el enlosado de muchos templos del Camino pero finalmente se decidió eliminar su presencia por sus claras reminiscencias paganas. Afortunadamente ha sobrevivido uno en el monasterio oscense de San Pedro de Siresa, en el valle de Ansó (una referencia más a la oca). Este laberinto iniciático es una señal para el neófito. Marca una nueva fase en su viaje al conocimiento pues se supone que a esa altura de su viaje ha logrado asimilar y comprender todo cuanto ya ha experimentado y escrutado. En caso contrario, el juego de la oca conmina al jugador a retroceder hasta la casilla que precede al Pozo para darle tiempo a limar aquello que todavía se resiste a ser asimilado por su conciencia. La casilla cincuenta y dos es otra advertencia seria para el peregrino que hace el Camino por razones ajenas a la ortodoxia. Debe pasar desapercibido, ser prudente. En caso contrario puede acabar siendo víctima de las autoridades eclesiásticas. Es cuando más de uno probablemente evocaba en su mente la suerte que corrió Prisciliano. La muerte se encuentra en la casilla cincuenta y ocho. En el juego quien cae en esta casilla no puede continuar la partida o en todo caso vuelve a empezar. Es algo que el peregrino debe evitar a toda costa en la vida real. Si durante el juego el jugador cae en la casilla que precede a la meta entonces solo podrá utilizar un dado y solo podrá entrar en la meta con el número uno, que simboliza la unidad que le dará acceso a la Gloria; a ese momento sublime de luz y conocimiento. Y como el dado simboliza la piedra angular, tiene sentido el hecho de que la piedra ya ha adquirido la forma perfecta que justifica la Gran Obra; convirtiéndose, además, en la llave de la sabiduría sagrada. El peregrino ha completado con éxito su viaje de percepción y transformación espiritual.

En el tablero del juego, como hemos señalado, la oca aparece representada en varias casillas. En el Camino de Santiago, también. Así nos lo revela la toponimia que hace mención a ella en numerosos lugares. Hagamos un repaso de algunos de los más significativos: entre San Juan de la Peña y Leyre el peregrino accede al valle de Ansó. Es en este hermoso lugar donde encontramos el monasterio oscense al que antes nos referimos, el de San Pedro de Siresa con su laberinto iniciático. No muy lejos de Logroño encontramos Oyón. En Santo Domingo de la Calzada el caminante encontrará a su paso el río Oja, también salen al encuentro del peregrino los Montes de Oca y el río del mismo nombre. También encontramos un valle de Oca en territorio leonés, entre otras localidades que se distribuyen por los montes de la región y que usan toponimias relacionadas con esta ave. Y poco antes de llegar a la ciudad de Noia, existe un San Esteban de Oca. Existen muchas más ocas ocultas en la geografía jacobea pero mostramos aquí algunas de las más llamativas a modo de ejemplo. Resulta evidente que todas estas vinculaciones no son fruto de la casualidad.

Existen evidencias de que los canteros medievales se inspiraron en la simbología rupestre de los petroglifos; especialmente aquellos con mayor carga simbólica y complejidad de ejecución, como fue el caso del laberinto. Para los peregrinos que viajaban por la senda cósmica en busca de la sabiduría hermética el misterio asomaba en cada uno de estos detalles que escrutaban y finalmente discernían e interpretaban. Todo un reto pues algunos de ellos solo encontraban el sentido al final del viaje. Es evidente que la ruta terrestre trata de emular la Vía Láctea. A simple vista la ruta jacobea emula un ancho río estelar que desemboca en el lejano e ignoto océano Atlántico. La ruta hacia Galicia fue en su momento la gran escuela del medievo europeo y aunque los vestigios arqueológicos más antiguos son mudos testigos de un complejo conocimiento arcaico no todos los peregrinos eran capaces de ver primero e interpretar después los numerosos signos que remitían a aquel lejano pasado; por lo tanto, aunque subsisten las remotas enseñanzas de aquellos sabios mimetizadas en las formas y las extrañas estructuras de los dólmenes o las formas de los motivos rupestres, solo unos pocos sabrán interpretarlas.

La trascendencia iniciática –tanto para los peregrinos convencionales como para los compañeros medievales– sigue viva, incluso en nuestros días. Tal vez, las hermandades medievales aleccionaron a sus discípulos para un duro viaje hacia el ocaso solar, donde la meta no era Compostela, ni siquiera Fisterra, sino una idea de trascendencia más allá de la muerte. Una herencia de las cosmologías que antes que ellos dominaron el mundo neurológico de sus ancestros y el territorio que estos pisaban. Llegar a ese lugar donde confluyen los dos mundos es un reto para el que hay que estar preparado. Se trata por lo tanto de un viaje de iniciación que dará paso a un nuevo individuo. Ese espacio al que se encamina permitirá al iniciado comprender la verdadera importancia y trascendencia que supone para aquellos que se involucran en la construcción del Camino, participar en este ritual de peregrinación que hunde sus raíces en tiempos olvidados, mitos y leyendas.

MITOS Y LEYENDAS

La leyenda más popular del Camino tuvo lugar en la ciudad de Santo Domingo de la Calzada y trato sobre ella más adelante. Existen otras leyendas a tener en cuenta: la crónica de Turpini y las figuras de Roldán, Carlomagno y los Doce Pares de Francia. Y es que estos personajes representaban en la Edad Media las virtudes del ideal cristiano. Ello explica que la «Canción de Roldán» y la «Historia de Turpini» se convirtieran en referentes narrativos del imaginario jacobeo. Las leyendas de Carlomagno y Roldán estarán presentes en la mente de los peregrinos medievales durante siglos como fuente de inspiración para aquellos que aspiran a formar parte del proyecto cristianizador en Tierra Santa. Naturalmente, la historia real de Carlomagno acabaría por ser desvirtuada por la leyenda al convertirse en el paladín del Cristianismo siendo además símbolo de sacrificio y santidad al ser derrotado junto a Roldán, uno de sus mejores hombres en presentar batalla. La Crónica de Turpín ensalza la figura de Carlomagno y busca promocionar la ruta jacobea aunque para ello se deforme la realidad histórica. Con el tiempo los juglares en sus cánticos ensalzarán las figuras de estos personajes históricos contextualizándolos deliberadamente en la narrativa de la tradición jacobea fomentando una narración fantasiosa de hitos como la Batalla de Roncesvalles, la muerte de Roldán o la venganza del Emperador Carlomagno que acabarán por conformar una rica amalgama de relatos gloriosos de especial preferencia por parte de aquellos que viajan a Compostela imbuidos por la fe cristiana.

Las ocho escenas del Cantar de Roldán.

> Ya en territorio gallego los peregrinos transitan territorios de culto pagano y su cosmología resuena aún en la cultura medieval. Como ya he referido anteriormente uno de los grandes temas de la tradición galaica es el de las «ciudades hundidas»[22]. Se trata de mitos de grandes urbes desaparecidas bajo las aguas. Prácticamente, todas las lagunas que existen en Galicia tienen una leyenda que hace alusión al hundimiento de una antigua ciudad como castigo a sus habitantes por haber cometido grandes pecados. Es común que en estas leyendas algún personaje cristiano tome las riendas de ese juicio moral ejecutando la sentencia y maldiciendo a quienes habitan esa mítica ciudad que finalmente será sumergida bajo las aguas del lago. Todas las leyendas relacionadas con esta temática están vinculadas al pecado; ese comportamiento, no ortodoxo, no cristiano, por parte de las personas que vivían en ese lugar. Es el caso de *la laguna de Antela*, la de *Cospeito*, la

---

[22] *Cidades assolagadas.*

de *Carucedo*, etc. Todos los lagos, sin importar su tamaño, tienen su leyenda compartida en la que tan solo encontramos pequeños matices diferenciadores pero que no llegan a distorsionar la temática. Este tipo de leyendas forman parte también del imaginario jacobeo y no pasan desapercibidas del mismo modo que las historias de las embarcaciones sobrenaturales que recorren en pocos días grandes distancias como fue el caso de la embarcación pétrea que viajó desde Palestina hasta Galicia en pocos días. Estas narraciones tienen su génesis en el mundo tradicional germánico e indoeuropeo donde eran muy comunes también. Es más, en un meandro desecado del río Sar pudo haber existido el llamado «Portus Apostoli» donde, según la tradición, existió la piedra donde se depositó el cadáver del Apóstol; y donde se amarró la balsa del Apóstol. Fue aquí donde nació la leyenda jacobea.

Capítulo 10
La muerte y el Camino

Volvamos por un momento al juego de la oca. La casilla de la muerte adquiere un significado trascendente en el viaje del peregrino pues bien es sabido que todas las peregrinaciones se caracterizan por viajar hasta la tumba de algún santo; es el caso de Roma, Jerusalén o Compostela; sin embargo, la meta se encuentra más allá de esa escala obligada. En el caso de la ruta de las estrellas, en la lejana Fisterra, donde muere el sol cada día se invitaba al peregrino a renacer de nuevo. Algo que sin duda se escenificó y materializó en la anteriormente citada iglesia de Santa María A Nova. Las lápidas gremiales cargadas de simbología esotérica estaban, originalmente, tumbadas en el suelo de la iglesia. Era como visitar un cementerio pero sin cadáveres. La lectura que podemos extraer es que aquellos individuos que llegaban allí morían simbólicamente y renacían de nuevo, como el ave Fénix, para servir a la Gran Obra. Cabe la posibilidad de que una vez experimentada esta especie de epifanía, aquellos peregrinos del conocimiento oculto se acercaran hasta los acantilados del fin del mundo para reflexionar sobre su larga y fatigosa búsqueda a lo largo del sendero cósmico trazado por la tradición hermética medieval. Y es que viajar hacia el oeste, caminar hacia Fisterra, donde el sol parece zambullirse cada atardecer en el océano para traer la noche era interpretado por los peregrinos medievales, que habían recorrido el camino iniciático, como un periplo simbólico hacia la muerte; pero no la muerte entendida como un fin inevitable, sino como un paso previo a la resurrección del alma humana. Al fin y al cabo, no hay ocaso sin amanecer. Se trataba, pues, de una muerte iniciática, filosofía que encuentra eco en esos peregrinos heterodoxos que realizaban la ruta de las estrellas buscando las señales y evidencias que les ayudaban en su proceso de aprendizaje y transformación.

Detalles de lápidas gremiales de Noia.

El Cristianismo entendió, con la peregrinación jacobea, que esta le permitía retornar a los tiempos más remotos donde nacieron muchas de las tradiciones que fueron solapadas por otras cosmologías nuevas una y otra vez hasta llegar al nacimiento de la nueva religión.

Todos los que caminan hacia Galicia lo hacen en dirección al occidente, justo por donde desaparece el Sol, para luego «renacer» –al día siguiente– con su salida por el este. Estamos ante una narrativa cosmológica materializada en un espacio geográfico real. Una idea que ya fue asimilada por los hombres de la prehistoria y plasmada en otros monumentos funerarios y en otras culturas del pasado remoto. Fue el caso, por ejemplo, de los egipcios que situaban el Más Allá en el extremo más occidental del mundo conocido; ese lugar era conocido como *Amenti*, y como en otras religiones el alma que llegaba a este lugar era juzgada por los actos que había realizado en vida. Todos los detalles de este proceso fueron recogidos en el *Libro de los Muertos* y en el *Libro de la Clara Luz del Día*. El concepto de renacimiento tiene en la cultura del

En el interior de la iglesia encontramos la tumba de Ioam de Estivadas donde aparece escrito deliberadamente su nombre al revés. Otro guiño esotérico relevante a la vista del peregrino con agudeza espiritual.

antiguo Egipto su referente en el Ave Fénix, la criatura alada que poseía la capacidad de renacer de sus cenizas justo después de que el astro rey, en su cenit, la quemara; es entonces cuando, según la tradición, volaba hacia el Occidente donde muere el Sol y una vez contemplado su ocaso renacía a la vida.

En Galicia y a lo largo del Camino encontramos muchas tumbas antropomorfas orientadas en ambas direcciones. Se sabe que la cabeza del difunto se posicionaba hacia el ocaso; mientras que los pies se orientaban hacia donde emerge el sol cada nuevo día, todo un símbolo relacionado con la trascendencia espiritual del ser humano y su renacimiento en otra vida después de la muerte física.

Tumbas antropomorfas de San Pedro de Rochas (Ourense, Galicia).

Los megalitos también cumplieron una función funeraria. Muchos de ellos fueron construidos para materializar en el mundo físico las creencias que aquellos pueblos tenían sobre la muerte. Entre las numerosas teorías que se han barajado tratando de interpretar la cosmología de aquellas culturas megalíticas y su relación con la muerte tenemos aquella que considera el megalito como un monumento funerario que protege en su interior los restos de un difunto dentro de una cámara funeraria donde se depositan sus cenizas o su cuerpo con un ajuar más o menos complejo dependiendo del estatus social de la persona enterrada. Así pues, el monumento funerario es considerado –simbólicamente– como una especie de seno materno donde el difunto nacía de nuevo, lo que determinaba que dicha tumba fuera edificada conforme a unos parámetros concretos, con una entrada y una salida orientado al nacimiento y ocaso solar respectivamente, pero también a determinadas estrellas; dependiendo del contexto cultural. Es en estas prácticas y creencias donde probablemente nace la idea de «peregrinación hacia la muerte». En el interior del megalito se recrea la infraestructura necesaria para facilitar ese viaje por parte del alma del difunto. Algo que se evidencia especialmente en las tumbas de corredor y en las tumbas antropomorfas.

Existen tradiciones cuyo origen probablemente esté en la Edad de Hierro en las que un individuo atraviesa una oquedad natural de un árbol sagrado de extremo a extremo o un peñasco hueco con dos extremos uno de entrada y otro salida que ciertas personas también atraviesan. En ambos casos su comportamiento responde a una funcionalidad sobrenatural que puede sanar alguna dolencia a aquel que lleva a cabo este rito. Un ejemplo de este tipo de prácticas dentro del ámbito tradicional jacobeo lo encontramos al final de la prolongación jacobea a Fisterra; en el santuario de *A Nosa Señora da Barca*; allí existen dos grandes peñascos, a los que ya nos hemos referido antes en varias ocasiones y que son objeto de culto desde tiempos inmemoriales: *A Pedra de Abalar* y *A Pedra dos Cadrís*. Esta última es atravesada de lado a lado en su parte inferior por los nativos y peregrinos con dolencias de espalda desde hace siglos. Se supone que aquellos que lo hacen se curan definitivamente y no vuelven a sentir molestias nunca más. De alguna manera este ritual sugiere que aquel que lo lleva a cabo y lo concluye con éxito se transforma en una persona nueva en todos los sentidos, no solo se cura de una enfermedad, sino que además se convierte en un nuevo ser humano. Metafóricamente, ha renacido.

LOS OTROS PEREGRINOS

El peregrino que transita la senda de las estrellas lo hace con ese mismo convencimiento. Aquel que caminaba hacia Compostela lo hacía para transformarse espiritualmente. Ser un iniciado no significa solo adquirir más sabiduría que los demás, sino más bien involucrarse en la ruta y las señales que salen al encuentro del peregrino para su discernimiento. Un largo itinerario en el que se agazapa el conocimiento oculto y ancestral de aquellos que construyeron las grandes culturas y cosmologías del pasado.

Se cree que aquellos que deseaban hacer la ruta por estos motivos iniciáticos debían cumplir, como paso previo, los siguientes requisitos: el individuo tiene que alcanzar, antes de introducirse en la vía de iniciación, un especial grado de gracia. Para los *derviches* es el trance inducido por la danza, para otros el yoga o la ascesis. Ese estado de conciencia era esencial pues el peregrino del conocimiento tenía que comenzar su aventura iniciática alejado del mundo para centrarse en su sagrada misión y liberarse de las ataduras cotidianas que todo lo atenazan.

Cuando el ser humano se convierte en peregrino logra superar la fatiga al armonizar sus biorritmos con los de la Madre Naturaleza. Es entonces cuando la persona se convierte en una especie de esponja, con la capacidad de absorberlo todo.

Basta con echar un vistazo para darse cuenta de que las religiones, por antagónicas que puedan parecer, coinciden al menos en un aspecto al afirmar que la muerte es una transición natural de una esfera de la existencia a otra. Esta idea nos remite a los actos ceremoniales de iniciación. En estos el aspirante se introduce en una liturgia de muerte, y lo hace conscientemente persuadido de convertirse en un iniciado. Para que nazca un hombre nuevo debe, previamente, darse muerte al más anciano.

Por este motivo, en dichos rituales el aspirante solía sustituir su antiguo nombre por otro nuevo. En la civilización actual encontramos ejemplos de este tipo cuando, por ejemplo, el sumo pontífice reniega de su nombre de hombre para tomar el que corresponde al papa. Se produce una mutación en la cual se sacrifica el ego.

Capítulo 11
«Jacques», canteros y maestros de las estrellas

La ruta de las estrellas fue proyectada teniendo en cuenta numerosos referentes de diferentes contextos temporales. Esos referentes son la mitología, los cultos ancestrales, los santuarios rupestres y megalíticos o las leyendas que conforman la cultura tradicional jacobea medieval. Consolidar toda esta información y darle un sentido dentro de unos parámetros esotéricos e iniciáticos fue una tarea que corrió a cargo de las grandes logias medievales. Esa visión ocultista tuvo en cuenta numerosas disciplinas consideradas heréticas como la cábala, la numerología o la alquimia. Por lo que hemos visto hasta el momento se adivina una cierta influencia por parte de estas hermandades en la construcción del Camino medieval. Una vez más, como pasó con el proceso de cristianización en tiempos remotos, la información esotérica o las influencias paganas se intuyen en ciertos detalles o claves que, sin embargo, pasarán –aparentemente– desapercibidas por parte de las autoridades eclesiásticas y los peregrinos devotos que hacen la ruta por devoción religiosa exclusivamente. Parte de esa información y conocimiento proceden, según algunos autores, de los relatos mitológicos europeos y orientales. En ellos encontraremos la figura de los Gigantes que se convierte en la metáfora que trata de vincular la senda iniciática y el Camino oficial con la idea de que la ruta así entendida encuentra su justificación en misteriosos acontecimientos de un pasado remoto que han sido transformados en mito. Rigurosamente hablando, no se trata de hechos históricos pero puede que ciertos elementos de estas narraciones tengan cierta base en una realidad olvidada aunque interpretada bajo parámetros ocultistas dentro de la cultura jacobea medieval.

Páginas atrás hicimos mención a la denominación francesa del Camino de Santiago: *Chemin Saint-Jacques*. Ese Jacques estaría haciendo mención al Jakin de la tradición vasca. Según esta interpretación este nombre estaría vinculado a la senda precristiana y a un gran maestro o sabio de génesis vasco que en lengua francesa se conoce como maître Jacques que era el depositario de toda esa sabiduría oculta a la que nos venimos refiriendo, relacionada con el paganismo y los rituales herméticos de los gremios medievales implicados en la construcción del Camino de Santiago. Esta sabiduría surgida de ancestrales pobladores perviviría en gran parte por la deficiente cristianización y romanización de buena parte de la geografía por la que discurre la senda cósmica de Santiago. Se trata de una ruta diseñada, en su perspectiva iniciática, para ser recorrida por hombres sabios pertenecientes a los diferentes gremios medievales implicados en la construcción de la ruta jacobea y también por aquellos neófitos que aspiran a convertirse en sabios.

Por lo tanto, el camino de Santiago, en su faceta iniciática es un itinerario diseñado por Sabios para aquellos peregrinos que buscan la sabiduría secreta que explica los misterios cosmológicos que intrigan al hombre medieval desde una perspectiva alejada de la cultura dominante de la época.

Louis Charpentier sostiene que del vocablo *Jakin* proceden topónimos de la ruta jacobea como *Jaca*, situada en la ruta aragonesa y al parecer antiguo territorio donde se reunían los *Jakin*. También afirma en sus investigaciones que a los maestros canteros del Languedoc se les denominaba en francés como el macho de la oca; es decir, se les llamaba *Jars*. Además, el investigador francés creía que Jacques, aunque estaba vinculado al Camino, se había asimilado erróneamente a Santiago por su semejanza fonética. Charpienter especuló con la idea de que en los tiempos megalíticos se darían cita los *Jakinak*; es decir, aquellos que poseían los secretos de la sabiduría ancestral de la que siglos después bebería la alquimia entre otras disciplinas ocultistas del medievo. Esos maestros estarían en diversas zonas de influencia a lo largo del Camino; es decir, en los yacimientos a los que nos hemos referido anteriormente y que se encuentran en el ámbito geográfico de influencia del Camino. Dado que el Camino es un reflejo de la Vía Láctea, esos sabios también se denominan «*maestros de las estrellas*».

Es factible que existieran en el pasado otras rutas que desembocaban en Fisterra o en los acantilados más occidentales de Galicia. Naturalmente es una especulación pero de ser cierta el camino que desemboca en los acantilados más occidentales de Galicia sería el único que habría sobrevivido. En su libro «*El misterio de Compostela*», Louis Charpentier afirma que, antes de la aparición del arte monumental cristiano, los instructores herméticos de los gremios medievales parecen haber estado relacionados con la época de las cavernas. Y de hecho, las cavernas son incontables a lo largo del trayecto jacobeo, como lo son las construcciones megalíticas.

Como señala Charpentier «en los tiempos cristianos aparecieron los mozárabes, que atraídos también por la ruta aportan, hacia el siglo IX, técnicas de construcción que erróneamente se han calificado de árabes. Pues bien, este arte árabe, pese a su nombre, nada tiene de árabe». En efecto, el individuo procedente de esta cultura es por naturaleza nómada y no constructor. La historia así nos lo recuerda cuando los mahometanos ortodoxos mostraron su indignación ante la construcción de las primeras mezquitas en Oriente Próximo.

Pues bien, esos primeros templos islámicos se erigieron gracias a las ideas bizantinas. Un bizantinismo, por cierto, muy armenio; es decir, del Cáucaso, uno de los espacios geográficos donde la leyenda de Noé toma cuerpo. Del Cáucaso salieron también las principales civilizaciones del pasado; es decir, la sumeria, la babilonia o la hitita, de las que en muchos aspectos procede nuestra actual civilización. Otras culturas que se dieron cita en la península ibérica y que desarrollaron sus técnicas en las zonas de influencia del Camino fueron los cántabros y los pirenaicos, que junto a los mozárabes se toparon con las bases de esa tradición milenaria de la que venimos hablando.

Con la «aparición» de la tumba del apóstol Santiago, el Camino, como otras tantas cosas, será objeto de cristianización. En ese momento, diferentes manifestaciones arquitectónicas visigóticas o mozárabes destacan por ser erigidas al abrigo de grutas y cuevas consideradas sagradas por los indígenas paganos. Estella, San Juan de la Peña, Irache, Pancorbo, son algunos testimonios cristianizados de indudable interés para el viajero de lo oculto.

LAS LOGIAS HERMÉTICAS MEDIEVALES

Esos visigodos a los que se añadieron mozárabes forman una fraternidad de constructores que tiene por patrono –y no solo a partir del

Cristianismo– a un Jacques legendario. La Edad Media conocerá a esta hermandad con el nombre de «Hijos del Maestro Jacques». Estos constructores son los compañeros herméticos medievales. En este contexto medieval surgen otras organizaciones religiosas interesadas por los rasgos más profundos de esta ciencia milenaria, como la Orden de San Benito. La mayor parte de sus miembros, desde los arquitectos hasta los albañiles y el modesto monje dedicado a las labores agrícolas y pastoriles, orientarán sus esfuerzos hacia las matemáticas, la astronomía, la filosofía de la arquitectura y la alquimia. Lo mismo pasará en el seno de otras hermandades de constructores medievales, como los «Hijos de Salomón», cuyo nacimiento algunos vinculan con los Templarios y con los misteriosos constructores del mítico Templo de Jerusalén. Estas correspondencias parecen repetirse también con los miembros que componen la orden del Císter.

Los constructores del Camino utilizarán sus conocimientos heredados como lo hicieron en su día los «Compañeros de Horus» en el antiguo Egipto, con el objeto de contribuir a la evolución de la civilización. El tiempo demostrará la eficacia de este plan ancestral. Será entonces cuando aparezca el gótico, edificándose templos cuya complejidad rememora las viejas grandezas arquitectónicas del antiguo Egipto y que tienen su expresión europea en las catedrales.

Por esa razón, sus obras estaban elaboradas conforme a un criterio universal en el que se reflejaba el conocimiento exhaustivo de diversas técnicas arquitectónicas que englobaban vinculaciones claras con la filosofía romana, la simbología bizantina o la filosofía platónica, por poner tres ejemplos.

La palabra *gliptografía* hace mención a la descripción que en historia del arte se convierte en marcas de cantero grabadas en los templos y catedrales. Estas marcas esculpidas durante la etapa medieval tenían por objeto firmar el trabajo realizado por el cantero pero también guardan interesantes claves simbólicas. A pesar de que muchas de ellas no han podido sobrevivir, aún poseemos importantes muestras en los muros de los templos románicos, tanto aquellos que se encuentran dentro del ámbito jacobeo, como aquellos otros que simple y llanamente han sido construidos en diferentes espacios que antaño eran lugares de poder.

Además de las analogías citadas con los petroglifos, existen afinidades con gliptografías líbicas. Estas reciben el nombre de *tiffinaghs* y son de manejo corriente en la cultura bereber. De entre el conglomerado de símbolos de este código destacamos la existencia de diez diseños rupestres realizados durante el Neolítico y la Edad del Bronce, similares a los procedentes de la cultura canaria de los guanches. Los tiffinaghs, al igual que algunos símbolos rúnicos y ciertas marcas de cantería medievales, están reunidos en forma de corona, lo que los hace susceptibles de interpretación astronómica. Resultan curiosas las similitudes y analogías que ocasionalmente hemos encontrado entre algunas marcas de cantería y la simbología de otros contextos culturales distantes tanto geográfica como temporalmente. Es el caso de algunas representaciones rupestres antropomorfas australianas, conocidas por los aborígenes con el nombre de Wondjinas y que presentan sobre sus cabezas los mismos diseños o muy similares.

Por su parte, de las doce runas zodiacales, cinco las hemos encontrado en los signos de Glozel, en Francia. Al parecer, los druidas estaban al tanto del significado de estos grabados y tal vez este era astronómico. Los albañiles medievales, artífices de las gliptografías esculpidas en los muros de los templos que se reparten por la ruta jacobea, supieron relacionar parte de esta amalgama de signos con el estudio de las estrellas.

La geografía galaica, meta de la peregrinación, esconde numerosos testimonios en este sentido. Un ejemplo fascinante lo encontramos en un escenario urbano como el de la ciudad de A Coruña. En el interior del casco antiguo se esconde una de las mejores muestras del arte románico europeo; se trata de la *Colegiata de Santa María do Campo*. Este templo posee algunas de las marcas de cantería medieval más originales de toda Galicia. El interior de la colegiata esconde las claves de un mensaje conciso: la inmensidad y grandeza del Cosmos.

Las bóvedas de medio cañón reforzado por arcos fajones dejan al observador perplejo y maravillado por lo que oculta la penumbra de los pliegues arquitectónicos. Guarecidos por las sombras y por su ubicación inverosímil e indudablemente incómoda para el observador que gusta de lo accesible a simple vista, encontramos gliptografías con un variado diseño que parecen conformar un mensaje grabado en piedra. Las características reseñadas demandan un esfuerzo de búsqueda por parte del observador interesado en encontrar estas señales. Los grabados se reparten por diversas zonas del techo, destacando sobre todo los signos ejecutados bajo la base estructural de los arcos de medio punto, ubicados en la nave central del templo.

Esta peculiaridad, como señalábamos antes, incomoda al observador que se ve compelido a forzar el cuello para levantar la mirada y poder observar, así, las marcas de los canteros. Está claro que los canteros quisieron dificultar la tarea del iniciado. La mejor forma de observar la magnitud de las gliptografías lapidarias es tumbado en el suelo de la nave central. Tal y como tendríamos que hacer si quisiéramos observar en su complejidad el cielo estrellado. Desde esa posición, en lugares donde la vista apenas puede penetrar, y a una altura respetable, el buscador de gliptografías puede ver lo que parecen signos zodiacales que se confunden con otros claramente reminiscentes de los motivos rupestres prehistóricos.

En los arcos, impostas y bóvedas de la Colegiata, encontramos tres símbolos consecutivos de indudable factura astronómica. A mi juicio, lo que allí se halla representado puede responder a dos posibles interpretaciones. O bien estamos ante la representación de una efeméride celeste (las fases de la Luna o un eclipse), o simplemente se trata de un grabado que representa la Luna, el Sol y el planeta Venus.

Gliptografías cósmicas en la Colegiata de Santa María do Campo (A Coruña).

Probablemente haya quien no dé crédito a estas especulaciones, otorgando a las marcas de cantero una interpretación más prosaica. Desde esta óptica, y tal como referí antes, las gliptografías eran marcas sin contenido alguno, la simple firma del maestro cantero que, de este modo, justificaba el trabajo realizado.

Sin embargo, no deja de resultar extraño que para marcar su labor diaria, como justificante para cobrar el sueldo, utilizaran nada menos que los símbolos neolíticos de las costas atlánticas occidentales. Hay que conceder, cuando menos, que se trataría de un esnobismo bastante atípico en la mentalidad de cualquier artesano medieval; y es que nos olvidamos, al juzgar, el proceder de nuestros antepasados, la mentalidad y el ambiente sociológico de entonces.

El tema se vuelve más apasionante cuando comprobamos que los Templarios parecían conocer también el significado esotérico de algunos de estos símbolos; algo que puede que pasara en el santuario de *Santa Marinha de Augas Santas*, en Ourense. Tanto en la iglesia como la misteriosa cripta se pueden ver signos lapidarios directamente relacionados con los petroglifos, hasta motivos que recuerdan los *tiffinaghs* bereberes. Pero si hay algo que llama la atención dentro de la misteriosa cripta conocida como «O Forno da Santa» es que en su interior encontramos lápidas funerarias semejantes a las que se pueden ver en la iglesia de Santa María A Nova, en Noia, con todo tipo de diseños de los que llama la atención uno en particular, por su relación con la ruta jacobea pues presenta en su superficie el símbolo de la pata de la oca.

Forno da Santa. Santa Marinha de Augas Santas (Ourense).

La toponimia jacobea relacionada con los Templarios o los Hospitalarios, entre otras órdenes militares, parecen evidenciar la relación que estas tenían con el ocultismo medieval y la ruta cósmica de Santiago.

Por su parte, los compañeros de los diferentes gremios medievales fueron artífices de la mayor parte de los motivos grabados en los muros de las iglesias y catedrales del Camino, fundamentalmente entre Eunate y Compostela. Otros enclaves templarios como la iglesia de O Temple en Galicia; la ermita de Santa María de Eunate en Navarra o el castillo de Ponferrada en León denotan características afines.

LA CLAVE CÓSMICA DEL CASTILLO TEMPLARIO DE PONFERRADA

Uno de los aspectos más intrigantes y desconcertantes del castillo templario de Ponferrada es que los planos de sus torres se corresponden con las siguientes constelaciones y signos del zodíaco: Aries, Tauro, Cáncer, Libra, Acuario, Virgo, Sagitario, Leo, Escorpión y Piscis. Naturalmente, este derroche de imaginación arquitectónica trató de materializar en la enorme estructura arquitectónica la cosmología y el conocimiento hermético de los constructores que participaron en la construcción del camino medieval. Los investigadores Pedro Morin y Jaime Cobreros cayeron en la cuenta de que la identificación de las torres con los signos zodiacales no se presentaban en el mismo orden astronómico que se puede ver en el firmamento. Naturalmente, esa materialización deliberada en el orden cósmico no fue un error. Según estos autores «este cambio de algunas torres poniéndolas en lugares que no les correspondían, no podía significar más que una cosa: quisieron dejar un mensaje para aquellos que pudieran comprenderlo, aquellos iniciados de la Orden que conocieron las señales de reconocimiento». El castillo posee además numerosa simbología templaria en el exterior como es el caso de la «Tau» y que para ambos autores es la clave que nos conduce a resolver el misterio que alberga desde hace siglos esta fortaleza. «Las Taus nos llevan alrededor del castillo hasta el final del mensaje, siguiendo un recorrido en espiral similar a la rueda helicoidal celta símbolo solar por excelencia que junto a los otros símbolos como la estrella de cinco puntas parecen representar además la estrella de Antares y la Tau al propio castillo templario. Teniendo en cuenta las dualidades simbólicas de la Orden del Temple, ambos investigadores dedujeron que el número dos era la clave para desvelar el misterio tomando para ello las dos primeras letras de cada planta y torre en el orden impuesto por la Tau obteniendo la siguiente frase: «taca ge poli cava se sale escape arcano» lo que ambos investigadores interpretaron como: «En la taca que hay en la g de la ciudad cava, se sale al escape (o entrada) del gran secreto». El jeroglifo parece decirnos que hay algo muy importante en las caballerizas de la fortaleza... ¿se esconde algo en los subterráneos del castillo?

Castillo Templario de Ponferrada.

La «Tau» templaria nos recibe a la entrada a la fortaleza.

LA CONEXIÓN CÓSMICA

Después de lo evidenciado en estas páginas resulta obvio que la correspondencia toponímica y astronómica de la ruta de las estrellas es fruto de una exhaustiva planificación e intencionalidad iniciática. Pero de entre todos estos datos hay uno realmente desconcertante.

La desembocadura terrestre de la ruta jacobea se corresponde con la desembocadura celeste de la Vía Láctea. La correlación celeste con la ruta terrestre y en concreto donde termina el trayecto se materializa en la forma de una constelación sobre la que ya hemos hablado antes: la constelación de Can Mayor, en la que destaca la estrella de Sirio, estrechamente relacionada con la lectura iniciática de la senda cósmica de Santiago y con la mitología jacobea. Recordemos que conforme nos dice la tradición, Santiago predicó en tierras gallegas en compañía de un perro.

En este último tramo del Camino la Tierra y el Cielo confluyen deliberadamente, como confluye también el ser humano ávido de esa conexión con ambos planos a través del conocimiento. Es precisamente aquel que se ha convertido en Sabio, en Jacques, después de su largo periplo de aprendizaje por cada una de las etapas iniciáticas de la ruta jacobea, el que podrá mediar eficazmente entre ambos mundos. Cabe añadir también, a pesar de que anteriormente ya hicimos mención a la estrella de Sirio; cuerpo celeste que destaca dentro de la constelación de Can Mayor, que tradiciones como el Diluvio Universal y Noé, están fuertemente relacionadas con esta estrella en particular y la Vía Láctea en general. A su vez, el barco o arca de Noé tienen su fiel reflejo en la constelación del Navío o complejo estelar de Argo que además se corresponde etimológicamente hablando, con el monte gallego donde según las leyendas embarrancó el Arca. Finalmente, la constelación Canis Maior se puede ver desde Santiago de Compostela y la catedral se halla orientada hacia Sirio también. Lo fascinante es que este astro tuvo en común la posición del orto solar con el solsticio de invierno en los tiempos megalíticos, lo que nos permite evidenciar que el amanecer de Sirio en el cielo nocturno vendría marcado por el Pico Sacro. Pero como comprobaremos más adelante no son las únicas vinculaciones astronómicas que hemos encontrado entre la catedral, su entorno y el cielo nocturno.

Capítulo 12
Compostela

El peregrino que estaba llegando a Compostela ascendía hasta la cumbre de un cerro y desde allí contemplaban cómo se erguían las torres de la catedral. Entonces, llenos de júbilo exclamaban: *¡Montjoie!*. Al fin y al cabo, la ruta terminaba súbitamente en este lugar, desde cuya cima los peregrinos se recreaban en su hazaña personal. Desde entonces, el lugar es conocido con el acertado nombre en gallego de *Monte do Gozo*. La contemplación de la hermosa vista se veía culminada con el descenso hacia el interior de la ciudad en la búsqueda definitiva de la catedral de Compostela, en cuyo interior se encuentra, según la tradición, el cuerpo del apóstol Santiago. Podemos considerar la catedral de Santiago como el compendio final donde se dan cita no solo las influencias artísticas del Camino Francés, sino también el simbolismo iniciático.

En el interior sombrío del templo, entre penumbras y húmedos resquicios pétreos, volvemos a encontrar los signos lapidarios de los canteros herméticos medievales. Como la mayor parte de las iglesias, la catedral compostelana no está construida sobre una línea recta, sino que el coro se halla inclinado a la izquierda, hacia el norte, con relación a la alineación de la nave central. Los mismos transeptos no son perfectamente perpendiculares a la nave y están inclinados en el mismo sentido. El propio pórtico occidental no es perpendicular a la nave y su fachada está ligeramente inclinada en dirección norte. Según indica Charpentier, es como si toda la construcción hubiera sido establecida en torno a un eje curvo, hallándose el centro de la curvatura desplazado hacia el norte. Todas estas características son imperceptibles a simple vista. Estamos ante un fenómeno que también se repite en la fabulosa catedral francesa de Chartres. Este tipo de «torsión» estaba muy extendida durante todo el medievo. Existen varias explicaciones que tratan de responder a esta intrigante cuestión pero ninguna satisfactoria. No parece casual que algunos megalitos de la ruta jacobea hayan sido ejecutados conforme a esta misma regla, lo que confirmaría que esta técnica provendría de aquellos remotos tiempos. Otra confirmación de la relación técnica que se establecería entre los monumentos de la ruta jacobea medieval y el pasado remoto.

La planta de cruz latina de la catedral está orientada en dirección oeste-este, como indicadora de la penúltima etapa del Camino iniciático que impulsará a los buscadores de la sabiduría secreta al Finisterre galaico. Naturalmente, para aquellos que hacían el Camino oficial, esta es la última etapa a culminar. Desde una perspectiva esotérica, el plano de la catedral simboliza la composición alquímica del ser humano. El lugar del altar representa la cabeza; las dos partes de crucero, las extremidades superiores; y el occidente de la nave el resto del cuerpo humano. Sin embargo, esta es solo una lectura superficial del mensaje secreto que oculta la catedral entre sus muros.

Mezclados entre las multitudes de devotos estaban los peregrinos que por razones iniciáticas habían llegado a los pies de la catedral dispuestos a desentrañar los secretos que susurran sus muros. Aquella etapa era para ellos sumamente importante y debían superarla para continuar hasta los dominios occidentales donde muere el astro rey, en la lejana Fisterra.

Los peregrinos convencionales que llegaban a los pies de la catedral solo tenían un objetivo: visitar la tumba de Santiago. No existía otra meta para ellos más sublime que aquella pues alimentaría su fe y de paso aliviaría el peso de sus pecados si habían tenido a bien hacer el Camino en Año Santo.

La habilidad de los maestros constructores consistió, una vez más, en solapar lo ortodoxo con lo pagano y lo esotérico. De esta forma, los iniciados podían desarrollar su propia búsqueda y ritual iniciático pasando desapercibidos. Un ejemplo fue la manera en que se dispuso la visita al interior de la catedral para facilitar que las multitudes de peregrinos pudieran abrazar la figura del santo y ver su sepulcro. Para ello dispusieron arquitectónicamente hablando un circuito circular que favorecía el trasiego de gente sin problemas. Los responsables de este recorrido por las entrañas de la catedral idearon un trayecto circular, idea que, en sus aspectos generales, rememora el viejo diseño laberíntico de los petroglifos o el propio juego de la oca del que hemos hablado capítulos atrás. Mientras que la funcionalidad de este paseo por el interior del templo tenía un significado meramente pragmático para el peregrino que había hecho la ruta de las estrellas por devoción religiosa, para el neófito que buscaba el conocimiento hermético medieval tenía un claro significado alquímico por el que este limpiaba sus impurezas adquiriendo una forma reconocible antes de transmutarse definitivamente en los dominios sagrados del Finisterre atlántico.

La visita a la catedral se convertía para el peregrino iniciático en toda una experiencia espiritual cargada de simbología. El acceso a la catedral debía hacerse por la puerta norte –que simboliza el vacío espiritual, la inexistencia de Dios– para luego seguir avanzando a lo largo del crucero hasta llegar al altar, donde supuestamente reposan los restos del apóstol Santiago. Posteriormente, el peregrino debía dirigir sus pasos hacia el crucero este –cuya iconografía evoca escenas del Nuevo Testamento–, símbolo del nacimiento y de la luz. Finalmente, se abandonará el templo por la Puerta de Mateo, ubicada al oeste, hacia donde se pone el Sol. El tema principal de este pórtico es el del Apocalipsis y el Juicio Final.

EL MAESTRO MATEO Y EL PÓRTICO DE LA GLORIA

Aunque la catedral ya estaba rematada desde hacía mucho tiempo, en 1168 entra en escena quien ha pasado a la historia como el gran maestro de obras de la catedral: el maestro Mateo. Este misterioso personaje del que no sabemos mucho, parte con la misión de rehacer el pórtico occidental. Si el pórtico primitivo estaba en buen estado ¿cuál fue la razón por la que Mateo comenzó las obras escultóricas? Los especialistas no se ponen de acuerdo a la hora de tratar la cuestión. Lamentablemente, ignoramos los verdaderos motivos, al margen de los ideológico-religiosos, que motivaron a las autoridades del momento para iniciar estos cambios. Tal vez la explicación la encontremos en el clima competitivo que se respiraba en la Europa de las catedrales. En todo el continente se estaban realizando maravillosos proyectos arquitectónicos y aquel fenómeno pudo impulsar a las autoridades a embarcarse en una nueva etapa de reformas encaminadas a competir con las otras que se estaban llevando a cabo en otros lugares de Europa. Santiago de Compostela, meta para muchos cristianos, no podía permitirse quedar en situación de inferioridad.

El Pórtico de la Gloria, resultado de estas iniciativas, está considerado como uno de los conjuntos escultóricos románicos más extraordinarios del siglo XII. Recientemente ha sido objeto de restauración y hoy se puede volver a disfrutar de su colorida policromía. Su autor consiguió cincelar en el duro granito una obra que emana poesía y espiritualidad a raudales. Ante el Pórtico de la Gloria el peregrino se sumergía en una atmósfera de misteriosa espiritualidad. Ante sus ojos cada uno de los personajes representados parecía adquirir vida propia. Es más, sus susurros

Pórtico de La Gloria.

parecían materializarse en la realidad misma. Sus manos adquirían vida y transmitían la sensación de movimiento. De repente parecía que todos los personajes esculpidos dialogaban animadamente entre sí en torno a la figura del Pantocrátor en plena glorificación mística. Todas esas criaturas de Dios; los apóstoles, los ángeles, los profetas y los venerables ancianos del Apocalipsis cobraban vida y expresividad.

En el arco central vemos sentado a Cristo con las palmas de las manos bien abiertas para que se puedan percibir las llagas de la crucifixión. Su rostro se nos muestra apacible. Junto a él, a ambos lados, se pueden ver los cuatro evangelistas con la simbología de los Tetramorfos. En la curvatura del arco vemos a los veinticuatro ancianos, también conversando entre ellos animadamente. Algunos sostienen instrumentos en sus manos. En el fuste marmóreo del centro surge el árbol genealógico que remata en la Virgen María con el niño en su regazo. También vemos representada la Santísima Trinidad y sobre el capitel la imagen de Santiago Apóstol. En su mano izquierda luce un báculo en forma de tau y la derecha un cartel que reza en latín: *Misit me Dominus*[23]. Los profetas y los apóstoles, sitos en los pilares, parecen cargar con el peso de los arcos. El juicio universal aparece escenificado en el arco lateral de la derecha. El investigador Guerra de Campos hace la siguiente observación:

> «El basamento de los pilares es, por sí mismo, un mundo de fuerza expresiva, impresionante. Lo constituyen dieciocho monstruos, nueve con faz de león, siete en forma de águila, uno de oso y otro humano. También el parteluz se apoya en el dorso de un hombre echado entre dos leones cuyas fauces abiertas comunican con la iglesia baja y no se sabe si fueron cepillos para recoger limosnas o simples aberturas para dar luz a la cripta».

Pero si existe un lugar en el Pórtico que tenga un significado simbólico interesante ese es la parte trasera de parteluz. Allí encontramos una figura de piedra arrodillada que da la espalda al Pórtico. Se trata, presumiblemente, de la figura del Maestro Mateo. El pueblo lo llama *O santo dos croques* y existía la tradición de arrodillarse y tocar con la frente tres veces su cabeza para *«abrir a testa» (abrir la cabeza)* de los torpes o las personas normales que precisaban de algún talento para pasar alguna prueba intelectual o resolver algún problema cotidiano de gran importancia para él o para su familia. Generalmente eran los estudiantes o los opositores los que llevaban a la práctica este ritual lleno de esperanza. En los adornos del mainel los peregrinos, desde hace siglos, posaban la mano e introducían los dedos en unas marcas profundas fruto de la erosión del mármol a lo largo de los siglos para solicitar todo tipo de gracias o milagros al santo.

Desde un plano meramente artístico, ya lo decía Camps:

> «El Pórtico de la Gloria revela un autor verdaderamente épico como se requería para acometer la ordenación de aquella multitud de figuras —más de doscientas—, casi todas mayores que el tamaño natural y alguna, como el Pantocrátor, superior a los cinco metros y relacionarlas armónicamente entre sí, logrando un conjunto de incomparable belleza que abarca la totalidad del ancho de las tres naves».

Como podemos comprobar, su composición parte de una visión común en todas las religiones: una división en la que existe una parte

---

[23] Traducción: Me envió el Señor.

Detalle: El rugir de la bestia.

O Santo dos Croques. Algunos especialistas creen que esta talla representa al maestro Mateo pues antiguamente se leía en la cartela que sostiene en la mano la figura la inscripción «architectus fe».

inferior donde se representa el mundo irracional y animal, y que sirve de base al mundo superior. En el centro de la composición aparece representado Santiago el Mayor, con un bastón de peregrino, aguardando sentado a los fieles.

Conforme a los criterios filosóficos comentados, el mundo superior surge majestuoso por encima del Apóstol. Allí podemos ver, como ya relaté unas líneas más arriba, los cuatro evangelistas con sus respectivos símbolos. Pero la parte más sugerente del Pórtico para los iniciados que buscaban las señales que justificaban su peculiar viaje, la encontramos en las arquivoltas ornamentadas con las imágenes de los veinticuatro ancianos que resultan ser músicos. La escenificación pétrea no debería tener mayor importancia si no fuera por el hecho de que muchos de los instrumentos esculpidos no han formado parte de la tradición musical de entonces y algunos autores coinciden en especular con la posibilidad de que estos signos sean indicios que nos pongan tras la pista de la verdadera ideología y la posición intelectual y espiritual del maestro Mateo frente al poder eclesiástico.

El apóstol Santiago.

Algunos instrumentos representados eran utilizados en países como Italia y Francia. Este hecho, nos habla de un artista empapado por la experiencia del viaje a otros países europeos donde aprendió técnicas evolucionadas del antiguo sistema tradicional. También existen testimonios pétreos que reflejan la etapa más representativa del maestro medieval: su relación con la alquimia. Si observamos con atención el semicírculo de la arquivolta antes referenciada, veremos que los veinticuatro ancianos, además de dialogar entre ellos, comparten un detalle: aparte de su instrumento musical correspondiente, portan en sus manos el *matraz alquímico*.

Una de las figuras sostiene en su mano el matraz alquímico.

Existen otros dos espacios en los cuales la referencia alquímica se manifiesta con claridad: al comienzo y al final del Camino de Santiago. En efecto, al inicio de la ruta jacobea, en el panteón templario de San Juan de la Peña, aparece la estrella de seis radios, símbolo del *Spiritus mundi* de los alquimistas. Por lo tanto, desde la primera etapa del Camino, se declara una especie de juego iniciático.

Los protagonistas de este juego son unos peregrinos nada convencionales que aspiran a una visión superior. Este objetivo les lleva, paulatinamente, conforme superan las etapas de la ruta, a una creciente trasformación, una lenta muerte simbólica de su anterior yo, aquel que comenzó a buscar un nuevo nivel de percepción y comprensión del Universo. Al final del Camino, los veinticuatro ancianos ostentan el símbolo transformador del espíritu del peregrino iniciático.

El Pórtico de la Gloria es, más allá de su belleza artística y evocación espiritual, una obra que transciende lo obvio, lo que se ve a simple vista. En su complejidad radica el sentido iniciático no solo del conjunto escultórico en sí, sino también de toda la catedral de Compostela. Digamos que es la puerta de acceso al conocimiento hermético que se mimetiza en la catedral.

Aquellos peregrinos iniciáticos escrutaban más allá de las formas y las escenas recreadas en la piedra. Después de semanas viajando por el Camino, descifrando y aprendiendo, los peregrinos que admiraban el Pórtico, antes de entrar en la catedral, ya eran capaces de leer sus secretos. Es así como descubrían que el Pórtico de la Gloria había sido concebido sabiamente con base en la numerología. Para empezar, en la puerta occidental de la catedral, la estructura angular del relieve del rey

El rey David y el ángulo arquitectónico de 36º.

David mide 36º, algo que también se repite en otras figuras del templo y que no dejaría de ser una anécdota si no fuese por el hecho de que se trata de la medida del ángulo arquitectónico de los Templarios. En la puerta oeste de la catedral hallamos la representación escultórica del Juicio Final. De hecho, el conjunto presenta una estructura numerológica reconocible a través, en primer término, de los antes mentados veinticuatro ancianos del Apocalipsis que se distribuyen en el arco central del Pórtico. De los veinticuatro ancianos, representados en el arco central de la Puerta de San Mateo, destacan los nueve ancianos portadores de los matraces alquímicos. De hecho, las esculturas de los ancianos se hallan dispuestas en semicírculo, formando un ángulo de 180º, número que tampoco responde a criterios casuales. La descomposición numérica de esta cifra da como resultado la suma de los nueve portadores de las herramientas alquímicas que hemos comentado.

Finalmente, el Pórtico de la Gloria nos depara otra sorpresa, por gentileza del maestro Mateo. Además de los apóstoles, y del apóstol Santiago el Mayor, en honor de quien fue levantada la basílica, el maestro Mateo esculpió la imagen de Santiago el Menor, aquel que tanto se asemejaba al Nazareno, el conocedor de todos sus secretos. Mateo, lo representa con un bastón adornado con las inconfundibles cintas del maestro constructor, del compañero sabio, de Jacques.

Como hemos podido comprobar el Pórtico de la Gloria fue concebido en función del número nueve pero no solo fue este conjunto escultórico el que fue erigido conforme este criterio ocultista, también pasa lo mismo con la catedral en su conjunto.

Ya en el *Códex Calixtinus* se da cuenta de la estructuración de catedral bajo la advocación del número nueve. Se nos detalla que la basílica constaría de tres naves en cada crucero y tres en el cuerpo principal del templo. En total, nueve naves. A su vez las nueve naves contarían con sesenta y tres columnas, lo que numerológicamente involucra el número nueve. También se proyectaba construir nueve capillas absidales, nueve grandes torres; entre otras estructuras y elementos que se añadieron paulatinamente a la catedral; y siempre conforme a los mismos parámetros. Y es que el número nueve representa los nueve grados del proceso iniciático que conduce al peregrino desde la muerte hasta la resurrección; consecución última de la transmutación total del individuo.

Todos estos elementos de la ciencia antigua conviven y colaboran en la quietud arquitectónica del templo. La simbología, la numerología, la geometría, la alquimia y la arquitectura están armoniosamente entrelazadas en un único objetivo: hacer funcional la catedral. A su vez, el edificio está diseñado para satisfacer el intelecto de los peregrinos

El hombre en pleno proceso de transmutación alquímica.

especializados que poseen el don de poder leer el intrincado mensaje que rezuma en los muros del templo.

Los constructores de la catedral tuvieron en cuenta la disposición de la simbología operativa en el interior del templo, el tipo de cantería utilizada, aspecto que valoraban notablemente pues de ello dependía la acústica del interior y la vibración musical. A su vez, las características geométricas, que parten de los elementos básicos (triángulo, círculo y cuadrado) tienen su adecuado cauce de expresión en las formas que adquiere la materia pétrea manipulada por los compañeros. La catedral por lo tanto es una máquina alquímica: una especie de Atanor que sirve al propósito anhelado por aquellos que no solo buscan adquirir el conocimiento hermético medieval sino también experimentar la trasmutación alquímica que hará de ellos una criatura nueva perfectamente formada para acometer los retos de la Gran Obra que se materializan en el Camino de Santiago.

Tercera parte

Antes de Santiago

Capítulo 13
El génesis pagano del culto a Santiago

Hasta no hace mucho, cuando se estudiaba el aspecto iniciático del Camino de Santiago se sobreentendía que había un trasfondo pagano que le servía de apoyo en algunas de sus percepciones y rituales pero carecíamos de los datos precisos que nos hubieran permitido hacer una valoración más allá de la intuición por lo que nos quedábamos en una valoración sesgada y generalista en la que tomábamos partido en base a ciertas deducciones que estimábamos plausibles. Por primera vez en mucho tiempo encontramos nuevas evidencias que nos permiten ampliar nuestra narrativa sobre este problema; gracias en gran medida, a los avances arqueológicos, documentales, antropológicos y filológicos relativamente recientes que se han experimentado en relación con las culturas de la Edad del Hierro que habitaron Galicia y otras zonas vinculadas a la ruta jacobea.

Aunque en la actualidad nadie duda de que en Santiago de Compostela existió mucho antes una población celta, tal como se pudo comprobar en el siglo XIX por parte de la arqueología al encontrar una serie de sepulturas próximas a la iglesia de Salomé con esta factura cultural, carecíamos de las piezas para hacer un análisis más profundo del problema. Para ello abordaremos el tema desde varias perspectivas tratando de hacer encajar los elementos que corroboren las raíces paganas del culto a Santiago.

Desde un principio venimos llamando la atención sobre las vinculaciones cósmicas de la ruta jacobea y de la propia catedral de Santiago de Compostela. Esa relación astronómica de la catedral no responde solamente a criterios interpretativos basados en la toponimia o la mitología. En realidad, es un tema mucho más complejo de lo que se podía intuir hace unas décadas. Es más, estas relaciones, nos conectan con dos ámbitos; un ámbito temporal muy anterior a la existencia misma de la catedral y un ámbito espacial en el que el territorio era considerado sagrado y cumplía una funcionalidad de carácter pagano. Los datos geográficos y astronómicos que aportaremos a continuación nos ayudarán a vislumbrar el génesis pagano de Santiago. Pero para entender la magnitud de todas estas conexiones tendremos que profundizar aún más en los mitos fundacionales del Camino de Santiago. Les garantizo que lo que desvelaremos no dejará a nadie indiferente. Se trata de una nueva y revolucionaria visión de las raíces paganas de la ruta de las estrellas aportando conclusiones basadas –la mayor parte de las veces– en evidencias empíricas demostrables.

Los episodios de la leyenda jacobea nos brindan las pistas que nos llevan a contextualizar los orígenes de Santiago dentro de la cosmología pagana. Recordemos que durante el medievo muchos cultos y creencias consideradas heréticas seguían vivas, especialmente entre las clases no romanizadas. En muchos casos estas prácticas religiosas convivían con el incipiente Cristianismo. Este conflicto llevó en varias ocasiones a las autoridades a celebrar concilios para combatir el paganismo. Mientras que las élites urbanas muy romanizadas ya lo habían rechazado en su práctica totalidad, la actividad pagana seguía en activo en las aldeas y poblaciones rurales. En muchos casos, lejos de existir un visceral rechazo a estas prácticas culturales, se llevó a cabo un proceso de adaptación que consistía en mimetizar disimuladamente estos elementos paganos al tiempo que se formalizaba su cristianización. Cuando sucedía esto muchos elementos paganos eran reconvertidos para su mejor asimilación por parte de la cosmología cristiana. Un ejemplo de esa estrategia la vemos reflejada en las distintas versiones escritas que describen la llegada del cuerpo del Apóstol a tierras galaicas y su posterior enterramiento.

LA «TRANSLATIO»

A este acontecimiento religioso se le conoce con el nombre de *translatio* y es parte esencial de la cultura jacobea pues justifica la ulterior construcción de la catedral compostelana y la creación de la ruta de peregrinación. Aunque hay pequeñas variantes en el número de apóstoles y otros detalles menores, en términos generales cuentan la misma historia y lo que es más importante, transcurre en los mismos lugares en los que la arqueología ha constatado la presencia de tribus celtas. Cabe preguntarse la razón por la que se alude a estos lugares para escenificar unos supuestos acontecimientos extraordinarios que trataron de dar verosimilitud a la inventio. El relato de la inventio gira en torno a la misteriosa figura de la reina Lupa, la cual, como veremos encontrará interesantes vinculaciones con el folclore y el mundo tradicional indoeuropeo, escandinavo, germánico, celta e incluso el mundo clásico.

La *translatio* se apoya en una carta apócrifa del papa León redactada en el siglo IX y que fue modificada a finales del siglo XI o principios del siglo XII. León obispo afirma que los discípulos que trajeron el cuerpo del Apóstol desde Palestina le relataron personalmente su excitante y sobrenatural aventura después de cumplir su misión: sepultar el cadáver de Santiago.

Como hemos relatado, existen diferentes leyendas pero dadas las características de la presente obra me limitaré a exponer la versión del Códice Calixtino en su Libro III, capítulo I. Esto es lo que dice, literalmente, el texto:

> *«Después de la pasión de Nuestro Salvador y del gloriosísimo triunfo de su misma Resurrección, y luego de su admirable Ascensión, cuando subió hasta el trono de su Padre y del Espíritu Paráclito también; tras la efusión de las lenguas de fuego sobre los apóstoles, los discípulos que Él mismo había elegido, iluminados con los rayos de la sabiduría e inspirados por la gracia celestial, dieron a conocer con su predicación el nombre de Cristo por todas partes, a los pueblos y naciones. Y entre el insigne número de aquellos, el santo de admirable virtud, el bienaventurado por su vida, el maravilloso por su virtud, el esclarecido por su ingenio, el brillante por su oratoria, fue Santiago (…).*
>
> *Él, pues, mientras los otros iban a diversas regiones del mundo, llevado a las costas de España por voluntad de Dios, predicando enseñó la divina palabra a las gentes que allí vivían y la tenían por patria. Y habiéndose detenido allí algún tiempo, mientras fructificaba entre espinas la pequeña semilla que quería recoger entonces, se cuenta que confiado en Cristo eligió siete discípulos, cuyos nombres son estos: Torcuato, Segundo, Indalecio, Tesifonte, Eufrasio, Cecilio, Hesiquio, para con su ayuda extirpar de raíz, arrancándola, la cizaña, y confiar en condiciones más favorables la semilla de la divina palabra a una tierra que permanecía estéril de largo tiempo.*

Y al acercarse su último día se dirigió rápidamente a Jerusalén (...). Y mientras una perversa muchedumbre de saduceos y fariseos lo rodea, le plantea, seducida por la vieja astucia de la serpiente, innumerables problemas sobre Cristo. Pero inspirado por la gracia del Espíritu Santo, su elocuencia no es superada por nadie; por lo que la rugiente ira de aquella se exacerba incitada con mayor violencia contra él. Y con el estímulo del odio hasta tal punto se enciende y enloquece, que es cogido por la cruel injusticia y vehemencia de los iracundos, y es llevado a presencia de Herodes para recibir la muerte. Y condenado por una encarnizada sentencia de muerte, y bañado en el charco de su rosada sangre, coronado con triunfal martirio, vuela al cielo, laureado con inmarcesibles laureles.

Sus discípulos, apoderándose furtivamente del cuerpo del maestro, con gran trabajo y extraordinaria rapidez lo llevan a la playa, encuentran una nave para ellos preparada, y embarcándose en ella, se lanzan a la alta mar, y en siete días llegan al puerto de Iria, que está en Galicia, y a remo alcanzan la deseada tierra. (...) Así, pues, confiados en tal y tan grande protector, dirigen sus pensamientos a las demás cosas necesarias para sus fines e intentan descubrir qué sitio había elegido el Señor para sepulcro de su mártir.

Emprendida, pues, la marcha hacia oriente, trasladan el sagrado féretro a un pequeño campo de cierta señora llamada Lupa, que distaba de la ciudad unas cinco millas, y lo dejan allí. Inquiriendo quién era el dueño de aquel terreno, lo averiguan por indicación de unos nativos y procuran vehemente y ardientemente encontrar a la que buscaban. Yendo, por último, al encuentro de la mujer a hablar con ella, y contándole el asunto tal como se desarrolló, le piden que les dé un pequeño templo en donde ella había colocado un ídolo para adorarlo (...). Y aquella, nacida de nobilísima estirpe, y viuda por intervención de la suerte suprema, aunque se había entregado sacrílegamente a la superstición, no olvidando su nobleza, renunciaba al matrimonio con los que pretendían, tanto nobles, como plebeyos, para que una especie de adulterio no manchase su primer tálamo conyugal. Y considerando ella constantemente sus palabras y su petición, antes de dar respuesta alguna, medita en lo profundo de su corazón de qué manera los entregará a una cruel muerte, y les contesta, por último, ensañándose hipócritamente:

«Id, dijo; buscad el rey que vive en Dugio, y pedidle un lugar para disponer la sepultura a vuestro muerto».

Obedeciendo sus indicaciones, unos velan con el ritual funerario el cuerpo del Apóstol en un lugar, y otros llegan lo más rápidamente posible al palacio real, y conducidos a presencia del rey le saludan según la etiqueta regia, y le cuentan en detalle quiénes y de dónde son y por qué habían venido. El rey, pues, aunque al principio de su exposición les oía atento y benévolo, sin embargo, atónito por un increíble estupor, dudando qué había de hacer e inspirado por diabólica sugestión ordena, en el colmo de la crueldad, que ocultamente se les prepare una emboscada y que se mate a los siervos de Dios. Pero, no obstante, descubierto esto por voluntad de Dios, marchándose secretamente, escapan huyendo con rapidez.

Cuando se informó al rey de su fuga (...) e imitando la ferocidad de un león rabioso, con los que estaban en su corte persigue pertinazmente el rastro de los fugitivos siervos de Dios. Y como ya hubiese llegado al extremo de estar a punto de ser muertos a manos de los empedernidos perseguidores, atraviesan, inquietos estos, tranquilos aquellos, un puente sobre cierto río, y en un solo y mismo momento, por súbita determinación de Dios omnipotente, se resquebrajan los cimientos del puente que atravesaban, y se desploma desde lo alto a lo profundo del río, completamente derruido. (...)

Los santos varones, pues, volviendo la cabeza al ruido de las armas y piedras que se desplomaban, ensalzan las grandezas de Dios dignas de ser pregonadas, al ver los cuerpos de los magnates y sus caballos y arreos militares rodar miserablemente bajo las aguas del río, de la misma manera que en otro tiempo lo había experimentado el ejército faraónico. En consecuencia, ayudados y salvados por la auxiliadora diestra de Dios, y animados y enardecidos por aquel suceso, recorren el salvador camino hasta la casa de la citada matrona y le muestran cómo la exasperada determinación del rey había querido perderles con la muerte, y lo que Dios había hecho contra él para su castigo.

Luego, con insistentes ruegos, le piden que ceda la precitada casa dedicada a los demonios, para consagrarla a Dios. Le aconsejaban e insistían que rechazase aquellos ídolos artificiales (...). Mientras ellos la urgían con sus ruegos con mayor vehemencia todavía, a que suministrase parte del pequeño predio para enterrar el cuerpo del santísimo varón, ideada una nueva y desusada estratagema, creyendo poder matarlos con algún engaño, habló de esta manera: «Puesto que, dijo, veo vuestra intención tan decididamente inclinada a eso, y que no queréis desistir de ella, id y coged unos bueyes mansos que tengo en un monte, y acarreando con ellos lo que os parezca de más utilidad y cuanto necesitéis, edificad el sepulcro. Si os faltasen alimentos, procuraré liberalmente dároslos a vosotros y a ellos».

Oyendo esto los apostólicos varones y sin percibir la hipocresía de la mujer, se marchan dando las gracias, llegan al monte y descubren algo distinto que no esperaban. Pues al pisar los linderos del monte, de pronto un enorme dragón, por cuyas frecuentes incursiones se hallaban entonces desiertas las viviendas de las aldeas próximas, saliendo de su propia guarida, se lanza, echando fuego, sobre los santos varones (…) dispuesto a atacarlos y amenazándolos con la muerte. Mas (…) oponen impávidamente la defensa de la cruz, le obligan a retroceder haciéndole frente y, al no poder resistir el signo de la Cruz del Señor, revienta por mitad del vientre (…). Finalmente, para arrojar de allí completamente la multitud de demonios, exorcizan el agua y la esparcen sobre todo el monte por todas partes. Este monte, pues, llamado antes el Ilicino (…) porque con anterioridad a aquel tiempo sostenían allí el culto del demonio muchos hombres malhadadamente seducidos, fue llamado por ellos Monte Sacro, es decir, monte sagrado.

Y al ver desde allí corretear los bueyes que arteramente se les había prometido, los contemplan bravos y mugientes, corneando el suelo con su elevada testuz, y golpeando fuertemente la tierra con las pezuñas. Y de pronto, mientras corriendo unos tras otros por la dehesa representaban una cruel amenaza de muerte con su peligrosísima carrera, tanta mansedumbre y lentitud se apoderó de ellos, que los que al principio se acercaban corriendo para ocasionar una catástrofe impulsados por su atroz bravura, luego con la cerviz baja confían espontáneamente su cornamenta en manos de los santos varones.

Los portadores del santo cuerpo, acariciando a los animales que se habían convertido de salvajes en dóciles, sin tardanza les colocan encima los yugos y, marchando por el camino más recto, entran en el palacio de la mujer con los bueyes uncidos. Ella, ciertamente, estupefacta, reconociendo los admirables milagros, movida por estas tres evidentes señales, se aviene a su petición, y perdida su insolencia (…) se convierte en creyente del nombre de Cristo con toda su familia. Y así, instruida por inspiración de Dios en las verdades de la fe, destruye y rompe resueltamente los ídolos que antes, engañada por su fantástico error, había adorado humilde y sumisa, y derriba y deshace los templos que en sus dominios había. Y cavado profundamente el suelo, tras haber sido aquellos destruidos y convertidos en menudo polvo, se construye un sepulcro, magnífica obra de cantería, en donde depositan con artificioso ingenio el cuerpo del Apóstol. Y en el mismo lugar se edifica una iglesia del tamaño de aquel que, adornada con un altar…»

La leyenda de la *translatio* nos brinda las claves que nos permiten entender el contexto cultural, cosmológico y geográfico en el que se desenvuelve la historia de la milagrosa llegada del apóstol Santiago a tierras galaicas. Es más, se nos desvela la naturaleza pagana de los hechos y lugares descritos desde una doble vertiente etnográfica y arqueoastronómica. Esto nos ayudará a entender la verdadera naturaleza del Libredón, el lugar al que hemos hecho mención en varias ocasiones en el presente

Traslado de los restos de Santiago. La reina Lupa observa desde su ventana la escena. Museo del Prado.

ensayo, y que es el territorio sobre el que siglos después emergerán los pilares de la catedral de Compostela.

PERSONAJES, LUGARES Y VIEJAS COSMOLOGÍAS

El génesis de la Compostela medieval siempre ha estado rodeada de misterio; sin embargo, en los últimos tiempos son varios los autores e investigadores que hemos retomado el tema tratando de aportar algo nuevo al respecto[24]. Afortunadamente, estas nuevas investigaciones han dado sus frutos. Volvamos sobre el topónimo que aparece en diferentes narraciones desde el siglo XI y que hace referencia expresa a un espacio funerario conocido en latín con el nombre de *Liberum Donum*; *Libredón* en castellano. Se ubicaría en la confluencia de los ríos Sarela y Sar;

---

[24] Algunos de esos pioneros son Balboa Salgado, Caridad Arias, Carlos Montaña, Antón Malde o Antonio Bouzas entre otros.

peculiaridad que se repite en otros santuarios de la antigüedad. Este lugar es importante porque en él, según la tradición, se localizaba el templo pagano de la reina Lupa. Este topónimo también se repite en otros contextos narrativos relacionados con la tradición jacobea, como tendremos oportunidad de evidenciar, pero en el actual contexto interpretativo este hecho es sumamente significativo. Lo que sabemos con certeza -por las fuentes jacobeas- es que el sepulcro de Santiago se construyó en un lugar elegido deliberadamente por ser un espacio sagrado muy anterior al Cristianismo. Por eso en las fuentes se menciona un bosque sagrado de robles; de hecho, es probable que los restos de ese bosque sagrado formen parte del actual robledal de Santa Susana, conocido con el nombre en gallego de «*Carballeira de Santa Susana*». Se trata del espacio ajardinado más antiguo de Compostela y forma parte del Parque de la Alameda con unas ocho hectáreas de extensión en pleno centro de la ciudad. El roble es un árbol considerado sagrado por los celtas y en este lugar debió existir un importante bosque sagrado para los galaicos en el que materializaron rituales pre-cristianos durante siglos. Pero no solo existió un bosque sagrado. Dentro de este, tal como insinúa la tradición, existía un santuario formalizado, probablemente dentro de un castro. Así parece confirmarlo la tradición pero también encontramos pistas en el análisis toponímico del lugar contextualizado en las narraciones jacobeas. Reconstruir una palabra de una lengua muerta es algo complicado pero podemos elucubrar con cierto rigor sobre el tema en base a unos mínimos criterios técnicos. Volviendo sobre el topónimo de *Libredrón* digamos que –etimológicamente hablando– acaba derivando en el significado de «castro del camino»; se trata de una de las posibles traducciones muy vinculadas con la trascendencia del lugar donde se encontró, supuestamente, el cuerpo de Santiago Apóstol. Otra interesante interpretación hace referencia a *Libre* en su acepción más arcaica que sería «*Liber*» y que parece que se refiere a una divinidad. De hecho, hay textos jacobeos que hablan de que cuando los discípulos llegaron a Libredón tuvieron que destruir un ídolo que ya estaba allí antes de que ellos llegaran. Ese ídolo para ciertos especialistas podría ser una deidad relacionada con «Liber». De hecho existía una deidad céltica con ese nombre que también se llamó *Liber Pater, Lusus* y probablemente esté relacionada también con el dios *Lug*. Según esta interpretación *Libre* sería una de las denominaciones que utilizaban las tribus galaicas para referirse a esta deidad. En Francia existe un *Liverdum* que se podría traducir como el «*castro del río Liber*». Si consultamos a Plinio aparece un nombre: *Libunca*. Se trata de un topónimo que se encuentra en la Gallaecia prerromana. Tal vez tenga alguna vinculación con Libredón o tal vez no, pero sí que tiene una raíz similar. En Santiago de Compostela tenemos un Solovio; el lugar habitado por el ermitaño Pelagio. *«Lobio»* es una palabra que viene del suevo y que se refiere, en su traducción, a una estructura dispuesta para proteger de las inclemencias del tiempo; también podría corresponder a un sepulcro. En la Edad Media este tipo de construcciones era muy común, algo primitivas, pero efectivas para protegerse de la lluvia. Los comerciantes las llevaban consigo y las montaban en los lugares por los que pasaban, les colocaban una cubierta a modo de improvisada techumbre y ahí vendían su género. *«Sub-lobio»* podría significar debajo del Lobio; es decir debajo de la techumbre, pero también podría tener que ver con el Lobo[25] lo que lo vincula directamente con la reina Lupa. Por lo tanto, a nuestro juicio, debemos descartar una sola identificación etimológica de Solovio con una estructura funeraria; en concreto, un sepulcro. Tal vez, podría tener un significado ambiguo que englobe tanto la figura del sepulcro o templo que a modo de techumbre guarece de los elementos una tumba, como su vinculación con la simbología del Lobo; íntimamente relacionada con la figura de la reina Lupa. El investigador gallego José Luis Barbosa habla de un *Lepordunum*; la segunda parte de la palabra, «dunum», es sinónimo de la palabra inglesa «town» (ciudad o poblado) que es una palabra de origen celta. En gales existe, por ejemplo, *Llwybr Donum*. En el caso galaico hace referencia explícita a ciudad fortificada, a castro. Es el *Liberum Donum*. Coincidimos con Barbosa al relacionar *Liber* con *Lepor*; de ahí también viene el topónimo portugués de *Castro Laboreiro*; de hecho «laboreiro» es un tipo de perro especializado en la caza de la liebre; entonces podría referirse al «castro de Laboreiro»; el castro del perro que persigue liebres. Esta idea parece afianzarse cuando analizamos el topónimo de *«Castro lupario»*. Tal vez, este Libredón fue el *«castro Lupario»* lugar vinculado con el nacimiento de la leyenda de la reina Lupa; un mito lleno de claves para comprender el génesis pagano del culto jacobeo. Y aunque se considera un mito nadie descarta la posibilidad de que ese mito tenga algunos elementos vinculados con un acontecimiento y un territorio real. Además de con muro, «Don» encuentra su equivalencia en la palabra *San ó Sanctus* que la mayoría de las veces se asocia con nombres de dioses. Libre-don por lo tanto parece referirse al dios de la naturaleza *Liber* que vive, muere y finalmente resucita.

Al parecer el Libredón se ubica al pie de dos promontorios casi idénticos; el monte Fontecova y Monte Pedroso. Esta singularidad del

---

[25] Sub-lobio está relacionado con la partícula aumentativa de origen celta «so/su» que significaría «Gran Lobo».

entorno fue determinante a la hora de definir el espacio sagrado de esta localización geográfica. La misma similitud la encontramos en los montes irlandeses del condado de Kerry; un mágico lugar conocido en gaélico con el nombre de *Da Chich Ananna* y en inglés *Anu Paps* (Los pechos de Anu). Este santuario fue diseñado en honor a la diosa de la creación Anu. En territorio galaico portugués encontramos el fabuloso santuario de Anamán; en la parte portuguesa este fabuloso lugar es conocido con el nombre de Anumão aunque el nombre más extendido es el de A Nossa Senhora da Numão. Este espectacular santuario que podríamos definir como la «Lourdes megalítica del noroeste peninsular» sirvió posiblemente a los mismos cultos celtas que se llevaron a cabo en Anu Paps. Como allí, en la distancia se puede ver una mole granítica que emula una mujer embarazada tumbada con sus pechos apuntando al cielo.

Santuario megalítico galaico-portugués de Anamán ó Numão.

Anann -en la tradición galesa- también puede ser una diosa trifuncional en la que se conjugan, según el *Lebor Gabála Érenn*, la muerte, la fertilidad y la soberanía. Se sabe además que los celtas de la Europa atlántica y presumiblemente los galaicos, celebraban el solsticio de verano, prendiendo fuego en lo alto de estas cumbres. Esta imagen ha subsistido en el mundo tradicional galaico, bretón o irlandés donde se sigue utilizando el fuego para escenificar rituales ígneos con evidentes raíces en el mundo cultural celta. Es el caso de *Os Fachóns* en Galicia o el uso del fuego como elemento purificador en las noches de San Juan.

El investigador Balboa Salgado reflexiona en los siguientes términos sobre Libredón:

> «Entre los escasos topónimos conservados se encuentra alguno con raíces celtas o, cuando menos, indoeuropea. En concreto, *Callobre* y *Turóbriga*, documentados en Santiago. Las dos llevan el sufijo en *-briga* que sirve como marca distintiva de la Hispania indoeuropea. La primera de ellas es más reciente en el tiempo, como es común en muchos topónimos actuales existentes en Galicia, que son derivaciones de tales topónimos. Pero aquí, además, existe otra particularidad, si es cierta la propuesta de I. Millán de la actual *rua da Troia* procede de Turóbriga, estaríamos ante un apelativo conocido por acompañar a la *diosa Ataecina*, diosa lusitana relacionada con el mundo ctónico, como recoge su nombre».

El caso es que todas las interpretaciones toponómicas en este sentido acaban relacionando Libredón con una divinidad; Jana, Diana, diosa de la Luna, Atta, etc. No somos los únicos en intuir una vinculación de Lupa con el mundo de ultratumba pues se trata de una deidad ctónica[26] que tiene su referente en deidades asociadas a la figura del lobo y que a veces aparecen devorando a los muertos. Esas divinidades las encontramos en la mitología griega, escandinava e incluso en el mundo ibérico. Estas deidades son las que reciben a los muertos por lo que Lupa parece tener la misma funcionalidad y parece ser, de este modo, la persona apropiada para acoger en sus dominios el cadáver del apóstol Santiago. En el Museo Nacional de Dinamarca se puede admirar el famoso *Caldero de Budestrup*. En una de sus placas podemos ver al dios celta *Cernunnos*, presentado como una especie de chamán o señor de los animales con una cornamenta de cierva sobre su cabeza, un torques en su pescuezo, otro en su mano derecha y una serpiente en su mano izquierda. El personaje parece mediar entre un ciervo y la figura del lobo. Otra de las placas contempla una escena en la que un lobo o un perro encabeza una comitiva de soldados a pie y a caballo. El dios galo *Teutates* aparece representado como un gigante que introduce a uno de los personajes más pequeños en un caldero; probablemente como símbolo de regeneración

---

[26] En mitología y religión, y en particular en la griega, el término ctónico (del griego antiguo χθόνιος khthónios, «perteneciente a la tierra», «de tierra») designa o hace referencia a los dioses o espíritus del inframundo, por oposición a las deidades celestes (Wikipedia.org).

o resurrección. Recordemos el *Caldero de Lug* destinado a resucitar a los muertos y regenerar los cuerpos de los guerreros malheridos.

También en el mundo germánico y escandinavo es bastante común la figura del lobo. En la mitología germánica tenemos, por ejemplo, a *Fenrir;* el lobo, el destructor, aquel que determina el destino. *Managarm* devora con sus fauces la Luna y el Sol poco antes del fin del mundo. Muchos antropónimos germánicos se construyen con la forma *Ulfr*, pero también encontramos *Wulf,* en inglés antiguo o nombres compuestos como *Hundingas*. Entre los griegos, el dios *Apolo* designaba tanto al dios de la luz como al dios lobo. Entre los romanos el dios de los rebaños, conocido como *Fauno Luperco,* era muy popular y también se lo relacionaba con el dios de la guerra, *Marte*. Y qué decir del símbolo fundacional de Roma; la loba que amamantó a Rómulo y Remo. El perro es un animal sagrado para los celtas por eso pensar en esa relación toponímica con este animal sagrado no es descabellado. Tal vez –como ya hemos comentado líneas más arriba– se trataba del «*castro Lupario*». De *lupario* a *libre*, etimológicamente hablando, hay un trecho muy pequeño. Castro lupario parece estar vinculado con Liberdunum. Por otro lado, la iglesia más antigua de Santiago de Compostela es la de Solovio. *Solovio* puede venir de *sublobio* (debajo del cobertizo). En principio *lobio* es una palabra germánica, sueva. Tal vez, en su origen esta palabra pudiera proceder de *sublupus* o *sublupius*, algo relacionado con *lobos* o *perros*.

Cernunnos el dios celta representado en el Caldero de Budestrup.

El Caldero de Budestrup.

En el mundo antiguo, el Más Allá y la actividad guerrera están íntimamente relacionados y además forman parte a menudo de la vida cotidiana. Por esa razón, el perro o el lobo cumplen también una función guerrera que en ciertos clanes guerreros o tribus adquiere una simbología formal a través del acto de la guerra con la figura del Lobo presente en todo momento como símbolo de nobleza, coraje, fuerza y fiereza.

Los integrantes de esos grupos guerreros suelen llevar consigo pieles de lobo o de otros animales mediadores de su cosmología; pero especialmente del primero y actúan por la noche mostrando una conducta sanguinaria y despiadada en sus incursiones contra el enemigo, emulando el proceder de estos animales durante la caza. Como es natural en el panteón mitológico de aquellas culturas también encontramos diosas de la guerra y de la muerte.

En la Hispania céltica encontramos a la diosa *Bogyo-gena* o *Boiogenae* cuya etimología nos remite al significado de «nacida para la batalla». Se trata, por lo tanto, de una diosa mediadora que aporta al guerrero confianza para el combate cuerpo a cuerpo. Los arqueólogos encontraron su ara en la localidad burgalesa de Lara de los Infantes. También tenemos la diosa lusitana Trebaruna; una deidad guerrera relacionada con Reve, y con un marcado carácter territorial; algo que como estamos comprobando es un patrón muy común compartido en el mundo antiguo. *Morrígan* es la diosa de la guerra en la tradición irlandesa. Generalmente toma la forma de cuervo; otro ser mediador entre este y el otro mundo. Lo interesante para el tema que nos ocupa es su relación con la reina Lupa, puesto que la traducción de su nombre significa eso mismo también: la «gran reina». La función de esta deidad consiste no en participar directamente en la batalla, sino en infundir valor y fuerza a los combatientes. Aunque ya hemos mencionado su capacidad de convertirse en un animal psicopompo como es el cuervo, también podía hacerlo bajo la forma de un lobo con una doble funcionalidad; la guerrera y la de *psicopompo*[27]. Bouzas Sierra equipara esta diosa con la diosa galaica-lusitana Nabia Corona «señora de los ejércitos». Según él es una diosa sangrienta que conduce a los guerreros a su seno, es decir, a la tierra, escenificación última del campo de batalla y del cementerio traduciendo esta idea de la llanura como, en sus propias palabras,

> «campo de batalla e imagen del Más Allá (…) toda llanura es un infierno real si hubo una batalla y se ha formado un cementerio con los guerreros muertos».

En Galicia esta idea está recogida muchas veces por varios teónimos. Reua «la llanura (del combate)», *Reua Langanitaecus*, «la larga llanura del combate»; Lama, «la llanura», etc. Esta divinidad ávida de sangre vive en ocasiones en ríos respondiendo al esquema de que el agua es un camino directo de acceso al Más Allá. La diosa Nabia Corona «señora de los ejércitos», tiene el mismo nombre del río gallego Nabia y conduce a los ejércitos, evidentemente, hacia el río, «los atrae hacia la muerte».

En la tradición irlandesa existen también las denominadas «mensajeras de la muerte» conocidas como Bean Sí y que anuncian la muerte de alguien mediante lamentos y gritos. En el mundo clásico son las sirenas las que también gritan de modo parecido a como lo hacen las Bean Sí. Además su relación con el «Otro Mundo» se establece porque suelen estar en lugares apartados como la diosa Circe que vive en una isla rodeada de leones y lobos que la custodian; metáfora del Más Allá conforme a estos criterios cosmológicos. Cabe decir, además, que todas estas criaturas sobrenaturales del imaginario están directamente relacionadas con el agua. Es común en las leyendas de tradición oral que estos seres se manifiesten, como en las tradiciones galaico-portuguesas de mouros y mouras, junto a ríos o fuentes. Tal vez sea una forma de marcar su

---

[27] Un *psicopompo* es un ser que en las mitologías o religiones tiene el papel de conducir las almas de los difuntos hacia la ultratumba, cielo o infierno. La voz proviene del griego ψυχοπομπός (psychopompós) que se compone de psyche, «alma», y pompós, «el que guía o conduce» (Fuente: Wikipedia.org).

soberanía sobre un territorio sagrado. Balboa Salgado especula con la acertada posibilidad de que estemos ante las reminiscencias de una diosa de los muertos indoeuropea.

En el mundo tradicional escandinavo es común encontrar deidades femeninas devorando la muerte a través de la presencia en la escena de un lobo; como es el caso de la diosa de la guerra sobre el lomo de un lobo mientras este devora el cadáver de un hombre entre sus fauces. Encontramos una representación del siglo v a. C. de la diosa Hécate donde se reproduce una escena parecida de unos lobos devorando a un hombre. El lobo, como el cuervo, el ciervo, el oso y otros psicopompos, es la criatura que en el plano sobrenatural devora, literalmente, la muerte.

Para poder contextualizar mejor lo que se oculta tras el mito de la reina Lupa en relación con el territorio y la tradición jacobea es importante reseñar la importancia que tuvo el sol -entre las culturas clásica, celta, etc.- en su lectura de la muerte. En estas tradiciones el Más Allá se encuentra al oeste, donde muere el sol. Por esa razón se establece la conexión cósmica con el sol asiduamente por parte de aquellas culturas de la antigüedad; como es el caso de la isla «roja» donde Gerión cobijaba a su ganado; o en el relato de Trezenzonio, donde nos habla de su milagroso viaje, pues solo tardó unos pocos días en llegar, a la isla Solistición. Todas estas islas sobrenaturales se encuentran en los confines de la tierra y tal como referí páginas atrás, se trata de una clara reminiscencia pagana que ha sobrevivido a través de la peregrinación que establecía su rumbo en dirección a Fisterra.

Es precisamente en este lugar, donde el sol se sumerge en las aguas atlánticas del fin de la tierra donde el rey Dugium, al que se refiere la leyenda de la translatio, ejerce también su soberanía cuando los discípulos le solicitan enterrar allí a su maestro. Entonces, el monarca reacciona contra ellos persiguiéndolos con su ejército con la voluntad expresa de asesinarlos pero finalmente él y sus soldados morirán en el empeño al ser tragados por las aguas como el sol en el ocaso.

Otra conexión con el paganismo ancestral lo encontramos en la leyenda del caballo blanco de Santiago que saltó desde Fisterra hasta Compostela. Para Alonso Romero se trata de un claro ejemplo de cristianización de un mito

> «en el que el caballo psicopompo, de rancia tradición en las viejas creencias de ultratumba, debe concluir su viaje no en el paraíso pagano de occidente, sino en el cementerio de Compostela. Igual que el caballo psicopombo de los etruscos que llevaba a los difuntos hasta el Hades y allí los depositaba. Es de suponer que hasta la llegada del Cristianismo Fisterra fuera el punto final del viaje de ultratumba; desde allí se pasaba al Más Allá, a ese territorio etéreo al extremo occidental de la Vía Láctea hacia el que también viaja el sol».

El caballo blanco de Santiago en otra representación del Apóstol blandiendo una espada contra los «infieles» a lomos de su caballo blanco.

No debemos pasar por alto que es precisamente en estos dominios extraños al ser humano donde encontramos también a esas mujeres sobrenaturales del mundo antiguo. Como en el caso de Lupa, estas mujeres son las soberanas de esos territorios sagrados donde acogen a los muertos. Tal vez, por esa razón, los discípulos deciden enterrar a su maestro en los dominios de Lupa, pues al fin y al cabo, ese territorio es un espacio reservado a lo sobrenatural, a lo sagrado. Siguiendo las interpretaciones de Fernández Albalat o García Quintela, entre otros autores que hemos reflexionado en el mismo sentido, Bouzas Sierra comenta:

> «En lo tocante a la soberanía femenina céltica y sus huellas de culto en Galicia, en la reina Lupa se vislumbraría el trasunto de una diosa trifuncional».

Fernández Albalat, por su parte considera que la trifuncionalidad está caracterizada por:

> «Su aspecto majestuoso y soberano en los títulos de Sulis o Sulevia, nombre derivado del sol, o de Erbina, «la majestuosa, la elevada». La diosa Brigit es además patrona de artesanos pues, a manera de Atenea, es la diosa de la técnica. La costumbre medieval gallega de colocar figurillas femeninas en los telares mientras se invoca a Diana, -otro de los nombres de Brigit es Dana-, recoge esta idea».

El investigador Castiñeiras González indica, en relación al Concilio que se celebró en Compostela en el año 1060 un apunte digno de interés:

> «En su planteamiento, el texto recuerda bastante al canon 72 del II Concilio de Braga (...). Existe, sin embargo, en esta relación una noticia de interés que, además de confirmar su relación con el sermón de Martinho de Dumio, indica la pervivencia de una costumbre pagana en el Santiago del siglo XI. Según el texto del concilio, las tejedoras compostelanas solían colgar figuritas de mujer en los telares. La mención recuerda la crítica hecha por Martinho a las mujeres que invocaban a Minerva -diosa de las hilanderas y bordadoras-, mientras tejían, por lo que muy probablemente esas estatuillas femeninas a las que alude el canon compostelano no son otra cosa que algún tipo de resto del culto a la antigua diosa latina».

Todos estos ejemplos nos ayudan a contextualizar la que puede ser la verdadera naturaleza del misterioso personaje de la reina Lupa (raínha Lupa). Tanto su nombre, relacionado con un psicopompo tan poderoso como es el Lobo, como la forma de ejercer su soberanía parecen encajar con la naturaleza de la diosa irlandesa Morrígan, pero ahí no acaba todo, el hecho de que forme parte de sus dominios un lugar tan destacado como el Monte Pindo en el Occidente del mundo conocido entonces no responde a la casualidad. Son señales claras de las raíces paganas del culto a Santiago, pero también del contexto territorial donde se ubica la catedral y su área de influencia a través de la ruta jacobea y los lugares que, como veremos, están vinculados con Santiago de Compostela y su catedral. En el contexto de la Europa bárbara; en la Galia Itálica la arqueología desveló hace tiempo una inscripción escrita en céltico y latín que nos describe la delimitación de un territorio «común para los hombres y los dioses» (Akisios Arkatokomaterekos). Para ello se levantaron cuatro grandes marcos que acotaban el espacio sagrado que a partir de entonces serviría para materializar la cosmología de aquellos pueblos. Se trata de la primera evidencia de una práctica que se remonta a tiempos probablemente paleolíticos. La sacralidad del territorio se justifica en la necesidad de materializar lo invisible en lo visible; en dimensionar el imaginario neurológico más allá del mundo de las creencias convirtiendo así estos territorios en el escenario mismo de la trascendencia. Todos esos lugares sagrados repiten las mismas pautas a lo largo de los siglos siendo considerados por sus contemporáneos como un espacio central en torno al cual girará toda su percepción y su mundo. Al fin y al cabo, son considerados territorios extranaturales donde suceden todo tipo de fenómenos sobrenaturales y que sirven de vínculo con el Universo conocido pero también con el mundo donde habitan los dioses y las criaturas fantásticas de su mundo tradicional; muchas de ellas potentes mediadores con el inframundo o el cielo nocturno. Son espacios con connotaciones mágicas que sirven también para hacer ciertas lecturas sobre el futuro, especialmente a través de los astros y que enlazan ciertos lugares del territorio con otros considerados también relevantes desde el punto de vista religioso. Algunos de esos espacios dentro del ámbito de influencia del territorio sagrado son montes, ciertos peñascos con una forma singular, islas, valles, ríos o bosques. Estas localizaciones geográficas son utilizadas a veces como marcadores astronómicos o sirven de referencia para erigir nuevos santuarios. A veces son lugares donde se llevan a cabo rituales que han pervivido cristianizados hasta nuestros días. Se trata de una geografía mágica que generalmente es respetada no construyéndose nada artificial en su ámbito de influencia. Una norma que se repite siempre y que los arqueólogos han constatado en todos y cada uno de sus estudios topográficos del terreno. Esas extensiones territoriales pueden abarcar grandes espacios y en ellos se llevaban a cabo también grandes ceremonias sociales, como las que protagonizaban los druidas en los claros de los bosques celebrando en ellas grandes asambleas todos los años. Para aquellas culturas era esencial separar lo sagrado de lo profano de una manera clara y nítida que no llevara a equívoco. Estos elementos geográficos del terreno o ciertos animales salvajes, entre ellos el lobo, que campan a sus anchas en sus dominios, eran considerados el medio a través del cual se manifestaban los dioses o lo sobrenatural. Mucho antes de la llegada de los romanos el nemeton era la denominación que recibían los santuarios. En Galicia encontramos algunos topónimos que evocan este término; es el caso de Nemetobriga; se trataba de la ciudad más habitada por la tribu de los Tiburos y que los arqueólogos ubican en la actual Póvoa de Trives en Ourense. Se sabe que generalmente los límites entre zonas habitadas estaban marcados por bosques considerados sagrados y por santuarios; aunque no por montañas ni ríos. Balboa Salgado ha encontrado cerca de Santiago restos toponímicos en este sentido. Es el caso de las dos localidades que comparten el mismo nombre de Nemenzo. Es más, según él tenemos dos ejemplos excelentes procedentes del noroeste de Hispania; la lápida dedicada a Nimmedo Seddiago, que se encontró en la localidad de Ujo, en Mieres y la dedicatoria a las Nimidi Fiduenearum encontrada en Paços de Ferreira, en Portugal. En ambos casos se pueden comprobar dos cosas; por una parte la transformación del término nemeton en una deidad y por otra la relación de este término con los bosques considerados sagrados, como el de Libredón. Estos bosques eran frecuentados por los druidas y en ellos se instalaban santuarios. Eran considerados de gran relevancia religiosa y como ya señalé páginas atrás ciertas especies eran consideradas sagradas. El poder de los druidas estaba vinculado a estas extensas arboledas por esa razón los romanos procedieron a destruir muchas de estas florestas sagradas provocando pavorosos incendios. No olvidemos que este era el escenario sagrado donde se escenificaban los rituales que los druidas llevaban a cabo a través del uso de los árboles considerados potentes mediadores entre el mundo de los humanos y las divinidades del inframundo. En los cultos cosmológicos escandinavos un árbol al que llamaban Yggdrasil, presidía todas las ceremonias pues era considerado el axis mundi, el punto de unión entre dos realidades distintas. Un ejemplo de esas complejas liturgias escenificadas por los druidas en los bosques sagrados la encontramos en un texto de Plinio[28]:

> «La encina es un árbol que ellos (se refiere a los druidas) exigen para los bosques sagrados, y no hacen ninguna ceremonia sin sus ramas, hasta el punto de que la etimología de su nombre podría pasar por griego. Se sabe que guardan todo lo que está sobre estos árboles como enviado del cielo, viendo en eso un signo de la elección del árbol por el mismo dios».

Se cree que el Lucus Augusti de la antigua Gallaecia era en realidad un topónimo latinizado de un bosque sagrado; aunque, como ya indicamos en capítulos anteriores, existen otras teorías que afirman que estamos ante una evocación inequívoca del poderoso dios Lug. Los montes son considerados por las cosmologías del mundo antiguo como otro de los escenarios privilegiados donde lo sagrado se manifiesta con especial potencia. Y es que muchos de estos montes se elevan a gran altitud «tocando» el cielo; territorio cosmológico sagrado por excelencia. Recordemos el Olimpo celta de la tradición griega. En la península ibérica encontramos varios testimonios importantes que confirman la

---

[28] Plinio. N.H. 16, 95.

importancia que daban nuestros antepasados de la antigüedad a la cima de las montañas como el escenario adecuado para contactar con lo divino. Uno de esos sitios es el santuario celtibérico de Peñalba de Villastar en Teruel donde los arqueólogos han encontrado algunas inscripciones en las que se cita al dios Lug, lo que nos revela que este santuario se erigió en su nombre. Para muchos especialistas es el santuario más importante de la península ibérica dedicado a esta deidad. En el norte de Portugal encontramos el santuario de Pena Escrita, sito en la localidad de Vilar de Perdizes. Un territorio sacralizado dedicado al dios Larouco. En la iglesia de Vilar de Perdizes existe además, en un lugar oculto a la vista de los feligreses, un grabado del dios con sus atributos sexuales.

Santuario portugués de Pena Escrita; al fondo monte sagrado morada, según la tradición, del dios Larouco.

Grabado del dios Larouco deliberadamente ocultado a los feligreses que visitan la iglesia de Vilar de Perdizes.

Otro de esos santuarios ibéricos se encuentra en la provincia española de Ávila; se trata del *Altar del castro de Ulaca* de origen vetón sito en la cima de un cerro a unos 1.500 metros sobre el nivel del mar. El altar posee unos peldaños esculpidos en la dura roca y sirvió para escenificar sacrificios; también encontramos, como en Galicia y Portugal, una sauna en la que probablemente también se llevaban a cabo rituales de renacimiento y purificación. En la antigua Gallaecia Justino nos dejó testimonio por escrito de la sacralización de las montañas y cerros por parte de los nativos. En concreto nos refirió el respeto que se le tenía al monte *mons sacer*:

> «En los confines de este pueblo (Gallaecia) existe un monte sagrado al que se considera nefasto violar con hierro, pero si un rayo cae a tierra, lo que en estos lugares es bastante habitual, se les permite recoger el oro descubierto, como un don del dios»[29].

En la *translatio* se menciona el Pico Sacro, el monte sagrado galaico más importante de toda Galicia. Este monte sagrado denota muchas de las características que hemos señalado cuando nos hemos referido a

---

[29] Justino. 44, 3, 6.

otros santuarios. De hecho, el Pico Sacro sigue siendo un lugar donde la sacralidad continúa vigente en nuestros días. En su geografía mágica perviven rituales paganos por parte de los lugareños. En mi libro *Galicia Secreta* comento al respecto:

> «Algunos ritos que se llevan a cabo en la actualidad han sido concebidos para hacer frente a dolencias reumáticas. Para combatir este trastorno, el enfermo al que conocí durmió toda una noche en el interior de una de las cuevas a las que se le atribuyen, entre otros poderes, la limpieza espiritual del alma pecadora; de hecho, ya encontramos testimonios documentados que avalan este uso».

Sabemos que en la orografía del monte existen yacimientos de cuarzo; una piedra considerada sagrada desde tiempos, cuanto menos, neolíticos, cuyo uso sigue vivo en la actualidad como amuleto o para aliviar ciertos dolores entre otros usos que buscan la mediación sobrenatural en este lugar de poder.

> «Además del contacto directo con los elementos naturales del entorno cargados de las energías benéficas que mejoran la salud, existen otras liturgias de interés como el acto de pernoctar en un territorio sagrado cualquiera para de este modo alcanzar la curación. Esta práctica recibe el nombre de *incubatio*. Es un ritual que prácticamente se ha extinguido en los tiempos modernos y del que tenemos noticia por referencias medievales. La práctica consiste en viajar hasta el santuario, instalándose el enfermo, con ropa de abrigo, en el espacio sagrado reservado para este uso que, como en el caso citado, puede ser una cueva, un árbol, la orilla de un río, una laja singular del entorno o un templo cristiano. Según la creencia medieval, claramente cristianizada, mientras el solicitante de la acción divina duerme recibe la visita del o de los seres tutelares cuya advocación rige el lugar. En el caso del Pico Sacro, el solicitante busca, como en los tiempos medievales, la intercesión del espíritu del mismísimo Santiago Apóstol»[30].

Por otro lado, el Pico Sacro sigue siendo el escenario de incontables episodios del mundo tradicional protagonizados por mouros y mouras, serpientes, dragones, pero también es un lugar donde se ocultan grandes riquezas y tesoros y donde se puede acceder al ignoto inframundo atravesando los numerosos túneles y pasadizos secretos que, según el mundo tradicional, serpentean las entrañas del Pico Sacro.

---

[30] Martínez, Tomé. Galicia Secreta. Editorial Almuzara 2020.

Cima de O Pindo, el otro monte sagrado galaico.

Como pasa en el mundo tradicional, el Pico Sacro se introduce en la historia para desarrollar una serie de narrativas sobrenaturales en donde los discípulos combatirán contra demonios, dragones y otras fuerzas oscuras hasta conseguir vencerlos a todos y cristianizar un territorio que ya era sagrado antes de que estos llegaran. Esa es su justificación para cambiar el nombre del lugar. La denominación latinizada que luego rebautizaron los apóstoles patentiza que en este monte existió un antiguo bosque sagrado; de hecho, el *Mons Illicinus* hace mención a la *encina*, otro de los árboles adorados por los druidas celtas. Ya hemos comentado que en la antigüedad los territorios sacralizados se caracterizaban por estar libres de la presencia humana y de su actividad. Eran lugares solitarios, característica compartida en toda la Europa bárbara. Precisamente, la historia del dragón que aparece en la historia de la *translatio* está haciendo mención a esta peculiaridad justificada, según el relato, por la presencia del horrendo animal:

> «Pues al pisar los linderos del monte, de pronto un enorme dragón, por cuyas frecuentes incursiones se hallaban entonces desiertas las viviendas de las aldeas próximas, saliendo de su propia guarida, se lanza, echando fuego, sobre los santos varones que ardían en amor de Dios, dispuesto a atacarlos y amenazándolos con la muerte».

Los cielos eran el escenario donde otros seres de su cosmología se desenvolvían conforme a su propia narrativa cultural.

Las divinidades y otras criaturas del imaginario cosmológico de las culturas de la Europa bárbara no solo vivían en el inframundo, el océano o en lugares terrestres singulares. Los cielos eran otro de esos ámbitos vedados a la influencia humana en la antigüedad y por lo tanto también era el escenario propicio para ciertas divinidades e historias mitológicas. Por esa razón, las cimas de los grandes montes eran considerados como lugares de especial sacralidad. En lo alto de estos montes sagrados vivían ciertas divinidades ejerciendo su territorialidad; es el caso de los dioses Marte y Júpiter o Endovelíco; entre otras muchas. En Gallaecia estos dioses tenían también sus santuarios en lo alto de los montes más significativos de su entorno. En la localidad de *Santo André de Hío* existe el que es, hasta el momento, el santuario precristiano más grande de toda Galicia; se trata del *Facho de Donón* donde los arqueólogos encontraron más de un centenar de aras y los restos de un antiguo templo dedicado al dios galaico-romano *Bero Breo*; una deidad cuya funcionalidad, en este caso, se ha revelado gracias a las

Santuario de «O Facho de Donón» en cuya cima el dios Berobreo acogía a las almas en su viaje cósmico al Más Allá.

inscripciones que se encontraron en los restos de las aras en donde aparece escrita la frase latina *«Pro salute»*; por lo que se deduce que las gentes que peregrinaban hasta ese santuario lo hacían por razones de salud. Este santuario en lo alto de esta cima mantuvo su actividad entre los siglos I a. C. y IV d. C. y a ella ascendían gentes oriundas incluso de lugares muy alejados. Un santuario sobre el que volveremos más adelante. Como iremos perfilando, el Pico Sacro fue un santuario solar dedicado a una deidad que tenía allí su residencia. Es sabido que los romanos consagran la encina al dios Júpiter; por lo tanto este moraba en lo alto del monte sagrado donde ejercía su soberanía.

Otros aspectos que remarcan la sacralidad del Pico Sacro y que por lo tanto parecen alimentar la idea de que este ha sido un territorio sagrado, al menos, desde los tiempos neolíticos, es el hecho de la falta de interés que este lugar tan increíble ha tenido para la cultura jacobea medieval debido a que era un referente geográfico pagano de gran envergadura. Por esa razón, se estimó decisivo utilizar todos esos elementos paganos que se concitaban en torno al monte sagrado para contraponer el poder del Cristianismo, representado por los milagros realizados por Santiago, frente a la magia pagana que representa la reina Lupa en sus dominios ultramundanos donde se manifiestan todo tipo de criaturas demoníacas y monstruosas.

Este tipo de santuarios montañosos comparten -en otras partes de la Europa atlántica- una misma narrativa con el entorno. En el condado de Mayo, en la parte más occidental de Irlanda existe otro promontorio sagrado conocido como monte de Groagh Patrick. El último domingo de julio miles de personas peregrinan hasta su cima para celebrar el «Reek Sunday».

En este monte se celebraba en la antigüedad el *Lugnasa* (fue la morada del dios Lug) y en tiempos más recientes se llevaban a cabo ciertos rituales de fertilidad femenina. Existía la costumbre de pernoctar toda una noche en lo alto para favorecer los embarazos. Estos santuarios eran considerados, como en el caso del Pico Sacro, territorios ultramundanos que conectaban a los humanos con las divinidades y criaturas del otro mundo. En la tradición celta esta idea se materializa siempre en aquellos elementos geográficos singulares del entorno local ubicados –cuando se trata de un espacio cosmológico relevante– al oeste o en dirección norte; dos puntos cardinales equivalentes simbólicamente hablando para los celtas.

El monte de Groagh Patrick en Irlanda. Cientos de peregrinos suben hasta la cima para celebrar el «Reek Sunday».

FORMIGUEIROS Y EL ORTO SOLAR DE A FERRADURA: LA SACRALIDAD DEL TERRITORIO

No muy lejos de la villa lucense de Sarria, una de las últimas etapas del camino francés, se esconde en lo alto de un gran promontorio, a 785 metros sobre el nivel del mar, el castro de Formigueiros. La tribu que habitaba este lugar recibía el nombre de *Sevrri* y a ellos se les debe el nombre de Sarria; la villa que peregrinos de todo el mundo se ven obligados a transitar antes de llegar a Portomarín. Este lugar es importante porque sigue siendo funcional desde el punto de vista cosmológico. Los habitantes de Formigueiros materializaban su cosmología en este bello entorno en función de una serie de marcadores astronómicos y referentes geográficos destacados; todos ellos relacionados entre sí.

La pista que me llevó a esta conclusión fue el descubrimiento de lo que en su día denominé *menhir de Formigueiros*. Se trata de una roca deliberadamente orientada hacia el ocaso solar próxima al castro y que señala por dónde desaparece el sol cada día. Durante un tiempo dudé y llegué a pensar que tal vez se trataba de una casualidad pues este tipo de peñascos eran colocados muchas veces junto a otros muchos para conformar una especie de armazón pétreo para proteger el castro de los ataques enemigos. Sin embargo, en esta ocasión da la impresión de que esta piedra al estar ubicada en un lugar solitario con respecto a otros elementos del paisaje arqueológico relacionados con el castro, podría en efecto haber sido colocada en ese lugar para servir de marcador astronómico. Pero el «menhir» no solo indica por donde muere el sol cada día. En realidad indica la ubicación de un promontorio que destaca a simple vista en el paisaje desde el castro en la distancia. Y es que en su cima, una extensa meseta sita a más de mil metros sobre el nivel del mar, se encuentra uno de los yacimientos megalíticos más relevantes de Galicia: los túmulos de Santa Mariña. Algunos de estos túmulos tienen una envergadura considerable y en su conjunto conforman una auténtica necrópolis y por lo tanto un territorio considerado sagrado para los antepasados de Formigueiros. Ese es el lugar que señala el «menhir de Formigueiros». Es una clara referencia al carácter funcional de toda esta extensión de terreno. Un ejemplo de narrativa sobrenatural donde la cosmología de los habitantes del castro de Formigueiros se materializaba con contundencia en estos lugares sagrados vinculados conforme al formalismo de una estructura de creencias generalizada en la Edad del Hierro.

«Menhir de Formigueiros» apuntando al ocaso solar y a la cima del monte que cobija el complejo tumular megalítico de Santa Mariña. Se trataría por lo tanto de un marcador astronómico, pero también cosmológico.

Es por esa razón por la que el Más Allá o los ámbitos territoriales donde se materializa la actividad cosmológica y cultural de estos pueblos, se sitúan habitualmente donde se esconde el astro rey. Es en esos confines donde las criaturas míticas y las divinidades del panteón céltico tienen su residencia; es donde viven y es desde donde vienen cuando se muestran ante los hombres. Exactamente eso es lo que pasa cuando arriba Santiago a las costas occidentales de Galicia en una misteriosa embarcación que tan solo ha tardado siete días en llegar a tierras gallegas. El Apóstol y sus discípulos proceden del oeste, del lugar donde el mundo cultural celta sitúa el otro mundo, donde residen las almas de quienes nos precedieron además de los seres y dioses de la tradición cosmológica más arraigada. En la historia de la *translatio* encontramos otra clave que nos remite a la dimensión simbólica de un paganismo ancestral en el Pico Sacro; y es que cuando los discípulos llegan a Galicia desde Palestina con los restos del Apóstol en un lugar ubicado en el occidente parece clara la intención de subrayar el hecho de que estos proceden del lugar donde la tradición celta sitúa el Más Allá. Así que Santiago surge del lugar del que procede Lupa y los seres mitológicos galaicos. Es más, se produce otro fenómeno interesante. En la historia de la *translatio* los discípulos del Apóstol están decididos, una vez han desembarcado, a viajar hasta los dominios sobrenaturales de la reina Lupa. Para ello se verán forzados a desplazarse hacia el oriente, allí donde nace la luz, donde nace el astro rey cada mañana. Es entonces cuando acude a nuestra mente el episodio –narrado en la *Carta del papa León*– en el que el apóstol Santiago, una vez ha recalado el navío que lo traía a Galicia, se eleva en los aires rodeado de un fulgor en dirección al sol. ¿No recuerda este momento el amanecer en el Pico Sacro? Como ya indicamos páginas atrás, las crónicas son claras al ubicar el bosque sagrado de Libredón entre los ríos Sarela y Sar; rasgo que comparte con otros santuarios europeos de la Europa bárbara. Esta ubicación, por lo tanto, coincide con la ciudad de Compostela, por lo que se trata de una evidencia de que antes de que la ciudad fuera fundada existía en el mismo lugar ese bosque sagrado con su santuario *desde el que se observaría el cielo* dando lugar a una narrativa cosmológica que entablaría un diálogo con los ámbitos geográficos delimitados como sagrados por los nativos de entonces. En ese diálogo ciertos elementos destacables del paisaje servían de apoyo para dar sentido a esas construcciones cosmológicas. Uno de esos lugares geográficos vinculados con el ámbito territorial donde ahora está la ciudad vieja de Santiago de Compostela y antes el Libredón es la colina de *Castriño de Conxo* desde la que se puede apreciar el Pico Sacro sito a unos once kilómetros de distancia. Se ha comprobado que existe una orientación astronómica entre ambos lugares. De hecho, todos los solsticios de invierno se puede contemplar, desde el *Castriño de Conxo*, el nacimiento del sol sobre el Pico Sacro.

> PICO SACRO FRENTE A LOCRONAN[31]
>
> Los arqueólogos gallegos hablan de «límites antinaturales» para designar los contextos geográficos donde se materializan los santuarios de la antigüedad. Esos «límites» nos permiten ubicar y delimitar los territorios con funcionalidad sagrada. Sin embargo, este formalismo no solo se da en la Galicia prehistórica y protohistórica. Este es un fenómeno que no es exclusivo del mundo celta o de los pueblos que habitaron previamente Galicia sino también de culturas mediterráneas como la griega o la itálica. Estas analogías nos han permitido afianzar

---

[31] Martínez, Tomé. Galicia Secreta. Editorial Almuzara 2020. Página 192.

esta teoría y conforme hemos avanzado en esta interpretación, la lectura del paisaje sagrado ha adquirido, por fin, sentido. El Pico Sacro, como hemos visto está relacionado con la tradición jacobea y este lugar también ha sido construido para materializar un espacio sagrado que comparte analogías con otro lugar, también relacionado con otra tradición de peregrinaje y con la forma de entender un territorio sagrado en la Edad del Hierro. Ese lugar se llama Locronan. Se trata de un hermoso pueblo bretón que en su día los celtas escogieron para crear un santuario en el que los druidas llevaban a cabo sus prácticas rituales; sin embargo, este lugar debe su nombre a Saint Ronan que en el siglo V difundió, en estas tierras paganas, el Cristianismo. En honor a este santo, cada año, en el mes de julio, se celebran unas procesiones que se conocen como «tromenies» pero la gran procesión, que abarca más kilómetros en dirección al bosque celta de Nevet, se celebra cada seis años y es un recorrido de origen celta que atrae a peregrinos de todo el mundo; como pasa con el Camino de Santiago.

Locronan y el Pico Sacro comparten analogías dignas de interés y que constatan los criterios que imperaban en el mundo celta a la hora de recrear un espacio sagrado. Digamos que entre la historia de Ronan en Locronan y la historia de Santiago en relación con el Pico Sacro se establecen estas semejanzas que nos permiten asumir la universalización de una forma de proceder en estos asuntos prácticamente idéntica por parte de los llamados países celtas. Podríamos resumir las relaciones entre ambos santuarios y sus historias como sigue:

En el ámbito galaico el Pico Sacro es el territorio de la reina Loba. Este lugar es un santuario ancestral de la Edad del Bronce donde todavía se llevan a cabo numerosas tradiciones; además de ser, como estamos viendo, un referente importantísimo en la leyenda de la *translatio* de la tradición jacobea. Por su parte, Locronan es el lugar de poder elegido para las «troménie» y también fue un santuario celta.

Vinculados con el Pico Sacro tenemos otros lugares de interés: Padrón y Santiaguiño do Monte. También existe la leyenda de la barca de piedra que trae los restos de Santiago y finalmente cada 1 de noviembre y cada 1 de febrero asistimos al ocaso del sol. Por su parte, en la parte bretona, se establece el límite parroquial de Locronan. Orto solar 1 de mayo, 1 de agosto.

Cerca del Pico Sacro el límite antinatural lo delimita el castro de San Miguel y Santa María de Gundián. Aquí también se produce el fenómeno astronómico del Orto del sol, el 1 de noviembre y el 1 de febrero. En tierras bretonas dice la tradición que el cuerno del buey,

Santuario de Santiaguiño do Monte.

Escena jacobea de la translatio.

> golpeado por Keben cae en Plas ar c'horn materializado en el Orto solar del 1 de noviembre y el 1 de febrero también.
>
> En tierras galaicas de nuevo el panel rupestre de la Edad del Bronce, Castriño de Conxo adquiere protagonismo en el ocaso del sol el 1 de mayo y el 1 de agosto respectivamente. En la tradición bretona la tierra acaba por engullir a Keben. Aquí se escenifica este momento en los límites de las parroquias de Locronan y Plogonnec.
>
> En la tradición jacobea el río Ulla, en concreto su cauce, establece el límite sur del contexto geográfico donde transcurre la leyenda jacobea. En el ámbito bretón el itinerario sur de la procesión (troménie) se establece por la vía romana que discurre sobre la montaña.
>
> Finalmente, en relación con el Pico Sacro tenemos la tumba de Santiago Apóstol mientras que en Locronan existe la tumba de San Ronan.
>
> Estas evidencias constatan, una vez más, la realidad de esta interpretación formal sobre la materialización de los santuarios y sus límites en la geografía en relación a otros monumentos relevantes como pueden ser los castros.

Un momento que evoca el episodio que se describe en la leyenda de Santiago cuando el cuerpo santo del Apóstol asciende ingrávido hacia el sol. Es evidente que esta observación astronómica respondía a criterios ideológicos de carácter religioso. Por su parte, el dios Júpiter es asimilado con el astro rey lo que justifica su presencia en este monte sagrado. Parte de los megalitos que se encuentran en la zona de influencia de la ruta de las estrellas presentan orientaciones astronómicas; pero especialmente los dólmenes gallegos de corredor que apuntan, como el caso del dolmen de Dombate, en dirección al orto solsticial invernal.

El mundo de los astros, el cielo nocturno, ha contribuido, desde los orígenes de nuestra especie, a la elaboración de las diferentes recreaciones religiosas y cosmológicas que ha inventado la humanidad para explicar los misterios de la existencia y los fenómenos de la naturaleza y el Cosmos. Sabemos que los galaicos, por ejemplo, eran muy aficionados a la lectura de las estrellas; existiendo un vínculo entre sus creencias y las orientaciones cósmicas que acotaban atendiendo a los criterios que estamos exponiendo en relación con la concepción que tenían de la sacralidad del territorio. Encontramos numerosas señales de lo dicho en petroglifos gallegos como el de *Laje do Outeiro do Rio Loureiro*, donde hace años demostramos su relación con la constelación de Orión, o el petroglifo cósmico del santuario megalítico de *Anamán* y que representa con claridad la constelación de Las Pléyades. También hubo interesantes tentativas de establecer un calendario lunar; prueba de ello es el petroglifo de *Laje das Rodas*. En lo que concierne a la figura de Júpiter y su relevancia en la Edad Antigua encontramos una inscripción indígena con el nombre del dios (IOVI) en el castro de San Cibrao de Lás. Mis entrañables amigos el arqueólogo Santos Estévez y el catedrático García Quintela descubrieron a principios del siglo XXI la funcionalidad arqueoastronómica del santuario de *A Ferradura*, en Ourense.

Momento en el que el santuario de A Ferradura se vuelve funcional, desde el punto de vista astronómico, cuando la luz del sol atraviesa el marcador pétreo que indicaba en la antigüedad la festividad del Imbolc, el 2 de febrero: el punto medio, en el calendario celta, entre el solsticio invernal y el equinoccio de primavera (cortesía Manuel Santos Estévez).

Todos los solsticios de invierno, cuando el sol amanece detrás del *monte de San Trocado*, sus rayos atraviesan una abertura en la roca para acabar incidiendo sobre la figura de un petroglifo. Los investigadores Benozzo y Alinei cometan en relación a estos santuarios galaicos: «… deben además señalarse los «santuarios solares» (o mejor, «solsticiales») de los que se descubrieron vestigios, recientemente, cerca de las cimas de las montañas, frente al océano. Se trata de los santuarios de Corme, Pedrafita, Fentáns en Campolameiro y O Raposo. En estas construcciones se encuentran agujeros en las rocas, a través de los cuales, al ponerse el Sol los días 1 de agosto y 1 de noviembre (es decir, los días de las más conocidas festividades del calendario céltico: Lugnasad y Samhain), los rayos de luz vienen a iluminar un punto interior del «santuario» donde debía haber existido un túmulo (…). Difícilmente se puede pensar que fenómenos complejos como los de Newgrange, en Irlanda (datado en 2474 a. C.), o los de estos santuarios gallegos hubieran surgido por vía poligenética; es más verosímil afirmar que deberían pertenecer a una civilización cohesionada, es decir, anterior a la separación de las islas del continente».

Ahora podemos relacionar muchas festividades de la antigüedad con las orientaciones astronómicas que se dan en numerosos santuarios de la Europa atlántica y dentro del ámbito geográfico de influencia del Camino de Santiago. Esas celebraciones se vinculan, a su vez, con ciertas estrellas; por ejemplo: el *Imbolc* con la estrella *Capella*, el *Samain* con *Antares*, *Beltaine* con *Aldebarán* y la relevante *Lugnasad* con la estrella de *Sirio* a la que nos referimos en capítulos anteriores. Bien es sabido que Sirio es la estrella más brillante del cielo nocturno y se corresponde con el dios más relevante de la cultura celta: Lug, mientras que la segunda deidad en rango de importancia, Brigit, está asociada con la estrella Capella.

Bouzas Sierra hace una interesante aportación en relación con las conexiones astronómicas que se establecen entre el Pico Sacro y la ciudad vieja de Compostela. En sus investigaciones observó que

> «la posición extrema alcanzada por la Luna al sur sobre el horizonte, se corresponde con el acimut de la ciudad vieja de Compostela respecto del Pico Sacro. El lugar idóneo de observación estaría donde el acimut alcanzara valores entre 132,75º y 133,75º, lo que en principio coincidiría con algún punto situado entre Santa Susana y la Porta da Mámoa. (…) En cualquier caso, resulta relevante que el ángulo formado entre el Castriño de Conxo y Compostela respecto al Pico Sacro, sea precisamente el necesario para añadir la monitorización de la Luna a la anteriormente descrita del Sol, por lo que la conclusión lógica sería

que si el Castriño de Conxo resulta adecuado para observar la salida del Sol durante el solsticio invernal, el entorno de la ciudad vieja de Compostela parece ideal para monitorizar el Lunasticio Mayor de la Luna respecto del mismo Pico».

El autor llega a la conclusión de que tal vez el objetivo de estas observaciones fuera la monitorización de la Luna. Por lo tanto, antes de que existiese la catedral y la propia ciudad, Libredón cumplía también una importante función arqueoastronómica como lugar y referente de observación dentro de lo que parece una recreación cosmológica en un amplio territorio sacralizado y funcional durante siglos. Pero las vinculaciones astronómicas de Compostela no terminan aquí. Desde el Libredón se podía observar con gran precisión el nacimiento de esta estrella detrás del Pico Sacro[32]. Como pasaba en otras culturas de la antigüedad, cuando una estrella reaparecía en el cielo, tras una temporada desaparecida, entonces ese momento era considerado de especial trascendencia para la comunidad y muy probablemente era un acontecimiento compartido con toda la comunidad con el objeto de que contemplaran aquel momento cósmico como un acontecimiento sobrenatural; un fenómeno singular que recibía numerosas lecturas por parte de aquellas culturas anteriores a la Edad Media. Sierra señala al respecto en los siguientes términos:

«junto a este hecho puntual también era relevante el lugar del horizonte por donde tuviera lugar esa reaparición».

Antes hemos hecho mención a la localidad portuguesa de Castro Laboreiro. ¿Qué relación puede tener con la tradición jacobea? Resulta que desde la Baixa Limia, de camino a Portugal poco después de pasar *A Ameixoeira*, acabaremos llegando a Castro Laboreiro; pero si uno coge la dirección contraria hacia Lobios, también en dirección a Portugal, hay un lugar que también se llama Compostela. Dos localidades con nombres parecidos, en la comarca de A Maía, entre Compostela y Castro Lupario. Por lo menos resulta curioso.

Existe una capilla en la catedral que también parece darnos una clave para entender algunos de los secretos que ocultan los mitos y las tradiciones jacobeas. Se trata de la *«capela da corticela»*[33]. La palabra cor-

---

[32] Sabemos que este astro -en los tiempos megalíticos- ocupaba la posición del orto con el solsticio de invierno lo que facilitaba su contemplación con estos parámetros desde el Libredón.

[33] No hubiéramos deducido esta relación si no fuera por las indagaciones hechas por Katuro Barbosa y la filósofa Nahiara López Castaño, que nos pusieron tras la pista.

ticela, proviene de «Cotex» que significa «cobertura», «que envuelve». Esta palabra en acusativo daría «corticem» pero el diminutivo latino «-ellam» (que es el que da nuestro «-ela» o «illo/illa» en castellano). Así pues, como resultado tendríamos «Cortice(m)ella(m); esto es «pequeño vallado». Y precisamente las zonas funerarias en la antigüedad estaban, de algún modo, acotadas para diferenciarse del resto del territorio y del entorno inmediato. Puesto que la catedral es la consecución de sucesivas edificaciones destinadas a proteger los restos del apóstol Santiago podríamos deducir que *Libredón* en su acepción latina hace referencia también a un espacio libre de propietarios, un «libre don» pero también un espacio sagrado.

Por otro lado, también hay quien aboga por una creación literaria urdida en el siglo XI con el fin de afianzar la idea de que el territorio donado por el rey Alfonso II el Casto lo fue antes por la misteriosa «reina» galaico-romana Lupa allá en la primera mitad del siglo I. Sin embargo, los datos aportados en páginas precedentes parecen excluir tal posibilidad. Es más, como tendremos oportunidad de evidenciar, estas indagaciones nos llevan a una aproximación sorprendente de lo que fue este lugar mucho antes de que fuera concebida la historia del Apóstol y la ciudad de Santiago de Compostela.

ASSECONIA Y EL FINISTERRE DE LOS CELTAS

A tenor de los datos aportados resulta evidente que el Libredón fue un santuario que se utilizó mucho antes de que los romanos hicieran su aparición en el noroeste peninsular. Aquel territorio sagrado contextualizaba en un amplio ámbito geográfico el imaginario neurológico de aquellos pueblos denominados bárbaros y lo hacía en base a una serie de referentes existentes en la orografía siendo el más relevante de todos, por su carga simbólica y funcional, el Pico Sacro. Con la llegada de los romanos estos decidieron aprovechar el potencial de este increíble lugar para solapar su propia cosmología e instaurar, literalmente, los pilares de su civilización en territorio galaico. El monte sagrado sobre el que pivotaba la narrativa astronómica y mitológica que ellos definieron también -conforme a sus propios parámetros- recibió el nombre de *monte Ilicinus*, una clara alusión –como ya hemos referido- a un árbol sagrado en el mundo celta que a su vez guardaba relación con el dios Júpiter de los romanos, pues la encina estaba consagrada a esta deidad exclusivamente. Ahora sabemos que en el siglo I de nuestra Era se promocionó un colosal proyecto urbanístico origen de la ciudad medieval de Compostela siglos después.

Una serie de fuentes romanas mencionan un topónimo de origen celta: *Asseconia* y que significa, literalmente, *«la más fuerte»*. Parece encajar con una «mansio» viaria romana de comunicación que, tras ser deshabitada en torno al siglo v, acabaría transformándose en un cementerio de grandes dimensiones. Tiempo después, en el siglo ix, este cementerio se convertiría, a su vez, en el escenario del acontecimiento más importante de la cultura jacobea: el «descubrimiento» de la tumba de Santiago. Para hacernos una idea aproximada de las dimensiones del cementerio tengamos presente que englobaría tanto la parcela actualmente ocupada por la catedral como el ámbito territorial adyacente. La investigadora María Loira escribe sobre los orígenes de Compostela:

> «Todo da a entender que estamos ante un yacimiento arqueológico romano de una dimensión temporal y espacial de cierta consideración. Un espacio que sufrió, con toda probabilidad, cambios sustanciales ya en el mismo periodo romano. Hemos visto datos que apoyan la presencia de materiales del i d. C, ciertamente un momento temprano para que no surjan dudas sobre la fiabilidad de las conclusiones. Lo que es claro, a la vista de las aras, es que Compostela vivió un momento pagano».

Los últimos descubrimientos arqueológicos así lo indican con la aparición de *aras* dedicadas al dios Júpiter y otros utensilios y restos que atienden al hecho de que, en aquellos tiempos, este asentamiento gozaba de prestigio y era considerado un lugar de poder religioso donde se llevaron a cabo rituales paganos de gran impacto cultural y cosmológico relacionados con el mundo de los astros.

Para hacernos una idea, Asseconia fue una ciudad romana al estilo de *Aquis Querquennis*, un espectacular complejo arqueológico romano sito en la parroquia gallega de *Baños de Bande*. Asseconia fue, por lo tanto, la ciudad sobre la que siglos después reposará la actual urbe de Compostela

> «que –en palabras de Sánchez Montaña– por acción de los reinos europeos, recupera el emplazamiento para *re-componer* el enclave con una nueva fortaleza: *«Compostella, id est bene composita»* la cual se convertirá en la capital espiritual de los peregrinos de Occidente».

El enclave antiguo en el lugar de Compostela era por lo tanto Asseconia con su bosque sagrado y otros elementos fundacionales erigidos en su entorno.

Estas evidencias documentales son de suma trascendencia en nuestra visión holística del Camino de Santiago. Ya hemos comentado antes que el nombre de la *mansio viaria* es de origen celta. Probablemente en este lugar existió algún santuario y los indicios –a los que ya nos referimos antes- nos los da el propio solar de Santiago de Compostela. La ciudad se erige en un emplazamiento elevado, a unos 260 metros sobre el nivel del mar, en la cima del *monte da Almásica* rodeado por una serie de montes entre los que destacan el *monte do Gozo*, el *Pico Sacro* y el *monte do Viso*. Además, como ya comentamos antes, en este lugar confluyen, a modo de delimitación sagrada, dos ríos. Se trata de todos los elementos topográficos que permiten a cualquier arqueólogo discernir los *límites*

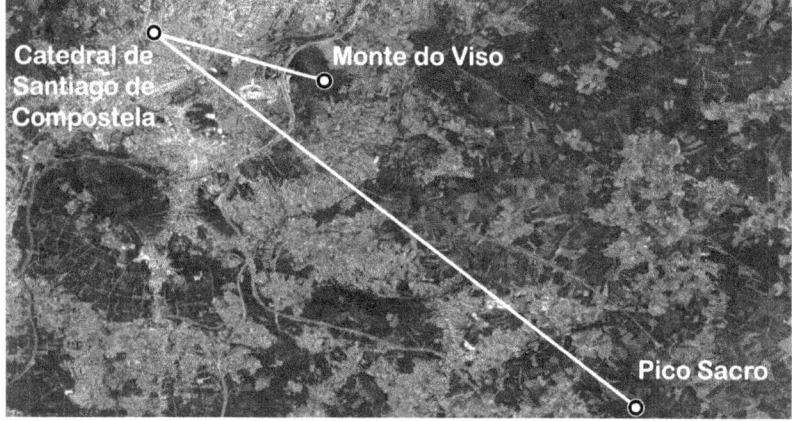

Desde esta perspectiva aérea podemos comprobar la orientación astronómica Este-Oeste con respecto al Monte do Viso. También se observa la posición del centro de la ciudad de Compostela respecto a la salida del sol en el solsticio de invierno sobre el Pico Sacro.

antinaturales[34] de lo que en la antigüedad se consideraba un territorio sagrado.

Gracias a las expediciones arqueológicas más recientes sabemos que este territorio compartía espacio con importantes núcleos de población indígena que se desperdigaba en una amplia superficie territorial que abarcaba desde Iria Flavia hasta la actual Lugo. Se cree que el promotor de esta ciudad fue Augusto con base en las fuentes de Anneo Floro que comenta al respecto:

---

[34] En arqueología los «límites antinaturales» son los elementos del paisaje que marcan la frontera entre el espacio territorial de los hombres y su cosmología materializada deliberadamente en un ámbito geográfico real (nota del autor).

«Así concluyó Augusto sus empresas bélicas, así también las rebeliones de Hispania. En adelante se mantendrían leales y en paz constante, ya fuese por su propio talante, más dispuesto para las artes de la paz, ya por el plan de Augusto, que, recelando del abrigo de los montes en que se refugiaban, les ordenó que habitasen establemente las ciudades romanas, que se hallaban en la llanura y que allí residiese el consejo del pueblo y se guardase por capital».

En las cuencas de los ríos habitaban los nativos celtas por lo que Augusto negoció con ellos para evitar confrontaciones bélicas «ofreciéndoles —en palabras de Sánchez Montaña— la jefatura y la capitalidad del territorio». Propuesta que fue aceptada finalmente por los jefes indígenas de la zona.

Cuando los romanos fundaban una ciudad; es decir, cuando la construían desde cero, seguían un formalismo sagrado. Un elemento esencial en esta ceremonia fundacional de Asseconia es el *monte do Viso* que permitió centralizar su ubicación en el territorio al utilizarse como referencia topográfica y de geo-posicionamiento por parte de los constructores de la ciudad[35]. La elección del centro de la urbe se hacía en relación con el amanecer en el solsticio de invierno. La salida del sol se produce exactamente sobre el entonces denominado *monte Ilicinus*, hoy *Pico Sacro*. Fenómeno que se puede percibir desde la catedral ese día. Como era costumbre, en ese exacto lugar, en la zona más elevada, se construyó un templo bajo la advocación de Júpiter. Sabemos esto porque los arqueólogos han encontrado en la nave sur de la catedral, en los muros de cimentación de una columna, los restos de un *ara* dedicada a esta deidad. La ceremonia terminaba con el trazado del surco que delimitaría la futura ciudad; el plano de la ciudad con sus límites. Para ello el emperador echaba mano de un *arado de bronce y dos bueyes* con los que llevaba a cabo la operación. Y es que esta escena evoca en parte al episodio de los bueyes que la reina Lupa entregó a los discípulos para trasladar el cuerpo del Apóstol para consagrar, igual que Asseconia, la tumba del Apóstol. Sabemos que el enclave podía visionarse perfectamente desde lo alto del Pico Sacro en el instante preciso que el orto solar del solsticio de invierno señalaba de forma inequívoca el punto central donde se había erigido el templo dedicado a Júpiter. Por su parte, los maestros de obra, los constructores herméticos medievales sabían de este conocimiento y la prueba de ello la encontramos en el rosetón de la

---

[35] Se determinaba el centro del enclave que se iba a construir según el orto solar (este-oeste) en función de algún elemento singular del horizonte que en este caso fue el monte do Viso.

fachada de las Platerías por la que, en las mismas fechas, los rayos del sol iluminan las entrañas de la catedral hasta donde se encuentra el crucero de la basílica.

El sol del mediodía alumbra el Transepto de la catedral de Compostela. El rosetón superior de las Platerías recoge la luz solsticial invernal, en el momento del orto solar, penetrando hasta el interior del transepto de la basílica y gran parte del crucero. Los maestros de obra dejaron así constancia de los antiguos cultos solares que se llevaron en este mismo emplazamiento siglos antes.

Este fenómeno también se puede observar desde la Torre del Tesoro, construida en el siglo XVI y nota sorprendente, en Roma el dios Júpiter protegía en un templo los tesoros de la ciudad; tal vez por eso el maestro constructor Gil de Hontañón decidió llamar Torre del tesoro a esta estructura rememorando de paso otras estructuras arquitectónicas solares existentes en otras partes del planeta. Pero este no era el único conocimiento que guardaron tan celosamente los constructores del Camino.

Tal como apuntamos en los primeros capítulos del libro hace algo más de veinte mil años, el hielo obligó a desplazarse a grandes masas de población hacia el Noroeste de la península ibérica para huir de la glaciación. De este modo surgieron nuevos asentamientos que favorecieron, durante el Mesolítico y el Neolítico, nuevas migraciones que partiendo de las tierras gallegas, tal y como recogen leyendas tan importantes como el *Lebor Gabála Érenn*, acabarían llegando a Irlanda para luego expandirse por las islas británicas y regresar, tiempo después, al continente europeo. A este fenómeno, autores como Pena Granha o Ángel Carracedo, lo denominan la «Gran Migración celta». Ciertas sagas de la mitología celta irlandesa hablan de las primeras tribus que habitaron las islas británicas relacionando los orígenes de aquellas poblaciones nativas con el noroeste peninsular. Estas historias sobrevivieron al olvido en parte porque permanecieron muy vivas en el mundo tradicional oral en Gales, Escocia e Irlanda, fundamentalmente. Estas narraciones fueron, finalmente, recogidas por los monjes-escribas en manuscritos que nos han permitido llevar a cabo exhaustivos estudios. El mencionado *Lebor Gabála Érenn* o *Libro de las Invasiones de Irlanda,* relaciona –mitológicamente hablando– Irlanda con la actual Galicia y con la ciudad de Brigantia, que ya entonces era famosa por poseer una torre-faro sobre un promontorio a los pies del océano Atlántico. Esa ciudad es la actual Coruña y la torre a la que se hace referencia en el narración es la Torre de Hércules aunque naturalmente en una etapa arquitectónica más primitiva. El libro nos cuenta las invasiones sufridas en territorio irlandés por pueblos del norte de la península ibérica. Probablemente se trata del manuscrito más antiguo existente en Irlanda y aunque está datado en el

La Torre del Tesoro se yergue majestuosa en la Plaza de las Platerías.

siglo XII, se inspira en otros muy anteriores, tal vez en originales escritos en el siglo VII. Se nos describe el Diluvio Universal, la diáspora de Noé y cómo algunos de sus descendientes arriban a las costas irlandesas. Según la leyenda, una de las figuras clave del *Libro de las Invasiones* es un rey galaico llamado Brath, descendiente directo de Noé, que engendró a Breogán sucediendo de este modo al padre en las tareas de gobierno. Tras salir airoso de numerosas batallas con otros pueblos ibéricos, Breogán construiría la ciudad de Britantia –la futura Coruña– y una alta torre de la que con el tiempo brotará la actual Torre de Hércules. A partir de entonces, se sucederían las invasiones en tierras irlandesas y los encontronazos bélicos entre los guerreros galaicos e irlandeses. Los hijos de Breogán encabezarían las expediciones con desigual fortuna forzando el enfrentamiento entre ambos mundos.

El científico y profesor de genética de la Universidad de Oxford, Bryan Sykes, concluyó en sus estudios y sin ningún resquicio de duda, que la mayoría de los británicos descienden de habitantes procedentes del norte ibérico. Tras el análisis de las muestras de ADN de 10.000 británicos, Sykes estimó que hace unos 6.000 años los pueblos ibéricos del norte peninsular desarrollaron pequeñas embarcaciones para adentrarse en el mar, lo que les permitió expandirse a través del Canal de la Mancha.

Antes de que llegaran, existían algunos habitantes humanos en Bretaña, pero se trataba apenas de unos pocos millares.

> «Estas personas se vieron más tarde absorbidas por una tribu celta más grande, siendo a día de hoy mayoritario el grupo de personas nacidas en Gran Bretaña que descienden de los españoles»[36].

Al parecer, la huella genética más común pertenece a un clan celta, pero también se ha encontrado un rastro genético de origen danés procedente de las tribus vikingas y en menor medida influencias genéticas procedentes del norte de África, Oriente Medio y Roma.

En el Camino de Santiago medieval también existen reminiscencias de un pasado lejano que fueron prudentemente ocultadas en la tradición hermética medieval por aquellos que contribuyeron a construir la ruta jacobea. Los agricultores neolíticos interpretaron, ya entonces, que el sol hacía un viaje a través de ese puente o camino cósmico de oriente a occidente. Esa idea acabó por enriquecer su cosmología religiosa llevándoles a la conclusión, compartida a partir de entonces pero con matices

---

[36] Skyes, Axons, Vikings and Celts: The Genetic Roots of Britain and Ireland. W. Norton. 2007

culturales, de que ese era un camino por el que transitaban las almas de los muertos en su viaje cósmico hasta Fisterra. De hecho, para los celtas las almas que habitan los cuerpos perecederos de los hombres procedían del cielo estrellado[37]. Cuando a los humanos les llegaba la muerte y se liberaban del cuerpo físico emprendían un viaje de regreso teniendo como guía la Vía Láctea que les marcaba el camino a seguir. Emprendían la marcha por un sendero cósmico materializado en la tierra que desembocaba en el Finisterre atlántico. Aquel viaje hacia el ocaso no finalizaría allí. Como el sol, volvería a renacer en el Oriente. El concepto de resurrección e inmortalidad del alma estaba ya escrito en la senda cósmica que luego acabó por vincularse con el Camino Francés medieval. Aquellos galaicos celtas creían, al caer la noche, que las almas en pena se juntaban en *santuarios marinos* de gran relevancia donde confluían todas, para acto seguido, tumbarse en las numerosas barcas de piedra que encalladas en las playas y las costas los esperaban para recogerlos y llevarlos al Otro Mundo. Entonces zarpaban y en una sola noche llegaban a su destino, como de hecho hace el sol día tras día. Por lo tanto estamos ante una metáfora del viaje del sol por la Vía Láctea en su eterno periplo de muerte y resurrección entre los dos extremos de este camino celeste imaginario que es la Vía Láctea: el Oriente y el Occidente.

Encontramos otras historias de embarcaciones sobrenaturales en la costa gallega. En estas narraciones se recoge la llegada de un personaje sagrado en una embarcación de piedra. Es el caso de la tradición de A Virxe da Barca, en Muxía; pero también se recogen historias parecidas en los santuarios de Santo André de Teixido, o San Xoán de Misarela, en la península megalítica del Barbanza. En el mundo tradicional irlandés también se utiliza este recurso dentro del folclore de ese país, pero también podemos hacerlo extensivo a todos los finisterres atlánticos. Es evidente que detrás de todas estas maravillosas historias existe un fondo mitológico y cosmológico común. Como vemos el océano es considerado un límite extranatural, un contexto en el que se materializa la rica cosmología celta y posteriormente la evocada en los relatos de la *translatio*. Es más, el agua es considerada un mediador con lo sobrenatural. Esa es la razón de que en el mundo tradicional existan tantas referencias de ciudades hundidas o personajes extraordinarios relacionados con ellas.

---

[37] Prisciliano también transmitió esta creencia en su doctrina, dato interesante que nos demuestra hasta qué punto estas viejas cosmologías habían llegado intactas, ideológicamente hablando, en contextos temporales e incluso culturales muy diferentes siglos después sin problema. Una constatación de que ese conocimiento pervivió a través del mundo tradicional sin apenas interferencias generación tras generación (nota del autor).

En el relato de la *translatio* los discípulos huyen del rey Dugium y su ejército atravesando un puente sobre un caudaloso río. En otras versiones escapan por una fuente después de buscar refugio en el inframundo. La reina Lupa también está vinculada con las aguas. En el manuscrito de *Gembloux* la reina vive en un monte casi al pie del mar. Las embarcaciones sobrenaturales solo pueden proceder de un solo lugar: del Occidente. En la leyenda de la *translatio* la embarcación que transporta los restos de Santiago solo tarda siete días en llegar a Galicia desde la lejana Palestina. En el texto VI, capítulo XVII, Libro I del Códice Calixtino se dice:

> «...no debemos olvidar, sino narrar y corregir las invenciones apócrifas que muchos insensatos y otros que torpemente cayeron en la herejía se atrevieron a inventar de nuestro Santiago y de su *traslación* y, aún lo que es peor, lo pusieron por escrito... Otros dicen que el mismo, *sentado sobre una piedra*, vino desde Jerusalén a Galicia sobre las olas del mar, cumpliendo el mandato del Señor, sin barca alguna, y que un fragmento de esta piedra quedó en Jafa...»

Existen santuarios marinos en toda Galicia; uno de esos centros sagrados es el Facho de Donón pero también tenemos Santo André de Teixido o Fisterra. Todos ellos santuarios atlánticos que dan al mar, miran al ocaso, adonde se dirigen las almas en su viaje al Paraíso.

«DEO VESTIO ALONIECO»: O HOSPEDEIRO DO ALEM

En el año 2003 el arqueólogo Suárez Otero hizo un gran descubrimiento en el castro galaico-romano de *O Facho de Donón*. Se descubrieron numerosos restos de exvotos y otros cacharros relacionados con el culto a los muertos. Estas evidencias arqueológicas nos dicen que este fue un centro sagrado singular pues se trata de un castro-santuario; algo que tal vez vemos repetido en el *castro de Baroña*, en *Porto do Son*. Ambos casos son significativos en este sentido. Hasta el momento se conocía el santuario romano de la cima pero después de las investigaciones arqueológicas de Suárez Otero se estableció que debajo del castro existe otro santuario anterior. Desde el siglo I a. C. al II d. C. el santuario permaneció ininterrumpidamente funcional. Naturalmente, el santuario romano estuvo en plena actividad del siglo III al VI d. C. En la cumbre del Monte do Facho de Donón se llevaron a cabo rituales y cultos bajo la advocación del dios de los muertos galaico *Deo vestio alonieco* cuya traducción al castellano es la de «El hospedero del Más Allá». En realidad este es otro de los nombres que recibía Bero Breo (Breogo-co); todo un psicopompo que recibía con los brazos abiertos a aquellos que habían fallecido para recogerlos en su seno y ayudarles en su viaje al «Otro Mundo» en el occidente. El nombre que daban los indígenas a aquel lugar era *Lar Berobreus* pues era la deidad de este monte y significaba literalmente: «el conductor de muertos». Así que aquella cima era un castro donde acudían las almas de los difuntos en su viaje al Más Allá. Un viaje que continuaba al pie de los acantilados, de un *finisterre* más en la Costa da Vela. En ese viaje las almas de los difuntos iban al encuentro de una embarcación sobrenatural que les conduciría finalmente a su destino; ese lugar se materializa en las islas Cíes, la isla de Ons y Onceta; y es que en el mundo tradicional celta existen otras tantas islas sobrenaturales, todas ellas en el occidente; donde muere el sol. En el *Lebor Gabála Érenn* las referencias a la Isla de los Muertos o Sidh giran alrededor de la figura de *Donn* y su *Tech nDuinn*: «la morada de Donn». Recordemos el nombre del castro-santuario galaico de *O Facho de Donón*. Por lo tanto etimológicamente hablando «Donón» hace referencia a la morada de la deidad que habita la cumbre de este asombroso lugar. En el *Libro de las Invasiones de Irlanda* se nos menciona la figura del hijo de Míl, comandante de la flota galaica, que en su última invasión de la isla perecería ahogado a consecuencia de la magia de los Tuatha Dé Dannan («la tribu de la Diosa Danu»). Por otra parte, el nombre del dios resulta extrañamente familiar cuando lo comparamos con el nombre del mítico rey celta Breogán; y es que *Breogo-co* significa literalmente *«Señor de la Alta Torre»* y como dice la leyenda irlandesa Breogán levantó en la ciudad de Brigantia (A Coruña) una enorme torre desde la que se podía atisbar tierra lejana. D'Arbois de Jubainville defendió la idea de que Breogán partió con una flota desde Brigantia en dirección a Irlanda para vengar la muerte de Ith lo que le llevó a conquistar y posteriormente repoblar la isla; y al parecer era considerado el «dios de los muertos». Según Pena Granha «las aras-estela de Donón le dan la razón». El investigador gallego dedujo que «quien aparecía en las aras estela de Donón (s.IV d. C.) bajo la forma (Vendryes) Breogo-co – de Breoga, Breogo, «jefe», «gobernador» (Briaga se menciona en 1150 en el *Lebor Gabála Érenn*), y bajo la forma Bero Breo «Señor de la Alta Casa» de los Muertos. Los epígrafes de estas aras-este°la, permiten situar el Sidh o «Paraíso Celta», de Gallaecia (oficialmente cristiana en el siglo IV), en el entorno de las «Islas de los Dioses», las Islas Cíes, la Isla de Ons y la de Onceta, donde Donn, el Lar Vial Bero Breo, bondadoso y amable, como Briugú/Breogo/Uestio, «hospedero» recibía en su umbral con los brazos abiertos, a los que a su puerta llamaban en busca de refugio y vida eterna. Así lo demuestra el relieve a él consagrado con unas aras en Lourizán dedicadas al DEO VESTIO ALONIECO, «Al Dios Hospedero de los Alóns». Hoy, como ayer en sus Islas Cíes, el galaico Donn, «el obscuro» hospedero de los muertos, recibe en Irlanda en su «Alta Casa», Tech nDuinn –un purgatorio pagano– a todos los irlandeses que lo deben visitar antes de ir al cielo».

El Dios Berobreo que al parecer recibía las almas de los difuntos en el Facho de Donón.

El castro de Baroña. Se especula que podría haber sido construido con un propósito idéntico al del Facho de Donón. Al fin y al cabo no parece tener mucho sentido construir un castro en una península rodeada de mar sin acceso a agua potable y zonas de cultivo. Probablemente su funcionalidad no fue la de servir de hábitat permanente. Detalle zona sagrada del castro.

Historia secreta del Camino de Santiago

La gran singularidad que nos muestra O Facho de Donón con respecto a otros santuarios adyacentes al Camino de Santiago o relacionados con el océano Atlántico como referente de los peregrinos que buscaban como llegar al Fisterra, es que fue un castro-santuario que no llegó a ser cristianizado. De hecho podemos constatar esto en base a las evidencias arqueológicas que nos demuestran que en el mismo lugar se llevaron a cabo cultos cosmológicos muy distintos, una permisividad que demuestra que el santuario siguió siendo utilizado en función de los rituales más ancestrales donde la figura de Bero Breo seguía muy presente. Fue además un lugar de peregrinación importante como lo fueron también otros santuarios atlánticos como la propia Fisterra; que por cierto solo fue cristianizado parcialmente, o Santo André de Teixido; uno de los más famosos de Galicia y del mundo atlántico que sí fue cristianizado aunque perviven muchos ritos y creencias paganas en uso hoy en día dentro de su territorio.

Probablemente San André de Teixido es el santuario más sorprendente de toda Galicia. En él se llevan a cabo numerosos cultos de raíz pagana. Es el caso de los romeros que acuden a la fuente del santo (*fonte do santo*) donde se llevan a cabo rituales de adivinación o aquellos que buscan con afán la «erva de namorar». También, como pasa con la ruta jacobea, este espacio sagrado es el escenario de numerosas peregrinaciones locales.

209

Efigie de San André.

En la antigüedad, Galicia era considerada el País de los Muertos; el Fin del Mundo pues era el lugar donde el sol moría para luego renacer en los tres ciclos anunciados simbólicamente por la figura del trisquel. Esas tres fases solares eran la ascensión del astro rey a los cielos, su declinación en los finiesterres atlánticos y su retorno, cual Ave Fénix, en el Oriente dispuesto a iniciar una vez más su viaje al finisterre galaico. Alfredo Erias y Pena Granha lo explican en los siguientes términos:

> «[...] En el primer paso el apolíneo y brillante Sol asciende hasta el mediodía o hasta el solsticio de verano. En el segundo paso, el mercurial, vespertino, decadente y psicopompo Sol desciende a los finisterres atlánticos cada día, y en el solsticio de invierno cada año, hasta su puesta, para tomar la barca funeraria. Pero, en el tercer paso, el Sol se hace infernal y cornudo, convirtiéndose en el dios de los muertos, a quien corresponden los epítetos de Briareo / Vestio / Cernuno… Para descender al reino de la muerte (…) brindando a los muertos una promesa de resurrección con el ciclo del amanecer».

Lo cierto es que existe una prueba documental que nos demuestra que el Camino de Santiago; es decir gran parte de su trazado, ya era recorrido y utilizado mucho antes de que los romanos lo utilizaran por razones militares y comerciales. Claudio Eliano recoge en *Historias curiosas,* V,3 la increíble noticia del filósofo griego Aristóteles que «afirma que las columnas que hoy llamamos de Heracles, antes de recibir este

Ofrendas al santo.

nombre tenían el de *Columnas de Briareo*. Pero cuando Heracles purificó la tierra y el mar, convirtiéndose en el bienhechor indiscutido de la humanidad, en su honra, dejaron de conceder importancia a la memoria de Briareo y dieron a las columnas el nombre de Heracles»[38].

Eliano menciona las «Columnas de Briareo»[39]; una referencia al dios celta que marca el límite entre la vida y la muerte y que -temporalmente hablando- precedió en el panteón a Berobreo con unas funcionalidades análogas. Las «Columnas de Briareo» son una escenificación cosmológica que en forma de frontera antinatural marca dos ámbitos soberanos muy diferentes: el mar Mediterráneo y el océano Atlántico; un territorio donde moran las criaturas y deidades relacionadas con la muerte en la mitología celta. Muchas de las creencias celtas que conocieron los marineros mediterráneos de la Edad del Bronce procedían de *Gallaecia* gracias a sus constantes contactos con las culturas nativas del noroeste peninsular y de las «Columnas de Briareo». Fueron los poe-

---

[38] Eliano Claudio. *Historias curiosas*, V,3.

[39] De *Brix que significa «Alto», «Fuerte»...

tas griegos los que –en palabras de Pena Granha– «convirtieron al celta Briareo en el guardián de la puerta del Hades y perpetuo residente del río Lethes; el río del Olvido». Por esa razón, Galicia era considerada el «País de los Muertos». Las islas Occidentales de la tradición celta están en las misteriosas aguas atlánticas y por lo tanto aquel que se encamina a ellas inicia un camino iniciático que veremos, por ejemplo, en la figura de Ulises, en la Odisea. Tal vez por imitación los griegos recorrieron el llamado «Camino Heracleo» que partía del sur de la actual Italia y terminaba en el finisterre más occidental de la península ibérica: Galicia. Aunque inicialmente se pensaba que esta ruta solo atendía a necesidades comerciales ahora sabemos que era utilizada con fines iniciáticos.

Aristóteles también nos confirma la existencia de esta ruta de peregrinación antiquísima cuyo trazado terminaba en los finisterres atlánticos galaicos. Es esta una prueba documental que ya en el siglo III a. C. hace referencia a la existencia de un Camino que se corresponde en una parte relevante con el Camino medieval cuando este llega a territorio ibérico.

> «Se dice que existe un camino llamado «Heracleano» que parte de Italia hasta los celtas Celtoligios e Íberos, a través del cual, si un griego o un nativo viaja son tomados bajo la protección de los habitantes (del lugar por el que transcurre la ruta) para que ningún daño les pueda surgir y exigiendo castigo para aquellos que provoquen daño».
>
> Aristóteles, Mirabilia 837 a7 / 837 a10[40].

Ese *Camino Heracleano* al que hace referencia Aristóteles nos está hablando de la ruta solar que llevo a cabo Hércules para solicitar a Helios el caldero. La ruta comenzaba en la Galia Cisalpina y avanzaba por las costas del sur de Francia hasta llegar a la península ibérica donde, una vez pasado Tarraco se desviaba hacia occidente empatando con lo que hoy es una parte del trazado del Camino de Santiago medieval en su largo trayecto hasta Fisterra. Es más, existió un camino primitivo que recorría el cantábrico hasta Galicia más al norte y que coincide con el Camino Francés. No olvidemos que los caminos romanos se hicieron sobre otros ya existentes. Todas las vías romanas fueron trazadas sobre rutas anteriores. Las vías de comunicación existen desde siempre, como mínimo desde el Neolítico pues es en este contexto temporal cuando comienza

---

[40] Ἐκ τῆς Ἰταλίας φασὶν ἕως τῆς Κελτικῆς καὶ Κελτολιγύων καὶ Ἰβήρων εἶναί τινα ὁδὸν Ἡράκλειαν καλουμένην, δι'ἧς ἐάν τε Ἕλλην ἐάν τε ἐγχώριός τις πορεύηται, τηρεῖσθαι ὑπὸ τῶν παροικούντων, ὅπως μηδὲν ἀδικηθῇ· τὴν γὰρ ζημίαν ἐκτίνειν καθ'οὓς ἂν γένηται τὸ ἀδίκημα.

a observarse comercio entre distintos grupos humanos; aunque también se justificó su construcción por razones pragmáticas y de necesidad. Este hecho echa por tierra el mito de que los romanos idearon estas vías de comunicación; en realidad lo que hicieron fue reconstruirlas conforme a sus necesidades. En otras palabras, los romanos no hicieron los caminos, lo que hicieron fue adecuar los trazados de comunicación ya existentes en función de sus necesidades haciendo transitables estas nuevas calzadas para sus carruajes y tropas militares[41]. El Camino de Santiago, por lo tanto, se construyó sobre o paralelamente a una ruta primitiva utilizada en tiempos remotos pero por razones cosmológicas de carácter pagano muy alejadas de las razones esgrimidas por la religión católica. Si una parte de ese Camino Heracleano no coincide en su totalidad con la ruta cósmica que transcurre por el Cantábrico, aunque se seguía utilizando en aquellos remotos tiempos, fue por razones de seguridad. Por ejemplo el trecho que partía de Tarraco y enlazaba en Astorga se ubicó deliberadamente más al sur del camino primitivo, en tiempos de los romanos, por el alto riesgo de ataques por parte de las tribus que guerreaban con Roma.

Otro dato sorprendente que encuentra su analogía con la infraestructura asistencial al peregrino en el Camino medieval es que los caminantes que viajaban hasta el País de los Muertos; es decir, a Galicia, estaban protegidos durante el viaje por una obligación con carácter legal, similar a la que existía entre los celtas en Irlanda con el «*Briugaid*» u obligación de hospedaje para quien lo necesitara. Es más, si los peregrinos no recibían esa protección se contemplaban correctivos contra quien incumpliera esa máxima.

Estos ancestrales secretos fueron custodiados durante siglos por aquellos que construyeron la Gran Obra: la ruta jacobea. Los constructores del Camino medieval eran conscientes de la trascendencia de todo este conocimiento, por eso trataron de salvaguardarlo a toda costa para evitar que el Camino perdiera la verdadera dimensión cosmológica y espiritual por la que hace siglos fue creado. Una ruta cósmica, un viaje solar, un viaje iniciático y transformador cuya principal función era la de transformar, en su dimensión más profunda, el alma humana y hacer del iniciado que finalizaba su viaje al pie de los acantilados del Finisterre gallego un Jacques, un sabio del Cosmos.

---

[41] Por ejemplo, la Vía 18 que va de Braga a Astorga, se la reconoce en algún tramo de la Baixa Limia (Ourense) compartiendo el mismo ámbito espacial y geográfico con las carreteras modernas.

Capítulo 14
El Secreto de Compostela

Así que finalmente Compostela tenía un secreto. Hace décadas, muchos autores nos movíamos en el proceloso mundo de la especulación intuitiva para explicar ciertas conexiones y relaciones entre la ruta medieval del Camino y el pasado remoto. En parte dábamos palos de ciego pero no estábamos muy desencaminados. Algo nos decía que los petroglifos, los megalitos, ciertos mitos y leyendas eran piezas de un mismo puzzle que nos podrían ayudar a comprender mejor el fenómeno jacobeo desde una perspectiva holística.

Ya nadie discute que el lugar donde se asienta la catedral de Compostela fue mucho antes un territorio sagrado. Todos los elementos mitológicos, etimológicos, arqueológicos y astronómicos que hemos explicado hasta ahora parecen relacionarse con los episodios de la leyenda jacobea, sus personajes, las acciones que llevan a cabo en la narrativa tradicional y los lugares donde esto sucede dentro de un ámbito geográfico sagrado real que cumplía una función cosmológica con base en el mundo mitológico celta.

Las referencias en la toponimia a las divinidades principales del panteón, su vinculación con patrones de orientación astronómica; como por ejemplo la estrella Sirio[42] y su asimilación simbólica con la figura del perro o el lobo; la evocación en la toponimia del bosque sagrado de Libredón o de la reina Lupa, la ubicación en el ignoto occidente del Más Allá y su relación con la idea de la muerte, la monitorización del Lunasticio Mayor de la Luna respecto del Pico Sacro en el solsticio de invierno o la vinculación que observamos con ese pasado precristiano cuando indagamos sobre el origen de las fiestas dedicadas al Apóstol el 25 de Julio[43]; día que –por cierto– se encuentra muy próximo, temporalmente hablando, a la festividad celta del Lugnasad, nos brindan las pistas certeras de un vínculo poderoso con el paganismo más ancestral. En este festival se celebraban las bodas con el Dios Lug y se conmemoraba la etapa inicial de las cosechas. Estas imágenes, vínculos cósmicos y poderosos arquetipos están contextualizados disimuladamente en la leyenda jacobea pero también en la geografía mágica donde se materializan muchas de las funcionalidades, ritos y creencias de aquellos pueblos de la Europa bárbara.

> LA FECHA CONMEMORATIVA DE SANTIAGO
>
> Existen documentos que acreditan la estrategia que se llevó a cabo para suplantar el festival de Lug en el calendario cristiano. En el Libro III del Códice Calixtino, en la carta del papa León se hace la siguiente reflexión sobre la «*translatio*» del cuerpo del Apóstol y su posterior enterramiento que se celebraba a finales del mes de diciembre:
>
> «Pero San Jerónimo fue el primero en escribir a los santos obispos Cromacio y Heliodoro, en su martirologio, que su pasión ha de celebrarse el 25 de julio; después el Santo papa Alejandro mandó celebrar ese mismo día, cuando estableció honrar las cadenas de San Pedro el primer día de agosto. Porque en este día, en efecto, como está escrito en las historias de Roma, el mismo papa guardó en la basílica del propio santo las cadenas de San Pedro, que mucho antes fueron llevadas de Jerusalén a Roma por la emperatriz Eudoxia, después de rociarlas con agua bendita y óleo santo, y ordenó celebrar en honor de San Pedro

---

[42] Desde el Libredón podían monitorizarse sus reapariciones y el orto helíaco que tenía lugar a finales del mes de julio y principios del mes de agosto. Se estima que ya en los tiempos megalíticos Sirio era visible desde el Pico Sacro.

[43] Esa fecha también se celebra el «*Dia Nacional da Galiza*» reconocido así oficialmente en el Boletín Oficial de la comunidad autónoma.

y en su lugar las solemnidades que, según su costumbre, celebraban antes los gentiles en honor de César Augusto, porque el mismo César había vencido en las calendas del mes sextil, es decir, el 1 de agosto, a Antonio y Cleopatra envenenada por el áspid. Asimismo en tal día la hija de cierto príncipe romano llamado Quirino, por consejo del referido papa, que estaba encarcelado por el propio Quirino, besó las cadenas de San Pedro y se curó de una grave enfermedad que padecía; y el santo papa salió de la cárcel, como satisfacción del mismo Quirino. Finalmente, Beda el Venerable, elocuente doctor de la Santa Iglesia, confirmó que la muerte de Santiago debe celebrarse en dicho día, al escribir y decir en su Martirologio: julio se alegra de tener que venerar la distancia de dos veces cuatro de las calendas, según la costumbre, a Santiago el hermano de Juan. Así pues, padeció martirio el día 25 de marzo, el 25 de julio fue llevado desde Iria a Compostela y se le dio sepultura el 30 de diciembre, pues preparar el material y la obra de su sepulcro duró desde el mes de agosto hasta enero»[44].

¿Cuál es la razón por la cuál Beda el Venerable eligió la fecha conmemorativa del apóstol Santiago el octavo día antes del uno de agosto, fecha en la que se celebraban las calendas?[45] Para el investigador Martínez Estévez esa razón nace «de la genial manipulación que César Augusto hizo de la teología del paganismo céltico para sacralizar su nuevo poder imperial (…). Augusto fundó el culto imperial, la adoración del emperador, en Lyon (Lugdunum) en el primero de agosto del 12 a. C., con la inauguración por su yerno Druso del santuario federal de las Galias. Ya no hubo Sextilis en Roma, ni Lugunasada o Elembiwi entre los celtas, sino Augustus o Agosto, mes del nuevo Lugus, el nuevo dios-rey Augusto. Ahora bien, cuando Roma cae, la única referencia visible que sustituye al emperador es el romano Pontífice… pues el primero de agosto la liturgia anglosajona santificaba el día de San Pedro, celebrando su gloriosa liberación en la Pascua del 44, ya que para este autor: «…San Pedro había resultado milagrosamente liberado, pocos días después de la ejecución de Santiago. Como la Pascua cristiana es de Cristo, para honrar al primer obispo de Roma debía elegirse otra fecha… Luego para Santiago quedaba la semana anterior.

---

[44] Traducción de López Díaz Xosé 2009.

[45] Las *calendas* en el antiguo calendario romano eran el primer día de cada mes, teóricamente cuando ocurría la luna nueva o novilunio en un ciclo lunar. La palabra calendario en castellano procede de esta palabra (Wikipedia.org).

> Esta estrategia de sustitución paulatina de la religión pagana respondió a unos parámetros que en el siglo VI el papa Gregorio el Grande deja testimoniados documentalmente al referirse a cómo debía evangelizarse Gran Bretaña:
>
> «No suprimáis los festines que celebran los bretones en los sacrificios que ofrecen a sus dioses, trasladadlos únicamente al día de la dedicación de las iglesias o de las festividades de los santos mártires, a fin de que conservando algunas de las groserías de la idolatría se inclinen más fácilmente a gustar de las alegrías espirituales de la fe cristiana»[46].

Todas estas piezas, como si se tratara de un puzle, van buscando su encaje conformando una imagen sorprendente de las culturas indígenas del mundo antiguo en pleno proceso de romanización y cristianización. Se trata de pistas que nos permiten vislumbrar, por ejemplo, no solo la trascendencia sagrada del Libredón sino las razones por las que era considerado un lugar privilegiado donde llevar a cabo el culto a una misteriosa divinidad y los rituales que forman parte de su rica cultura religiosa. Es más, fue precisamente por esa razón por la que se decidió inventar el descubrimiento del sepulcro de Santiago en este lugar de poder. También comenzamos a comprender la verdadera naturaleza de las correlaciones que se establecen en el imaginario popular con sus extrañas criaturas; las mouras, las serpientes, los dragones… seres que tutelan la sacralidad de un territorio o grandes tesoros ocultos a los ojos de los hombres codiciosos. Lo mismo observamos cuando analizamos las deidades indoeuropeas, germánicas, celtibéricas o las que habitan la Gallaecia. Y qué decir de los *seres psicopompos* como los ciervos, los cuervos, los caballos, los osos o los perros y lobos; entre otros muchos. Criaturas puente entre este mundo y el plano sobrenatural donde ejercen su función mediadora con el Otro Mundo; un lugar que, aunque imaginario, se materializa –como hemos comentado en varias ocasiones– en un territorio sacralizado que también sirve al mismo propósito potenciando la comunicación con el mundo de lo invisible. Es evidente que muchos de esos míticos lugares no llegan a escenificarse en la geografía, como es el caso del *Valhalla* o ciertas islas míticas, pero todos estos territorios imaginarios o recreados en la orografía y sacralizados comparten las mismas premisas siendo la más evidente su ubicación solitaria en el occidente, donde el ocaso da paso a la noche con sus estrellas. Una bella metáfora de la muerte en

---

[46] Gregorio. Epístola, IX, 71; cit. De Maciñeira e introducida por Sainero Ramón en 2009.

donde el sol encarna la luz que se extingue cada atardecer para luego renacer al día siguiente en el oriente. Ese antagonismo entre los dos puntos cardinales refleja el viaje del ser humano en su peregrinar por la vida misma. El camino de la vida y de la muerte que luego verá su reflejo, siglos después, en la ruta jacobea. Aquellas culturas tenían además un vínculo muy marcado con el mundo de los astros que también supieron reflejar en cada una de las muchas manifestaciones de su cultura rupestre y monumental. Fueron capaces de establecer un discurso con su entorno que se extiende mucho más allá del centro sagrado y del mundo de lo visible.

La vinculación cósmica de estos lugares sagrados conecta el cielo y la tierra favoreciendo la funcionalidad de una cosmología que no parte de hechos dogmáticos sino de ciclos y dinámicas vivas de la naturaleza y del Cosmos. Por eso las gentes de aquellas lejanas culturas no podían asumir el principal rasgo del Cristianismo: la creencia dogmática que les despojaba de la potestad de interactuar con la divinidad en rango, muchas veces, de igualdad; además de privarles del uso de un conocimiento holístico pragmático y previsible en función del grado de entendimiento que aquellas culturas tenían de las efemérides astronómicas y los ciclos naturales de la tierra que sembraban y los animales de los que se alimentaban. El Cristianismo, a diferencia de estas religiones antiguas, buscaba lo que esta doctrina entiende por «salvación de las almas» de los hombres; siempre y cuando estuvieran dispuestos a asumir con resignación los designios de Dios, no siempre comprensibles, ni asumibles y el poder omnímodo de la Iglesia; única mediadora entre los hombres y el Dios cristiano. Se trataba de una irrupción no solo en un esquema de creencias, sino también de poder que aquellos pueblos no pudieron en el fondo asumir, ni tolerar a pesar de la cristianización.

La vinculación cósmica del lugar de Compostela y el entorno que le sirve de referencia para activar la funcionalidad de lo sagrado; como es el caso del *monte do Viso* o el *Pico Sacro* rememora la compleja cultura cosmológica de un pasado vedado que, a pesar de la cristianización, se hace notar en todo momento a lo largo y ancho de la ruta de las estrellas -y sus zonas de influencia- pero especialmente en un lugar tan emblemático para el Cristianismo como es la catedral donde reposan los supuestos restos del apóstol Santiago. Es más, resulta factible que después de la fundación de la ciudad de Asseconia se enterraran en aquel misterioso cementerio de Libredón los restos de Prisciliano. Ambos acontecimientos, la fundación de Asseconia y la muerte de Prisciliano, hacen factible esta posibilidad. Por otro lado, la reina Lupa fue una reminiscencia de una diosa cuya imagen y prestigio fueron hábilmente aprovechados por la Iglesia para cristianizar la narrativa jacobea medieval desde sus inicios a través del mito de la *translatio*. Lo que es evidente es que el Camino de Santiago es, sin ningún género de dudas, una de las rutas de peregrinación más antiguas del planeta. Uno de los escasos territorios sagrados donde se materializa solapadamente la cosmología pagana de sus ancestrales constructores de hace miles de años. Un viaje iniciático que invita al peregrino –previo paso por Compostela– a «morir» en la lejana Fisterra para resurgir de nuevo plenamente trasformado. Pero para experimentar ese viaje único en el planeta necesitaremos de una guía; de una guía secreta del Camino de Santiago que nos conduzca por la senda donde encontraremos las claves donde se esconde el conocimiento hermético medieval que sirvió de referente e inspiración a los peregrinos que viajaban hacia el ocaso donde la Vía Láctea y su reguero de estrellas besan los inalcanzables horizontes atlánticos al caer la noche.

Cuarta parte

La guía secreta

Capítulo 15
La Senda Hermética

Vamos a tratar de redescubrir una ruta tan vieja como la humanidad misma y seguir los pasos de los millones de peregrinos que –antes que nosotros– recorrieron la senda cósmica que les conducía hasta las fronteras de lo sobrenatural en la lejana Fisterra. Este viaje iniciático ya tenía un nombre por parte de los alquimistas medievales: el Camino de Santiago. Se referían a él no solo para contextualizar geográficamente la ruta de las estrellas sino que bajo este nombre se englobaba también la Gran Obra de los alquimistas que buscaban el método más efectivo para conseguir la transmutación del alma humana. Con ese complejo cometido idearon una ruta llena de claves que hay que saber leer y que permitían al viajero disponer de las herramientas necesarias para comprender, al final de su viaje, el verdadero cometido de su hazaña personal.

En la Edad Media la entrada de los peregrinos en la península ibérica se hacía por los viejos trazados de Port-Bou, Sallent, Irún, Puigcerdá o Somport. Naturalmente, también había quien entraba en territorio jacobeo vía marítima. Sin embargo los dos lugares de partida más relevantes en la ruta jacobea medieval fueron y siguen siendo Roncesvalles y Somport. El *summus portus*; es decir, el Somport actual, era muy popular en la Cristiandad de entonces gracias en gran medida a la presencia, entonces, del Hospital de Santa Cristina sobre el que el Liber Callixtinus afirmaba que:

«Dios ha establecido tres columnas necesarias en este mundo para el sostén de sus pobres: la hospedería –convento de Jerusalén–, la de Mont Joux –el Gran San Bernardo– y la de Santa Cristina, en el Somport.

Estas hospederías están emplazadas en sitios donde eran necesarias; son lugares sagrados, casas de Dios para el reconfortamiento de los santos peregrinos, el reposo de los indigentes, el consuelo de los enfermos, la salvación de los muertos»[47].

El origen de esta hospedería está relacionado con su leyenda fundacional. A la vista de los peligros que acechaban a los peregrinos en esta etapa del Camino dos caballeros decidieron fundar un hospital con oratorio como refugio, albergue y punto asistencial para atender a los viajeros cansados, heridos o en trance de fallecer. Entonces, Dios intervino milagrosamente enviando una paloma que portaba en su pico una cruz. Cuenta la leyenda que persuadidos con capturarla esta echó a revolotear marcando con precisión los límites que cobijarían la construcción. Este milagro hace una referencia expresa a los constructores de los gremios medievales implicados en la construcción de los templos e infraestructuras que se proyectan y erigen exclusivamente en el ámbito geográfico de la ruta jacobea. Por lo tanto esta leyenda saluda a los peregrinos implicados en la Gran Obra, aquellos que inician su bagaje iniciático una vez superado el salvaje entorno pirenaico. El escudo de la hospedería acabó por inmortalizar la imagen principal de la leyenda: una paloma blanca con una cruz en el pico. El peregrino que ascendía los 1.631 metros sobre el nivel del mar que representan el puerto de Somport se veía obligado a pasar por territorio galo en donde le salían al paso hospitales de peregrinos e iglesias; todas ellas pertenecientes al priorato del monasterio de Santa Cristina. Una vez alcanzada la cumbre del *Portus Asperi*, otra de las denominaciones por las que se reconocía Somport, los peregrinos descendían junto al curso del río Aragón sin saber, en la mayoría de los casos, que sus sandalias pisaban los restos de la calzada romana que unía Burdeos con Zaragoza. Es así como llegaban a Canfranc una de las etapas más relevantes para los organizadores medievales del Camino pues aquí se pagaba un peaje destinado al mantenimiento de la ruta de Jaca. A partir de este tramo el romero sentía bajo sus pies la energía del viejo Camino. Una vez superado Canfranc el peregrino llegaba al pintoresco pueblecito de Villanúa. Este lugar cobija una iglesia parroquial donde encontramos el primer testimonio de una Virgen Negra; reminiscencia de la Gran Diosa prehistórica.

---

[47] Codex Callistinus, cap. IV.

Ruinas del antiguo monasterio de Santa Cristina en Somport.

Las Vírgenes Negras son una reminiscencia de viejos y olvidados cultos que, como otras claves del Camino, trataron de pasar desapercibidos en el ámbito cosmológico del Cristianismo; así que de algún modo las Vírgenes Negras representan una formalización de cristianización mucho más sublime y menos evidente, pero trascendental en lo espiritual. Sin embargo, hemos de aclarar un aspecto simbólico que nos permitirá profundizar no solo en el concepto de Virgen Negra, sino también en el de la Virgen María entendida como Madre de Dios conforme a la tradición cristiana. Muchos templos medievales fueron erigidos bajo la advocación de «Nuestra Señora», pues bien, encontramos su referente en la diosa egipcia Nut. De hecho, tanto una como otra son llamadas cielo y trono de Dios. Resulta evidente que la figura de la Virgen no es exclusiva de la tradición cristiana; de hecho, es la sucesora de la Isis Negra del Antiguo Egipto. Aquella que genera la luz solar en su regazo y que, con el tiempo, regirá la construcción de los grandes templos medievales, como la catedral de Chartres en Francia. Por lo tanto, las Vírgenes Negras medievales aluden de manera expresa a la «materia santa» en la que la luz se agazapa. Un buen observador se percatará de que la iconografía de la virgen cristiana con el niño-Dios en su regazo es prácticamente un calco de Isis sosteniendo a Horus. De hecho, en muchas

Virgen Negra.

representaciones del Antiguo Egipto podemos ver a la diosa dando el pecho al faraón para alimentarlo con la leche celestial.

A veces conviene salir al encuentro de esas claves en los caminos secundarios que aunque algo apartados de la ruta original siguen estando dentro del ámbito de influencia del Camino oficial. Uno de esos lugares de interés es la iglesia de San Adrián de Sasabe sita a unos doce kilómetros de Villajuanita el pueblo principal que sirve de enlace con este desvío. Lo interesante de este templo es que fue refugio del Santo Grial aragonés durante un tiempo hasta que finalmente fue trasladado –después de pasar por San Juan de la Peña– a la catedral de Valencia y que rivaliza con el Grial de la basílica de san Isidoro de León.

La siguiente etapa es la ciudad de Jaca con su fabulosa catedral. De hecho fue la primera catedral románica que se construyó en el Camino y que fue consagrada en el año 1063 por Ramiro I. La estructura arquitectónica se compone de tres naves muy diferentes. La parte más antigua data del siglo XI y la componen el crucero y los ábsides mientras que las naves del templo están datadas un siglo después. El resto de estructuras de la catedral, las aristas de la nave central y el impresionante pórtico románico ubicado al sur del templo fueron ejecutadas en los siglos XV y XVI, respectivamente. En esta catedral destacan una serie de elementos y detalles arquitectónicos. Por un lado la gran cúpula que se ubica

Iglesia de San Adrián de Sasabe.

sobre el crucero y que alcanza los ocho metros de diámetro y el tímpano de la portada que se caracteriza por ser el más antiguo construido en toda Europa el cual presenta un crismón entre dos leones. En realidad este tímpano representa, desde un punto de vista teológico, la Santísima Trinidad. Alrededor del Crismón (que representa a Cristo) podemos leer la siguiente inscripción en latín:

«HAC IN SCVLPTVRA. LECTOR SIC NOSCERE CVRA: P. PATER. A GENITVS. DVPLEX EST SPS ALMVS: HI TRES IVRE QVUIDEM DOMINVS SVNT VNVS ET IDEM»

Cuya traducción al castellano es bastante clarificadora:

«En esta escultura, lector, debes interpretar lo siguiente: Pe (significa) el Padre; A el Engendrado. Doble es el Espíritu Vivificante. Estos tres son en verdad por derecho propio un único y mismo Señor».

Pero existe otra lectura según la cual podemos asociar la representación del tímpano con una rueda solar; al fin y al cabo el Camino, como hemos estado constatando en páginas precedentes, está relacionado con el viaje del Sol hacia el ocaso. También rezuma elementos propios de las viejas religiones que se combatían incluso cuando se estaba construyendo la catedral; especialmente aquellas que tenían que ver con el mundo íbero y celta. Tanto en el tímpano como en los capiteles la imagen de la serpiente se muestra bastante a menudo evocando la sabiduría secreta que se agazapa en los rincones y muros de la catedral. La huella de los canteros medievales se hace notar y de qué manera en este asombroso templo. El autor del tímpano no reparó en mostrar los detalles del hermetismo medieval. Lo primero que llama la atención es la elección del león, la serpiente, el oso, el dragón y el hombre con túnica dentro del tímpano. Todos estos elementos son en realidad representaciones de constelaciones visibles entonces con más claridad que hoy en día debido a la contaminación lumínica de las ciudades modernas. Así, el león representa la constelación de Leo, el Oso hace mención inequívoca a la constelación «Ursa Major» también conocida como la «Osa Mayor», el dragón representa la constelación de Draco y finalmente el hombre con túnica agarrando una serpiente es la representación de la constelación de Serpens y de Ofiuco. Tal como ya comenté páginas atrás la representación de simbología zodiacal o astronómica es algo común en los templos románicos que se dan cita en el Camino; es más, encontramos zodíacos al completo en la mismísima catedral de Compostela o en la fachada de San Isidoro de León. Las influencias celtas, íberas y más tarde las árabes o las judías aparecen también reflejadas en el arte románico del Camino como ejemplo vivo de un sincretismo ancestral. Para el hombre de la antigüedad y del medievo las estrellas eran un referente cotidiano gracias al cual podían orientarse o medir el tiempo y de este modo ubicar festividades especiales o acontecimientos singulares relacionados con la vida cotidiana y que desde los más remotos tiempos les habían ayudado a sobrevivir practicando una agricultura regular en la que se debía saber con exactitud los ciclos de las plantas y frutos que cultivaban y cuándo debían ser recogidos o sembrados. Esa relación nos parece extraña hoy en día pero entonces formaba parte de una cultura compartida que conformaba una cosmología ancestral que todavía subsistía de algún modo en el ámbito neurológico de aquellas gentes de la naciente civilización medieval.

En los primeros tiempos del Cristianismo encontramos alusiones al valor sagrado que se le concedían a las estrellas y constelaciones que pueblan el cielo nocturno. Encontramos comentarios en este sentido en pleno siglo v d. C. por parte de autoridades eclesiásticas que afirman, por ejemplo, que el 25 de diciembre es una fecha importante no por el nacimiento de Cristo sino por el nacimiento del sol, una referencia explícita al advenimiento del solsticio invernal en esa fecha en particular. En el siglo xiii d. C. San Alberto Magno dijo: «Sabemos que el signo de la Virgen celestial salía por encima del horizonte en el momento que fijamos el nacimiento de Nuestro Señor», una clara identificación de la constelación de Virgo. El 8 de septiembre se celebra la denominada «Asunción de la Virgen» y precisamente ese día el astro rey amanece sobre la constelación de Virgo.

La catedral de Jaca fue concebida conforme a unos criterios numerológicos que inciden en sus proporciones. Esa vinculación numérica sigue siendo un enigma para muchos investigadores. El factor que destaca es el 19/15 y se utilizó profusamente en la mayor parte de basílicas anteriores al período románico. Según el investigador valenciano Juan

Fachada principal de la Catedral de Jaca.

Detalle capitel de la «Lonja chica». Este capitel nos narra, en sus cuatro caras, diferentes escenas del martirio de San Lorenzo. En esta escena el santo es conducido preso ante Valeriano, el emperador que aparece representado con las piernas cruzadas, y que en el medievo simbolizaba la autoridad. El emperador se muestra con el dedo índice levantado en dirección a la siguiente escena del capitel que representa el martirio del santo.

Crismón de la catedral de Jaca.

García Atienza, la proporción viene marcada entre los lados principales del templo, da lo mismo su magnitud.

«Aquí esta proporción se conserva con asombrosa exactitud si medimos la distancia entre columnas y pilastras, siempre en la nave central, porque ambas formas se alternan a lo largo y ancho de la catedral, colaborando extrañamente a la armonía del conjunto, del mismo modo que aparecería, muchos siglos después, en la relación entre los lados del monasterio de San Lorenzo de El Escorial»[48].

Cabe indicar además, que esta primera parte de la ruta jacobea está marcada por la presencia de tumbas o sepulcros. Tal vez ello se deba al hecho de que los neófitos que aspiraban a recibir unas enseñanzas vedadas a la mayoría de los mortales de la época debían, previamente comenzar a morir simbólicamente en un proceso que comenzaba a surtir sus efectos transformadores desde la primera etapa del Camino Francés.

Una vez abandonada Jaca, los peregrinos se desviaban a propósito de la ruta jacobea oficial para visitar el espectacular monasterio de San Juan de la Peña al que ya nos referimos páginas atrás debido a su importancia simbólica en el contexto iniciático del Camino. Tal como comentamos en su momento en sus muros aparece la estrella de seis radios, símbolo del *Spiritus mundi* de los alquimistas. Por lo tanto, desde la primera etapa del Camino, se declara una especie de juego iniciático. La vista del monasterio resulta sobrecogedora para el peregrino que se acerca a verlo: un gigantesco peñasco cobija gran parte de las estructuras del templo. La colosal estructura está pegada a la enorme peña como si esta estuviera protegiéndola de los males del mundo. Literalmente parece engullir el monasterio. Se trata de una evocación de los abrigos rupestres propios del paleolítico y su enigmática religión. Es muy probable que esta portentosa mole pétrea y el abrigo pétreo cuyo interior cobija varias construcciones engullidas por la vegetación fueran, en un pasado remoto, un lugar de poder, un lugar sagrado capaz de mediar entre dos mundos. Dice la leyenda que donde se asienta el monasterio fue territorio de anacoretas que atraídos por el cuerpo incorrupto del santo Juan de Atarés, decidieron entregarse a ese estilo de vida. Llegaron a ser tantos con el paso del tiempo que finalmente decidieron construir el monasterio pero bien apegado a las raíces de donde pareció brotar como por designio divino. Pasados los siglos, la catedral llegó a disponer de una imprenta en la que vio la luz una misteriosa obra cuyo título lo dice todo: *«Patrocinio de ángeles y combate de demonios»* escrita por el abad del

---

[48] Atienza G. Juan. Segunda Guía de la España Mágica. Martínez Roca, Barcelona 1989. Pág 68,

templo en el año 1652. El abrigo pétreo sirve de refugio a los arcos afiligranados conformando una de las series de capiteles románicos no solo más bellas de Europa, sino también más intrigantes debido a su simbología. Lamentablemente con el tiempo se alteró el orden de ubicación de cada uno de ellos por lo que el mensaje iniciático se vio alterado aunque solo en parte. Los canteros herméticos medievales grabaron numerosas llaves hasta cubrir con ellas la superficie de los muros de la catedral; un sutil toque de atención para los buscadores de conocimiento a los que se les invitaba a encontrar las claves que contenía la catedral y que los peregrinos neófitos ansiaban descifrar al poco de llegar a este impresionante lugar. Desde la iglesia se asciende al panteón real con sus veintisiete nichos de doble hilera todos ellos tallados en piedra. Justo en un arco de piedra que comunica los claustros con la iglesia aparece una inscripción en latín que reza así:

«*Porta per hanc coeli fit previa fidelis, si studeat fidei jungere jussa Dei*»

Su traducción al castellano resulta muy reveladora:

«*Por está puerta entran los fieles en el cielo
si acomodan su fe a los mandatos de Dios*».

Se trata para muchos autores de un *aviso iniciático* en el que se valora el esfuerzo personal para alcanzar el conocimiento; una idea alejada de la visión católica que exige creer dogmáticamente y asumir los significados pasiva y mansamente sin mediar esfuerzo alguno en buscar, en este caso, el conocimiento espiritual que justifica la creencia en el Dios cristiano.

Monasterio de San Juan de la Peña.

En este capitel el tema iconográfico representa el sueño de San José.

Crismón en el Panteón de Nobles de San Juan de la Peña.

Detalle capitel.

La misteriosa inscripción que recibe al visitante que se aventura a entrar en el recinto del claustro.

El fabuloso claustro con sus enigmáticos capiteles.

Historia secreta del Camino de Santiago

No muy lejos de San Juan de la Peña los peregrinos seguían su periplo en línea recta hasta encontrarse de bruces con el monasterio de Santa Cruz de la Serós fundado por Sancho Garcés II de Navarra y su esposa Doña Urraca en el año 992. El único resto que queda del cenobio es la iglesia del siglo XI con una sola nave, una planta en cruz latina. Es de destacar el crismón de la portada románica donde se representan dos leones como los que vemos en el tímpano de la catedral de Jaca. Una vez visitado e interiorizado el lugar era el momento de regresar a la ruta oficial.

Monasterio de Santa Cruz de la Serós.

Crismón y leones en el portal del oeste del templo.

235

En el mismo pueblo encontramos la pequeña Iglesia de San Caprasio datada en el siglo XI; una de las pequeñas joyas del románico aragonés de tradición lombarda.

Los peregrinos medievales en su lento caminar de regreso al Camino original iban dejando atrás los valles de Ansó, Hecho y Roncal hasta llegar a Yesa, localidad donde el Camino se bifurca pudiendo elegir continuar dirección Liédena u optar por transitar por encima del puente sobre el río Aragón en dirección a Sangüesa. Tras el paso de la ruta jacobea por la actual provincia de Zaragoza los peregrinos se adentraban en el antiguo reino de Navarra hasta tropezarse con el grandioso monasterio de San Salvador de Leyre.

Monasterio de San Salvador de Leyre (Yesa, Navarra).

Portada principal del monasterio románico de Leyre.

En el siglo IX el primer monarca navarro, Iñigo Jiménez, escogió vivir en el antiguo monasterio de Leyre. Pasado un tiempo decidió reformarlo arquitectónicamente. No fue la única reforma que sufrió. Tras el ataque de Almanzor este sufrió importantes daños estructurales hasta que finalmente fue reconstruido por Sancho III el Mayor en el año 1022. El monasterio gozó de gran prestigio durante años, entre otras cosas, por su biblioteca que fue foco de sabiduría científica. Es en esta época cuando se acometen las obras de la sorprendente cripta, la cual llegó a ser utilizada como panteón real. Quienes conozcan el monasterio de Leyre comprenderán que este monumento está relacionado con la naturaleza prodigiosa que lo envuelve. Es en este hermoso paraje donde se desarrolla la asombra historia del abad Virila.

La leyenda afirma que San Virila, Abad del monasterio en el siglo X, se mostraba dubitativo sobre el concepto de vida eterna. Un día de primavera el abad dirigió sus pasos hacia el interior de un bosque cercano para poder pensar sobre ello sosegadamente.

Mientras meditaba sobre el particular un ruiseñor demandó, con sus trinos, la atención de todos sus sentidos. El plácido cántico del pajarillo condujo, poco a poco, a San Virila por los dominios oníricos hasta que este se quedó sumido en un profundo y apacible sueño. Cuando San Virila se despertó cayó en la cuenta de que la naturaleza del entorno había cambiado de aspecto, hasta el punto de dificultar su regreso al monasterio. Finalmente, Virila acabó encontrándolo y atónito descubrió que este, al igual que el bosque, presentaba otra apariencia; para empezar, el templo era mucho más grande, con nuevas dependencias y una iglesia más amplia.

Desconcertado, Virila llegó a la portería donde se identificó. Abrumado por cuanto le estaba sucediendo esperó a que el portero buscase en el archivo del cenobio su nombre; al fin este dio con él: «abad perdido en el bosque trescientos años atrás». ¡El abad había estado durmiendo trescientos años ininterrumpidamente!

Todo el monasterio se revolucionó con el milagro y conforme afirma la tradición, mientras se celebraba el *Te Deum* de acción de gracias, en la bóveda de la iglesia retumbó la voz de Dios que exclamó: «Virila, tu has estado trescientos años oyendo el canto de un ruiseñor y te ha parecido un instante. Los goces de la eternidad son mucho más perfectos...» Acto seguido, un ruiseñor entró volando por la puerta de la iglesia con un anillo abacial en el pico colocándoselo al abad en el dedo y confirmándole de esta manera prodigiosa como tal durante el resto de su vida terrenal. Una maravillosa historia en la que el abad Virila experimentó, justamente lo que le pasaría a un astronauta que viajara a la velocidad de la luz; o lo que es lo mismo, que viajara por el tiempo conforme a los criterios que fundamentan la Ley de la Relatividad. Según

La cripta de Leyre en cuyo interior parecen concentrarse las energías telúricas.

la teoría de la relatividad de Einstein, el tiempo pasa más lentamente cuanto más rápido se viaja por lo que se tarda mucho más en envejecer. Supongamos que un astronauta de veinte años de edad sale hoy mismo hacia un punto en el espacio a la velocidad de la luz, dejando en la Tierra a su hijo recién nacido. Pues bien, cuando regresa a la Tierra puede suceder que tenga la misma edad que su hijo. Nuestro abad y su historia se convierten en una alegoría de esta idea revolucionaria, siglos antes de que tan siquiera Einstein la concibiera[49].

A finales del siglo IX, el monasterio gozaba de un gran prestigio, San Eulogio en su viaje por los Pirineos describe en sus textos que allí conoció a los excelentes varones, temerosos de Dios. Se trata de una prueba documental que avala la antigüedad del templo; aunque las pruebas físicas también abundan: los restos mozárabes conservados en el subsuelo de la actual iglesia románica apuntan en la misma dirección interpretativa.

La cabecera del monasterio es, simple y llanamente, arrolladora. Posee tres ábsides de altura considerable, edificados con piedras de sillar de gran envergadura. Los ventanales de la iglesia inferior y que no debemos

---

[49] La leyenda se repite, sin apenas variantes, en la tradición del monasterio gallego de Armenteira.

Los canteros medievales dejaron una señal que solo unos pocos llegaban a ver tras escudriñar los muros y estructuras del templo y sus gliptografías. En el lado norte del arco del ábside principal aparecen reproducidos tres misteriosos rostros alineados que representan la Santísima Trinidad. Bajo las efigies en árabe aparece la siguiente leyenda: «No hay más Dios que Allah».

confundir con la cripta, que describiré a continuación, son de medio punto como los existentes en la parte superior.

Detrás del ábside sur destaca la torre de sección cuadrangular que se yergue altiva y desafiante. La cabecera del monasterio está flanqueada, al norte por el monasterio viejo y al sur por el nuevo; a pesar de lo cual nunca parece romperse la armonía arquitectónica.

La cripta llama poderosamente la atención para el neófito que quiere alcanzar el grado de sabio constructor de la Gran Obra. Desde el punto de vista arquitectónico las columnas tienen fustes muy cortos y unos capiteles de gran tamaño y bulbosos. Aquel que se adentra en la cripta siente la presión y el peso de la catedral en cada molécula de aire. Es una sensación extraña en la que las energías telúricas parecen brotar desde las entrañas de la tierra y fluir por los pilares del templo a través de las anchas columnas que sostienen el soberbio edificio.

Técnicamente, la cripta de Leyre reproduce en planta la cabecera con tres ábsides que encontramos justo encima de ella. Se trata de un espacio que parece condensar toda la energía telúrica de la tierra en un habitáculo recogido con grandes capiteles y arcos donde el enorme edificio descarga las tensiones y el peso del enorme monasterio. Su estructura ha servido eficazmente a la solidez del complejo, a pesar de los siglos transcurridos. Según los expertos, los constructores prefirieron añadir más muros que los inicialmente proyectados a lo largo de la nave central, para evitar –precisamente– su derrumbe. El resultado estético rompe con los esquemas tradicionales convirtiéndose en una original muestra de la técnica de los maestros constructores medievales.

Si los maestros constructores se esmeraron, los canteros no fueron menos existiendo un compendio de arte hermético medieval de gran riqueza. Un ejemplo reseñable lo encontramos en el lado norte del arco triunfal del ábside principal. Allí aparecen reproducidos tres rostros alineados que probablemente representen la Santísima Trinidad. Una lectura más profunda complica las cosas debido al insólito hecho de que debajo de estas cabezas se observa una sucesión de letras árabes que construyen la palabra: *«No hay más Dios que Allah»*.

SAN PEDRO AD VÍNCULA DE ECHANO (OLÓRIZ, NAVARRA)

En las estribaciones de la sierra de Alaiz, aislada en el valle de la Valdorba, se encuentra una de las iglesias románicas más enigmáticas del Camino navarro jacobeo. A día de hoy, los especialistas no se ponen de acuerdo a la hora de determinar la génesis de su construcción; aunque podemos estar seguros de que su elaborada ejecución se llevó a cabo probablemente durante el siglo XII. Cabe decir, que en ninguno de los numerosos estudios realizados hasta la fecha sobre el arte románico navarro se señala la existencia, en la portada norte del templo, de un personaje bicéfalo esculpido en una de las dovelas. ¿Quién es ese personaje? ¿Oculta algún significado?

La insólita portada norte, abocinada, de medio punto, son seis arquivoltas laboriosamente talladas, rompe con la tradición del arte románico al no contemplar temas del Antiguo o Nuevo Testamento y en su defecto recoge instantáneas de los vicios y las virtudes; acompañados de elementos escatológicos musulmanes, bestiarios esotéricos, figuraciones geométricas, que en su conjunto sugieren una narrativa profana adaptada al Cristianismo y relacionada con la celebración de una fiesta popular, la *«Kalendae Januariae»*, asimilada por el Cristianismo como el carnaval.

El maestro cantero que esculpió el pórtico utilizó al dios romano Jano y una máscara para simbolizar precisamente dicha festividad de origen claramente pagano. Para fortalecer el argumento, el artista incluyó músicos con sus correspondientes instrumentos populares y diferentes tallas humanas con las manos levantadas; en total 24 intrigantes

> personajes cuyo significado sigue siendo discutido por los especialistas de medio mundo. Resulta una obviedad: el personaje con doble cabeza representa a Jano. En San Pedro ad Vincula, el Jano del banquete pagano es un híbrido adaptado al ámbito popular medieval.
>
> Ese carácter bifronte representa –por una parte– los solsticios: *Janua Coelli* (solsticio de invierno) y *Janua Gentis* (solsticio de verano). A modo de cristianización se sustituye al Jano pagano, con su naturaleza dual, por San Juan, que representa ambos solsticios.

Iglesia de San Pedro ad Vincula de Echano, en el Camino navarro.

Desde el punto de vista iniciático encontramos una clave interesante para el peregrino que viaja a Fisterra; y es que el templo fue concebido arquitectónicamente como un edificio donde el número tres preside toda la argumentación constructiva. Las naves acaban en tres ábsides mientras que tres naves se complementan en una sola y finalmente el edificio superior fue concebido por el maestro de obras para tres ábsides. La obra fue concebida como templo de cuatro naves con la peculiaridad a la que hemos hecho referencia. Para los maestros constructores existe una lectura iniciática según la cual el número cuatro, que representa al número de elementos que hay en la naturaleza, se vincula con el número

La portada norte.

La misteriosa criatura bicéfala.

tres, número cósmico por excelencia relacionado, como todo el Camino, con las estrellas y con la idea de la trinidad que se hace una en los cielos cubriendo con su manto de estrellas el sendero iniciático que continua hacia la siguiente etapa: Sangüesa.

Aunque esta ciudad no figura en el Códice Calixtino, como tampoco lo hace Leyre, se trata de una etapa relevante en el camino iniciático de Santiago. El origen de la ciudad se remonta a la época romana. La fundación de la ciudad en 1122 se la debemos a Alfonso I el Batallador. La estrategia de repoblación acabó por convertir esta ciudad en una de

Otra señal para el peregrino culto que llegaba al monasterio de Leyre. En esta imagen la serpiente se representa bajo la forma del símbolo del infinito.

las más monumentales del Camino. De entre todas sus iglesias, restos de murallas, palacios y otras edificaciones destaca la iglesia de Santa María la Real datada en el siglo XI y que posee una de las portadas románicas más espléndidas jamás esculpidas en la ruta jacobea. Entre las numerosas escenas y personajes representados llaman la atención los relieves enjutos del guerrero Sigurd dando muerte al dragón Dafner, tal como se nos cuenta en la saga de Sigurd. Se trata de un claro mensaje para los buscadores de la sabiduría milenaria a través del cual se les incita a esforzarse

Portada de la iglesia de Santa María La Real (Sangüesa, Navarra).

en su búsqueda. Al fin y al cabo la metáfora de esta escena evoca esa idea. En la leyenda nórdica Sigurd, el héroe, lucha contra el dragón que custodia un fabuloso tesoro con el propósito de rescatarlo, no de robarlo. Este edificio sagrado llama al peregrino a esa batalla interior que le permita discernir las pistas que le lleven a recuperar el tesoro que esconden estos muros y que no es otro que el conocimiento de los maestros constructores y la sabiduría espiritual y filosófica que convierte este viaje en algo trascendente y único.

Los peregrinos continuaban su periplo hasta volver a empalmar con el Camino en Liédena bordeando para ello la hermosa sierra de Leyre a partir de la localidad de Yesa. Unos kilómetros más adelante se topaban con el impresionante desfiladero del río Irati donde los arqueólogos descubrieron hace años una fabulosa villa romana. Con ligeras variantes el Camino seguía por Idocin, Monreal a cuya salida los peregrinos atravesaban el río Elorz y tras dejar atrás Tiebas entraban en Eunate.

La ermita templaria de Eunate representa para muchos el templo más enigmático del Camino Francés. Levantada en campo abierto llama poderosamente la atención por su singular planta octogonal y sus treinta y tres columnas con sus capiteles decorados que rodean el conjunto. Se trata –junto con la iglesia de Torres del Río y la capilla Sancti Spiritus de Roncesvalles– de uno de los templos funerarios de Navarra más impresionante. En muchos aspectos la iglesia guarda estrechos paralelismos arquitectónicos con las otras dos construcciones las cuales imitan arquitectónicamente al Santo Sepulcro de Jerusalén. Es más, la ermita guarda un estrecho parecido con la Cúpula de la Roca de Jerusalén, algo que resulta coherente con sus patrocinadores, los templarios, que utilizaron como primer oratorio ese importante y sagrado lugar en Palestina. El hecho de que existan enterramientos de peregrinos sugiere que la pequeña construcción que se eleva sobre su techumbre fue utilizada como linterna de los muertos. Es decir, se encendía una pequeña fogata cuando se acababa de enterrar algún peregrino debajo del claustro. Existe un extraño relato relacionado con Eunate en el que se afirma que en esta ermita se descubrió una tumba de una reina. Resulta evidente que esta historia enlaza con algún vago recuerdo mitológico que llegó hasta aquellos remotos parajes. Por un momento pensamos que podría tratarse de la reina Lupa dueña y soberana del lejano santuario pagano de Gallaecia, pero francamente de ser así sería algo difícil de constatar. Se sospecha que la ermita sirvió como escenario para cobijar a los templarios en sus reuniones y rituales más arcanos y discretos. No suena descabellado pues el templo, reminiscencia de la Cúpula de la Roca de Jerusalén, podría servir precisamente a estos fines tan poco ortodoxos. Todas estas evidencias y

Imagen aérea de la ermita templaria de factura románica de Eunate (Muruzábal, Navarra).

señales hacen de este lugar uno de los más relevantes para el peregrino que hace el Camino por razones iniciáticas. El templo sirve de soporte de abundante simbología en la que los canteros herméticos pusieron especial empeño teniendo en cuenta quiénes promovieron la obra, los misteriosos Templarios.

Se cree que donde ahora está Eunate debió existir en el siglo XIII un hospital que dependía de San Juan de Jerusalén. Algo lógico pues se trata de una construcción acometida por los caballeros templarios. Uno de los elementos arquitectónicos más intrigantes de Eunate es la arquería exenta. El hecho de que esté construida a campo abierto también resulta insólito. En euskera Eunate significa «las cien puertas» y aunque la arquería no llega a aproximarse a esa cifra puede que estemos ante una metáfora que nos viene a decir que Eunate es, en realidad, una especie de gran portal que brinda al peregrino la posibilidad de reflexionar sobre esa nueva perspectiva que adquiere el mundo una vez que el iniciado ha comenzado a experimentar la verdadera dimensión de su largo viaje. Después de cubrir esta etapa los peregrinos avanzaban hacia Puente la Reina.

La ruta de Ibañeta–Roncesvalles era considerada el itinerario más importante de esta zona. Eran muchos los peregrinos, especialmente aquellos que procedían de Francia, que confluían en Ostabat, una modesta aldea del pirineo vasco-francés que también recogía un importante número de peregrinos procedentes del centro y norte de Europa. Debido a su posición estratégica en Ostabat se cobraba el peaje con la

Representación de la muerte de Roldán durante la batalla de Roncesvalles. Roldán formaba parte de un selecto grupo de paladines o guerreros de élite y de confianza de Carlomagno. Es más: era el sobrino del emperador.

excusa de utilizar esos recursos para la conservación de la ruta aunque también respondió a un estímulo despótico por parte del poder feudal. No debemos pasar por alto que también existía una riada de peregrinos que atravesaba la cordillera pirenaica por Roncesvalles. Para los peregrinos franceses este lugar es Ibañeta. Eran dos localidades agigantadas por la leyenda a las que tenían especial sensibilidad, pues en estos escenarios transcurrieron los supuestos acontecimientos de los Doce Pares de Francia (Chanson de Roland) donde se aseguraba que sus protagonistas habían sido enterrados en la capilla de Sancti Spiritus construida en el siglo XII para acoger a los peregrinos que fallecían en su tentativa por llegar a Compostela. Las estelas funerarias son otra de las claves que se encuentran los peregrinos de las logias medievales; y es que recuerdan al caminante la naturaleza trascendente de la muerte física pero también la simbólica de la aventura iniciática que han comenzado.

Monasterio de San Juan de Ortega (Burgos).

Aunque existían otras opciones para el viaje, otras rutas, sin embargo, el peregrino encontraba muchas dificultades orográficas en su periplo por estas alternativas que se le presentaban por lo que la mayoría de las veces prefería continuar su periplo por el trazado de las calzadas romanas pasando por Ibañeta y Somport. Eran además rutas protegidas del bandidaje y los ataques musulmanes por parte de los Templarios y otras órdenes militares. Será con Alfonso VI cuando surjan, en la narrativa cultural jacobea, Santo Domingo de la Calzada y San Juan de Ortega. El monasterio de San Juan de Ortega posee además una funcionalidad astronómica que lo vincula con la ancestral tradición astronómica de los santuarios que se han ido sucediendo a lo largo de los siglos en la ruta jacobea antes de ser concebida como lo es hoy por la Iglesia. Y es que en su interior existe un capitel laboriosamente esculpido que representa la Anunciación; pues bien, dos veces al año, el 20 y 21 de marzo y el 22 y 23 de septiembre, coincidiendo con el equinoccio, a las cinco de la tarde exactamente un rayo de sol baña con su luz el hermoso capitel reafirmando esa percepción hermética que abriga la ruta de las estrellas.

Con la implicación de Alfonso VI comenzarán a brotar en el Camino monasterios y hospitales gracias también al apoyo económico que aportaron, no solo el monarca, sino también los nobles y obispos de la

La luz equinoccial baña con su luz el capitel de la Anunciación.

Iglesia de los peregrinos; también conocida con el nombre de Iglesia de Santiago en Roncesvalles (Navarra).

época. A finales del siglo xi el Camino medieval ya está prácticamente oficializado. Los peregrinos que descienden de Ibañeta desembocan en la siguiente etapa: Roncesvalles.

Roncesvalles es fruto de la peregrinación a Compostela siendo en sus orígenes fundado como hospital para la asistencia de peregrinos. Roncesvalles aglutina en su seno numerosas leyendas medievales de carácter épico con una narrativa que gira alrededor de un acontecimiento histórico: el fracaso de las tropas de Carlomagno y la muerte de Roldán aunque también tenemos historias de matiz mariano. La fundación de la iglesia –construida bajo la advocación de Nuestra Señora de Roncesvalles– se la debemos a Sancho vii el Fuerte. Desde hace siglos este lugar despierta una gran devoción en el entorno celebrándose cada ocho de septiembre una romería al santuario mariano a la que acuden en hábito penitencial y descalzos los feligreses. Otro aspecto más a valorar por los peregrinos que buscan adquirir la sabiduría de los Jacques. Pero existe una leyenda relacionada con Roncesvalles que para los peregrinos del Camino iniciático tenía un trasfondo que pocos, entonces, veían. Durante una noche estrellada unos pastores vieron aparecer de la nada un ciervo con una cornamenta luminosa que se arrodilló bajo la copa de un haya. Mientras todo esto sucedía una extraña música surgió en el aire. Los asombrados pastores comenzaron a sentirse incómodos ante la desconcertante visión y acabaron huyendo del lugar despavoridos. Sin embargo, el fenómeno se volvió recurrente durante varios días más y como pasa siempre en las historias marinas compelidos por la curiosidad, los dos protagonistas excavaron en el lugar en el que se había arrodillado el misterioso ciervo y extrajeron la talla de una Virgen que se encontraba, además, junto a una fuente. Esta leyenda está plagada de referencias al paganismo ancestral que debió ejercer su soberanía sobre este territorio. El ciervo es un psicopompo; un mediador entre este y el «Otro Mundo». Es, tal como ya comentamos en capítulos anteriores, un potente mediador utilizado en las culturas de la antigüedad. Encontramos representaciones de chamanes ataviados como ciervos (y otros animales que cumplen la misma función) en numerosas cuevas paleolíticas del continente europeo. Estos seres del mundo tradicional no solo hunden sus raíces en la cosmología paleolítica. Otros elementos como el hecho de arrodillarse bajo un haya o que la Virgen aparezca junto a una fuente son indicativos de un viaje sobrenatural a la dimensión neurológica del imaginario celta, vinculado también con tiempos aún más remotos. Recordemos que el agua es un elemento limitador entre el inframundo y el mundo donde viven los hombres. El agua también juega un papel muy importante pues suele servir como «frontera» con lo invisible y en este caso en particular con ese mundo sobrenatural del que procede el psicopompo que es realmente el que sacraliza el territorio; la Virgen es –como en la historia de la reina Lupa– el elemento cristianizado de un espacio con funcionalidades sagradas anteriores a la aparición de la Virgen. Estas evidencias justifican la consideración de que Roncesvalles fue en su momento un territorio sagrado con funcionalidades mágico-religiosas de tipología pagana. Existe una razón ocultista detrás del nombre de Roncesvalles que significa «valle de los espinos» y que podemos relacionar con el símbolo de la «rosa espinosa». El peregrino

Fachada catedral de Pamplona.

corre el riesgo de lastimarse al tratar de contactar con el conocimiento pero alcanzar el grado espiritual que conlleva esa sabiduría reclama del interesado estar dispuesto a esforzarse, incluso a sufrir por ello si fuera necesario. Sin embargo, ese sufrimiento tendrá su recompensa. En el área de influencia de Roncesvalles encontramos el pueblo de Espinal y que etimológicamente también es una reminiscencia de la espina. Lo interesante de Espinal es que esta localidad se encuentra en uno de los enclaves megalíticos más ricos de Navarra. Para aquellos que forman parte de las logias de constructores y que aspiran a superar el nivel de iniciado, estos parajes contienen muchas de las claves técnicas que explican que en nuestro siglo estos monumentos sigan en pie como el primer día. Es por lo tanto un territorio sagrado del que procede la inspiración de los neófitos que algún día contribuirán con su ciencia y conocimiento a enriquecer la Gran Obra del Camino de Santiago.

Restos arqueológicos del claustro.

Los peregrinos seguían avanzando hasta llegar a la catedral de Pamplona, un alto en el camino para reflexionar pues la catedral en sí ha perdido muchos de los matices primitivos que podrían haber suscitado el interés del iniciado. Sin embargo, los peregrinos podían encontrar algunas alusiones alquímicas dejadas por los constructores; en concreto, el portón labrado en piedra que podemos ver en la Portada Preciosa, que comparte protagonismo con la Puerta de la Dormición. Se cree también que la representación mariana del claustro es una evocación a una antigua deidad femenina que habitó el lugar antes de que llegase el Cristianismo a estos lares.

Una vez abandonada Pamplona el peregrino se adentraba en la localidad de Gazólaz y su críptico templo. Es esta una de esas etapas que planteaban a los peregrinos de la ruta iniciática un desafío importante. Es la única iglesia porticada de la zona y este hecho resulta insólito en estos pagos, pues no parece existir ningún criterio climático o de otra índole que lo justifique. Otro detalle es que el templo de Gazólaz se edificó bajo la advocación de Nuestra Señora de las Candelas; en otras palabras, la Virgen de la Candelaria y que bien es sabido rezuma paganismo por los cuatro costados. En el mundo tradicional celta se celebraba, por las mismas fechas que se festeja La Candelaria, el culto a la diosa Brigantia encendiéndose para ello fogatas y candelas en su honor. Desde los inicios del Cristianismo se trató de prohibir este ritual con vinculaciones cósmicas y solares hasta que fue finalmente asimilado y cristianizado por el catolicismo en el siglo XI. La galería porticada es otro de sus misterios. Normalmente, su construcción atendía a razones tan mundanas como proteger a las personas que acudían a las celebraciones litúrgicas de la insolación; aunque hay que reconocer que también puede ser útil para hacer frente a las inclemencias del tiempo como el viento o la lluvia; no obstante, lo más común es ver este tipo de construcción en lugares de la geografía ibérica más secas y soleadas, cosa que no sucede en estas latitudes del norte peninsular; por esa razón, autores como García Atienza abogan por otro tipo de funcionalidad: «Esta circunstancia hace pensar sobre sus fines y, aunque sea meterse de nuevo en terrenos heréticos, obliga a plantearse si acaso estos pórticos no estarían construidos pensando en otras funciones, tales como la necesidad de establecer una zona de purificación en la que aquellos que fueran a acceder al interior de la iglesia tuvieran la oportunidad de identificarse previamente con el acto sagrado al que iban a asistir (…) se entiende perfectamente que estos pórticos fueran, en el contexto de la arquitectura románica, los lugares donde los escultores canteros se volcasen en sus supuestas

Fotografía de la Iglesia de Gazólaz tomada a principios del siglo XX por Julio Altadill.

fantasías»[50]. Y es que en las galerías escultóricas del templo los canteros habrían tallado grandes hitos de la historia sagrada y signos camuflados del lenguaje hermético medieval. Lo cierto es que existen algunas figuras esculpidas como magos, personajes con las bocas tapadas, toros con bocas exageradamente abiertas que demandaban, sin duda, la atención del iniciado pues se encontraban deliberadamente esculpidas en rincones solitarios y oscuros del monumento. No muy lejos de allí existe un alto, conocido como alto del Perdón, donde los peregrinos ascendían, tal vez, para reflexionar sobre el mensaje oculto de la iglesia de Gazólaz. Una vez reflexionado era hora de continuar la ruta hasta llegar a Puente la Reina.

Aquí es donde nos topamos con una de las leyendas más populares del Camino de Santiago; la historia del Txori. La palabra Chori traducida del euskera al castellano significa «pajarillo». Tenemos testimonio documental de una insólita tradición que sobrevivió hasta el siglo XIX en la que los lugareños festejaban la llegada de un pajarillo que por espacio

---

[50] Atienza G., Juan. Segunda Guía de la España Mágica. Barcelona 1989.

Historia secreta del Camino de Santiago

Puente la reina sobre el río Arga.

Portada de la Iglesia del Crucifijo.

de varias horas se posaba al lado de la efigie de la Virgen del Puy. Se decía que el pajarillo recogía agua del río con la que luego rociaba los rostros de la Virgen y del Niño Jesús al tiempo que los acariciaba con las alas extendidas. La imagen de la Virgen del Puy ocupaba el espacio reservado para ella en la capilla que se alzaba en medio del puente románico; con el tiempo la talla fue trasladada a la parroquia de San Pedro. Pero antes de seguir la ruta hacia Estella no debemos pasar por alto la iglesia del Crucifijo que se encontraban los peregrinos a la entrada misma de Puente la Reina. Lo interesante de este templo es que en su interior encontramos un «crucifijo» que en realidad es un tronco de un árbol, con la forma de la Y; es decir, con la forma de la Pata de la Oca. En él cuelga la efigie de un Cristo del siglo XIV. Se sabe que fue colocado allí poco después de que el Temple desapareciera de la faz de la tierra. De camino a Estella los peregrinos pasaban junto a la iglesia de Cirauqui con una de las portadas polilobuladas más complejas del Camino. Allí tomaban nota técnica y artística los peregrinos pertenecientes a las logias de canteros, pues la ruta a Santiago era también una escuela al aire libre que servía de inspiración para los futuros canteros y escultores del Camino.

El crucifijo en el interior del templo representa subliminalmente el símbolo de la Oca de tanta relevancia en la cultura hermética jacobea.

EL MISTERIO DE LA IGLESIA DE SANTIAGO (PUENTE LA REINA)

En sus orígenes, la iglesia de Santiago fue románica pero con el tiempo acabarían añadiéndosele las estructuras góticas que hoy demandan nuestra atención. Este fabuloso templo guarda en su interior un misterio; y es que poca gente sabe que en el altar existen dos de los relicarios más importantes del Camino. En una de mis visitas se me permitió fotografiar el interior de ambos relicarios, cerrados al público por largas temporadas. Entre las numerosas reliquias destaca una por su singularidad pues se trata de una figura humana momificada que convive –presumiblemente– con los huesos y otras partes del cuerpo de San Bartolomé, el beato Manuel López Orbana o un hueso de Santa Águeda entre otros muchos restos humanos con olor a santidad. En otro de los relicarios, encontramos los huesos de San Hipólito entre otros de no menor importancia para los creyentes. Ambos relicarios forman parte del fabuloso retablo que encontramos en el altar del templo y representan escenas elementales de la vida de Santiago. En uno de los relicarios encontramos tallada la escena de la decapitación del Apóstol por orden de Herodes Agripa.

Portada de la iglesia de Santiago el Mayor.

Al llegar a Estella, la antigua Lizarra, los peregrinos de finales del siglo XI no entraban por Estella sino por el monasterio de Zarapuz en dirección a Irache. A la nueva localidad, sita al margen del río Ega se

La espectacular bóveda del templo.

Relicario con la escena de la decapitación de Santiago.

fueron agregando paulatinamente nuevos grupos de población con sus respectivas construcciones de nuevas iglesias como San Salvador del Arenal o San Miguel, entre otras.

Estella fue por lo tanto un modelo de ciudad que fue creciendo al abrigo de las sucesivas promociones que animaban a las gentes a repoblar este lugar. Fue así como acabó convirtiéndose en uno de los núcleos urbanos jacobeos más cosmopolitas y lo que empezó con una llegada masiva de francos se fue enriqueciendo culturalmente con la llegada de gentes dedicadas a diversas actividades gremiales como los comerciantes pero también los judíos. El nombre de Estella, desde su fundación, es una clara reminiscencia de la ruta de las estrellas; una vinculación deliberada que recuerda al peregrino la trascendencia e implicaciones de su viaje respecto al conocimiento secreto que se mimetiza en los muros, paisajes y tradiciones que jalonan el Camino. Las extrañas criaturas esculpidas en el portón de la iglesia de San Pedro de la Rúa recibían a los peregrinos para recordarles que ellas eran las verdaderas guardianas de los secretos del templo y que su forma respondía a criterios cosmológicos paganos. Tal vez el hecho más significativo desde el punto de vista simbólico es que las construcciones sagradas más representativas de Estella fueron erigidas en las zonas más elevadas de la orografía obligando

Santiago.

al romero a ascender penosamente hacia donde nacen las estrellas cada noche. Es, sin duda, un mensaje que obliga al caminante a interpretar otras señales mucho más complejas de carácter astronómico. Era esencial que el peregrino comenzara a discernir los vínculos que los constructores habían establecido a lo largo de la ruta jacobea entre el cielo y la tierra que pisaban con sus ya desgastadas sandalias.

Historia secreta del Camino de Santiago

La «momia» de la iglesia de Santiago aparece recostada cómodamente junto a los huesos de varios santos y otras muchas reliquias.

La iglesia del Santo Sepulcro en Estella se edificó deliberadamente por donde discurría la antigua Rúa de los peregrinos.

De camino nos encontramos con el monasterio de Iranzu.

Los peregrinos continuaban el Camino hacia Igúsquiza, a los pies del monte de Monjardín desde cuya cumbre las ruinas del antiguo castillo de San Esteban vigilaban el periplo de los romeros a su paso por la iglesia románica de Villamayor de Monjardín donde parecen escucharse, al observar sus capitales historiados, el batir de espadas y armaduras de los caballeros que luchan en sus capiteles. Luego seguían la ruta hacia Sansol donde su iglesia del Santo Sepulcro servía a fines funerarios.

Se trata de un edificio de planta octogonal y una Linterna de los Muertos en la que se encendía una luminaria por la noche para indicar que algún peregrino había sido enterrado allí y aunque en rigor no hay nada que demuestre su vinculación templaria, encontramos, sin embargo señales que parecen apuntar lo contrario. Es el caso de la figura bafomética que se halla en el interior de la capilla octogonal del templo. Por otro lado, la zona por la que transcurre el Camino en su trayecto a Logroño es territorio bien conocido por los antropólogos por haber sido escenario de la actividad brujeril. Los peregrinos sabían de la fama de estas tierras y por esa razón cuando llegaban a la altura de las charcas de Viana solían hacer un rodeo para no verse en la necesidad de transitar un paso que creían embrujado donde habitaban las criaturas endemoniadas y las energías más oscuras.

Historia secreta del Camino de Santiago

Iglesia del Santo Sepulcro con su planta octogonal en Torres del Río (Navarra).

Bóveda octogonal desde el interior del templo.

Una vez pasada la localidad de Viana con su iglesia parroquial de proporciones catedralicias y donde, por cierto, reposan los restos de César Borgia, los peregrinos se aventuraban por tierras riojanas. Naturalmente, los caminantes de los primeros tiempos no pudieron maravillarse ante la monumentalidad de esta iglesia pues fue construida entre los siglos XV y XVII; a pesar de todo, fue un importante paso de peregrinos, conclusión que viene avalada por los cinco hospitales que construyeron

Iglesia de San Bartolomé. Al fondo se vislumbra la torre mudéjar que la caracteriza.

ex profeso para cubrir las necesidades asistenciales de los romeros que se dirigían a tierras galaicas.

La entrada a Logroño se hacía por el puente de diez arcos y tres torres que sobrevolaba el río Ebro. El puente fue construido por Alfonso VI y posteriormente fue restaurado por Santo Domingo de la Calzada y San Juan de Ortega. Según describen los documentos medievales que han llegado hasta nosotros el mismísimo Cid destruyó la ciudad en el año 1092 siendo posteriormente repoblada por García Ordóñez. Desde el puente los peregrinos contemplaban, reflejadas en las aguas del caudaloso río Ebro, las torres de San Bartolomé, de estilo mudéjar; las dos torres barrocas de la Redonda y la torre de Santiago. Los peregrinos eran conocedores de la tradición que afirmaba que San Francisco de Asís había estado allí antes que ellos y que a él se debe un acontecimiento extraordinario que consistió en una sanación milagrosa sin parangón hasta entonces. La iglesia de San Bartolomé se convirtió en una referencia inexcusable para aquellos que hacían el Camino hermético. Según la tradición, San Bartolomé fue desollado vivo. Durante siglos muchas iglesias compitieron unas con otras haciendo creer a los peregrinos que tenían los restos de la piel del santo custodiados como reliquia. Naturalmente, nada más lejos de la realidad; sin embargo, detrás de este personaje encontramos un interesante simbolismo. La serpiente cambia de piel cada año por lo que este templo simboliza el significado profundo que tiene este ofidio en el contexto más hermético del Camino. Representa, básicamente, la sabiduría y la inmortalidad; y es que estos mensajes grabados en la dura roca siguen intactos con el paso del tiempo. Por lo tanto, el mensaje de los constructores medievales es y debe ser inmortal debiendo fluir a través del ser humano.

Una vez superada la etapa de Logroño los peregrinos se encontraban con los capiteles del portón del cementerio de Navarrete donde el cantero medieval recuerda al peregrino que viaja al finisterre galaico su relevante papel; eso explica que en los capiteles del cementerio aparezca dibujado un peregrino iniciado. En su pelada loma se yergue una iglesia descomunal construida en 1538 y se sabe que el recinto de la villa estuvo amurallado existiendo a sus pies un enorme foso. La ruta continúa a través de pendientes desde las que los peregrinos podían otear el horizonte con sus colinas onduladas. Es entonces cuando entraban en Nájera que se encuentra en el corazón de La Rioja y se topaban con la ermita de Arcos, en Tricio; un monumento extraño en el que se entremezcla una amalgama de diferentes estilos arquitectónicos; tal vez un guiño de los constructores herméticos medievales que utilizaron este recinto por razones no solo simbólicas sino también educativas pues

Entrada al cementerio de Navarrete. Estos elementos pertenecieron al antiguo hospital.

aquellos neófitos que aspiraban a convertirse en arquitectos o artesanos tenían una oportunidad en este templo para estudiar los diversos estilos conjugados en un solo edificio. Lejos de ser una anarquía arquitectónica, la ermita de Arcos, es una materialización que busca aleccionar a los futuros especialistas que trabajarán en la Gran Obra. Cabe señalar que los estucos barrocos que encontramos en su interior representan una jarra reminiscencia del Grial.

Los peregrinos que abandonaban Nájera dejaban tras de sí los campos de Valpierre y desde allí remontaban la ruta en dirección San Millán de la Cogolla, sito en el monasterio de Suso. Era de esperar, si eran muy devotos, que visitaran este lugar para ver con sus propios ojos la tumba del santo ermitaño y reflexionar y orar en la cueva en que este pasó gran parte de su existencia. Y es que, una vez más, encontramos una relación no solo con los orígenes orientales del Cristianismo a través de las prácticas ascéticas que se promovieron en la península ibérica, sino con las raíces paganas que sustentaban una especie de realidad paralela materializada en un territorio considerado sagrado antes de que San Millán viviera con intensidad su vida de eremita. Y es que el peregrino que transitaba estos andurriales pronto se percataba de que la comarca

Monasterio de Suso (La Rioja).

que estaba recorriendo era el escenario elegido por lejanos antepasados para expresar la trascendencia a través de la magia y el ritual prohibido.

Sabemos que la Sierra de la Demanda, en cuyas estribaciones -no lo olvidemos- nace el río Oja; otra referencia clara al símbolo de la Oca, abundan los testimonios y tradiciones que apoyan la idea de que este fue un importante centro sagrado en tiempos remotos. La pista nos la brinda el topónimo por el que se conoce el pico que despunta de manera singular en toda la comarca y cuyo nombre, pico de San Lorenzo, es una clara deformación de Lug, el dios más significativo, como hemos estado viendo, del panteón más ancestral de Europa. Los cultos marianos también abundan en estas montañas y por esa razón se explican historias tan interesantes como la del descubrimiento de la Virgen de Valvanera –patrona de La Rioja– o la de Santa María la Real de Nájera; ambas con historias de las que hay mucho que extraer. Según la leyenda, la Virgen de Valvanera se encontró dentro del tronco de un árbol custodiada por abejas mientras que la Virgen de Santa María la Real de Nájera fue descubierta en las entrañas de una oscura cueva. Ambas historias evocan una deidad femenina y que creemos puede ser la gran diosa-madre de las culturas prehistóricas o alguna deidad femenina poderosa cuya querencia dio lugar a esta adaptación de la cultura religiosa cristiana. Esta vinculación tiene sentido pues la Virgen de Valvanera, por ejemplo, data del siglo x, un momento donde las influencias paganas todavía se hacían sentir en algunos lugares de la península ibérica. Es más, en la leyenda aparecen más de un centenar de ermitaños relacionados con el descubrimiento de esta Virgen. Otra señal que nos está hablando del lejano génesis de este espacio sagrado. De vuelta al Camino y tras un corto paseo el peregrino pisaba tierras de Santo Domingo de la Calzada.

Hablar de Santo Domingo es hablar de un maestro constructor que dedicó una parte de su vida a colaborar en la asistencia de los peregrinos en una localidad de La Rioja que se llamaba Bureba. Atraído por la vida de ermitaño intentó en vano ingresar en la Orden Benedictina pero fue rechazado y por esa razón tuvo que conformarse con retirarse a Bureba pero lejos de desmoronarse, su vida se volvió, a partir de entonces, muy activa. Su labor fue muy apreciada dedicándose al mantenimiento del entorno desbrozando las malezas y espesuras. También edificó una ermita y un hospital de peregrinos dedicado a Nuestra Señora además de una calzada y un puente que se hicieron famosos en el lugar que acabaría llevando su nombre. Santo Domingo de la Calzada protagonizó, además, la que es considerada la leyenda más famosa del Camino de Santiago. Aunque la Guía del Peregrino ubica el célebre milagro en la ciudad de Toulouse encontramos un apoyo documental –en un manuscrito datado en 1350– que lo sitúa en la ciudad de Santo Domingo. El historiador Cortés Arrese[51] resume así el episodio: «Cuenta la tradición que entre los muchos peregrinos compostelanos que hacían alto en esta ciudad para venerar las reliquias del santo, llegó aquí un matrimonio procedente de Sa Santis, arzobispado de Colonia, con su hijo de 18 años llamado Hugonell. La doncella del mesón donde se hospedaron se enamoró del joven, pero ante la indiferencia del muchacho decidió vengarse. Metió una copa de plata en el equipaje del muchacho y cuando los dos peregrinos siguieron su camino, fue denunciado el robo ante el corregidor. Aquel fue hallado culpable y ahorcado. Al volver sus padres de Compostela fueron a ver a su hijo ahorcado y cuando llegaron al lugar donde se encontraba, escucharon su voz que les anunciaba que Santo Domingo le había conservado la vida. Fueron sin tardanza a la casa del corregidor y le contaron el prodigio. Este, incrédulo, les contestó que su hijo estaba tan vivo como el gallo y la gallina asados que él se disponía a comer.

---

[51] Arrese Cortés. Por tierras de Santo Domingo y San Juan de Ortega. Doc. Barcelona 1989.

La catedral de Santo Domingo de la Calzada despunta al cielo.

Santo Domingo de la Calzada representado en la catedral.

En ese preciso momento, el gallo y la gallina se cubrieron de plumas y saltando el plato se pusieron a cantar». De esta leyenda popular arrancó el dicho popular: *Santo Domingo de la Calzada, donde cantó la gallina después de asada*. Y es que el peregrino que llegaba a Santo Domingo se encontraba con numerosas señales sobre las que reflexionar e indagar; en primer término, la presencia omnímoda en todo momento y lugar de la figura de todo un maestro de la Gran Obra: Santo Domingo. Este dato era muy importante pues permitía al neófito investigar la dimensión técnica de las obras que había ejecutado en vida y que seguían en uso y en pie; pero también la dimensión espiritual del personaje. No

El gallinero que conmemora el prodigioso milagro al que se hace referencia en las crónicas medievales.

debemos olvidar también a Juan de Ortega cuyo sepulcro también debía ser visitado en el santuario que lleva su nombre pues él también era un maestro constructor; un Jacques. En segundo lugar, una leyenda que evocaba una idea de suma trascendencia para aquel que viajaba hacia el finisterre atlántico: la resurrección. En la leyenda de Santo Domingo de la Calzada las gallinas asadas renacen, como el Ave Fénix de sus cenizas. Lo mismo ansía el peregrino que hace el Camino Iniciático; la transmutación alquímica del alma; un cambio de estado definitivo que resurgirá de la muerte simbólica del caminante que se aventura a hacer la ruta de las estrellas. Dos lecturas superficiales que derivarán en otras muchas, todas ellas vinculadas a la ruta sagrada del sol en su viaje al ocaso que da pie a la resurrección del astro solar al día siguiente. Una vez más, la metáfora del Camino se solapa en las claves de una leyenda cuyo fin no es otro que vincularse con el verdadero significado que hay detrás del peregrinaje jacobeo.

Al salir de Santo Domingo los peregrinos cruzaban un frondoso valle de acacias y chopos, pasaban Grañón hasta llegar a Redecilla del Camino ya en tierras del Cid, en la provincia de Burgos. Luego, seguían por Castildelgado, cruzaban Vilamayor del Río entrando en Belorado visitando su iglesia parroquial para luego continuar camino. Por entonces, a las afueras de la localidad se encontraban los hospitales de peregrinos dispuestos a recibir a cualquier viajero que lo necesitara. La ruta continuaba por Tosantos, Espinosa del Camino y la misteriosa Villafranca de Montes de Oca que disponía de uno de los hospitales más importantes de la ruta. Es aquí donde los peregrinos ascendían los montes de Oca y rememoraban la leyenda del muchacho francés que murió de camino a Compostela mientras ascendía las verdes lomas de este fabuloso lugar para luego resucitar milagrosamente por intercesión del apóstol Santiago. Una vez más, la tradición evoca el sentido iniciático del viaje. El peregrino va tomando conciencia de que debe asumir su muerte simbólica para renacer de nuevo al final de su largo viaje. Después de ascender hasta los 1.150 metros los peregrinos llegaban a Valdefuentes y desde allí cruzaban los entonces temibles montes de Oca pues era bien sabido que era guarida de forajidos y ladrones. Finalmente, los caminantes alcanzaban San Juan de Ortega, al que nos hemos referido antes como otro de los grandes constructores del Camino. A él se deben los puentes de Agés, Nájera o Logroño pero también la iglesia de San Nicolás con sus ventanales abocinados. Se trata de una de las joyas del románico jacobeo. Uno de los ejemplares arquitectónicos más hermosos del Camino que esperaban con las puertas abiertas a los romeros. Los neófitos alcanzaban este lugar compelidos por el aprendizaje en un doble sentido; el técnico y el espiritual, pues se trata de una ruta que desde Santo Domingo de la Calzada no deja de hacer referencia constante a la necesidad de morir para renacer en uno mismo. Un mensaje que a esas alturas del viaje ya debía de haber calado definitivamente en sus espíritus.

Los peregrinos seguían su ruta por Agés y Atapuerca, donde se encuentra uno de los yacimientos paleontológicos más importantes a nivel mundial. También podría haber optado, partiendo de Valdefuentes, a ir por la ruta que conduce a Zalduendo, Ibeas de Juarros, San Medes y finalmente, Burgos.

En Burgos, la ciudad del Cid, comenzaba para los peregrinos la quinta etapa de la peregrinación. Ya desde los inicios de la tradición jacobea, la ciudad era conocida por su activo comercio y sus numerosos albergues y hospitales. La explicación es sencilla. En Burgos confluyen los rebaños de peregrinos que vienen de Bayona y de Puente la Reina.

Toma aérea de parte de las ruinas del convento templario de San Antón (Castrojeriz).

Las arquivoltas de la portada del convento denotan la maestría hermética propia de la misteriosa orden del Temple.

Se cree que durante la repoblación, alrededor del año 884, un peregrino alemán, Nuño Belchides, se afincó en la ciudad siendo él quien le pondría el nombre que la identifica ante el mundo. Sin duda la catedral de Burgos era visitada por los peregrinos tanto los más devotos como los iniciados. Estos últimos estudiaban a fondo las características arquitectónicas y artísticas del fabuloso templo pero –a diferencia de otros monumentos del Camino– este no fue erigido con intención iniciática alguna. La salida de Burgos llevaba a los peregrinos por tierras mesetarias. Era un viaje donde imperaba la introversión y la reflexión de lo ya visto y aunque existen algunas señales en el Camino es una ruta que se centra más en el mundo interior del peregrino que en los signos que pueda encontrar en su camino. No obstante citaré a modo de ejemplo

Detalle de una de las estructuras mejor conservadas.

el crucero de Hontanas en donde vemos representados los frutos de la adormidera; una reminiscencia de los antiguos rituales paganos que utilizaban los poderes del reino vegetal para experimentar los estados alterados de conciencia que vinculaban aquellas culturas de la antigüedad con su cosmología. Precisamente, en Castrojeriz, en el convento de San Antón donde aparece en sus muros grabada la misteriosa Tau, existió una comunidad de monjes antonianos que rememoraban en sus prácticas las de los curanderos y los druidas de la antigüedad. De hecho, se especializaron en la sanación del mal de San Antón, más conocido como fuego de San Antón por el que las personas que lo padecían presentaban laceraciones cutáneas por todo el cuerpo. Hoy sabemos que esta extraña reacción del cuerpo humano se debía a la ingesta en exceso del cornezuelo, un hongo que se encontraba aleatoriamente en las espigas del centeno o la cebada. Dato curioso es que el cornezuelo servía también para acceder a «otros mundos» pues es considerado alucinógeno. Las prácticas de estos monjes rayaban lo herético. Celebraban un ritual por el que bendecían la Tau pues se suponía que era un poderoso amuleto para alejar las enfermedades y pestes de cualquier tipo. También bendecían el pan de San Antonio que era medicinal, lo que nos lleva a sospechar del uso de ingredientes como ciertas plantas medicinales y finalmente el vino santo que se consideraba milagroso para hacer frente a la enfermedad del fuego de San Antón. También se bendecían otros objetos por diferentes motivos de carácter coyuntural. Así que en estas tierras el peregrino accedía a un conocimiento arcaico y prohibido; alejado de la ortodoxia cuyo fin noble no era otro que curar a las personas y a los animales.

La siguiente etapa marcaba el inicio de una percepción dormida pero real en la cosmología de los constructores medievales: las corrientes telúricas como referente a la hora de construir ciertos templos sobre ellas y su vinculación con el reguero de estrellas que cubre la ruta terrestre que hacen los peregrinos. Por esa razón la serpiente aparece profusamente representada en los capitales de la catedral de Jaca. No obstante lo que define a San Martín de Frómista es su equilibrio conceptual y arquitectónico con el entorno visible y el telúrico y regulador, invisible para la mayoría de los humanos pero no para aquellos peregrinos con una especial sensibilidad a los campos magnéticos de la Tierra. Transitar esta geografía significaba para el neófito recorrer lugares con una sacralidad arcana basada en la figura de las «matres» paganas; eso explica la abundante tradición mariana, de génesis también telúrico, que a través de las Vírgenes negras y de las blancas los conectaba con aquella cosmología ancestral y difuminada por el tiempo. Algunos de esos peregrinos lograban sentir bajo sus pies las energías que como serpientes recorrían las entrañas de la tierra que pisaban. Por eso cuando acudían a visitar las efigies de la Virgen del Manzano, en Castrojeriz, la Virgen de Ronte en Osorno o la Virgen Blanca de Villasirga lo hacían en el convencimiento de que aquellas no eran otra cosa que imágenes codificadas de algo ancestral, poderoso y telúrico.

Colegiata de Nuestra Señora del Manzano (Siglo XIII, Castrojeriz).

Otra de las joyas con las que se enfrenta el peregrino; el Templo-Fortaleza de Santa María la Blanca, Villalcázar de Sirga (Palencia).

Iglesia de Santa María Magdalena una de las joyas arquitectónicas de Tierra de Campos, en Palencia.

De Frómista se dirigían los peregrinos a Villalcázar de Sirga con su iglesia del siglo XIII. Una vez visitaban el templo y admiraban la momia del infante Don Felipe, hijo de San Fernando y de Leonor de Castro, llegaban a Carrión de los Condes, la que por entonces era considerada la localidad más relevante de Tierra de Campos, donde moraban los famosos condes de Carrión.

La ermita románica de San Miguel fue construida en el año 1227 y cuentan las crónicas que fue un lugar al que acudían los leprosos en busca de curación. Desde el siglo XII, esta parte del Camino fue señorío de los templarios hospitalarios pero también las órdenes militares como la de Malta o San Juan de Jerusalén.

La iglesia de San Juan de los Caballeros (Castrojeriz) denota un elemento hermético desconcertante en su rosetón con un pentáculo invertido. Un símbolo relacionado con ancestrales cultos al diablo, rituales paganos y con el pitagorismo matemático.

Este era un punto estratégico para los peregrinos que seguían el Camino Francés y ascendían la meseta por Reinosa y Espinosa de los Monteros. El primer templo que les salía al paso era la iglesia románica de Santa María del Camino datada en el siglo XII con su talla del Cristo del Amparo en donde la cruz, como en el caso de la iglesia del crucifijo en Puente la Reina, también presenta la forma de la pata de la Oca en clara referencia a los iniciados que transitan el Camino. También podían visitar la iglesia de Santiago sita en la calle de la Rúa con uno de los frisos románicos más depurados que se puedan ver con deleite en el Camino de Santiago. Los peregrinos seguían su trayecto atravesando el río Carrión alcanzando a su paso el monasterio de San Zoilo fundado en el siglo X.

La ruta de las estrellas continuaba por la llamada Calzada de los Molinos que se ubica en la parte baja de una loma y atravesaban estos paisajes agrestes hasta alcanzar territorios más fértiles en Terradillos y Moratinos. Una vez atravesaban el río Valderaduey accedían a la entrada que les conducía a Sahagún; donde comenzaba la séptima etapa de la ruta jacobea. El templo que llamaba la atención de los peregrinos nada más entrar en la ciudad era la iglesia románico-mudéjar de San Tirso,

Iglesia de San Martín de Tours en Fromista, Palencia.

Cúpula desde el interior de San Martín de Tours.

Capitel del peregrino.

Talla del Cristo del Amparo (Iglesia Santa María del Camino, Carrión de los Condes). Como en el caso de la iglesia del Crucifijo de Puente la Reina este otro presenta el mismo simbolismo de la Oca.

levantada en el siglo XII con una airosa torre en la que el ladrillo y la piedra se mimetizan. Era sin duda, una de las etapas más interesantes para los peregrinos pertenecientes a las logias involucradas en la Gran Obra.

Se trataba pues de una visita obligada por razones empíricas y técnicas que el neófito no debía obviar. Al salir de la ciudad los peregrinos atravesaban el río Cea, por entonces debía ser bastante caudaloso, razón por la que se construyó un puente medieval de cinco arcos que sigue en pie. Los romeros atravesaban la inmensa llanura atravesando a su paso Calzada del Coto; lugar donde la ruta se bifurcaba pudiendo elegir si se quería seguir dirección a Mansilla por la Calzadilla de los Hermanos o seguir la senda cósmica por Bercianos del Camino, Burgos Ranero y Reliegos que finalmente se unían con el anterior periplo en Mansilla de las Mulas. A la salida de la localidad, los peregrinos atravesaban el río Esla por un puente que los conducía hasta el monasterio mozárabe de San Miguel de Escalada cuya iglesia fue consagrada en el año 913. Para los iniciados el monasterio representaba un hito importante a descifrar pues sus muros y la tradición se conjugan en una lectura del lugar

Iglesia mudéjar de San Tirso (Sahagún, Castilla y León) camino obligado para los peregrinos que aspiraban a convertirse en arquitectos de la Gran Obra en las logias que proliferaban entonces en la Europa cristiana.

armoniosa y sorprendente. Esas claves la encontramos por ejemplo en la numerología. El monasterio cobija en su mundo pétreo numerosos elementos bajo la advocación del número 12; pues doce eran los apóstoles de Cristo; o con el número 3 que debe ser asimilado con la Santísima Trinidad. En el ámbito de la tradición local destaca la historia del siglo XII de San Gonzalo, el monje que se dirigía a rezar en secreto a la Virgen de La Escalada. Dice la tradición que San Gonzalo cruzaba todos los días el río para rezar a la Virgen caminando sobre su propio manto sin mojarse. Durante siglos el contenedor pétreo que contenía sus restos fue objeto de veneración por los lugareños hasta el punto de ser utilizado para hacer frente a las malas cosechas o las pestes. La reliquia desapareció en el siglo XVII. Tal vez esta leyenda sea otra reminiscencia del culto pagano a la diosa madre de las tradiciones más arcaicas. Como vemos el agua vuelve a marcar el límite entre el Otro Mundo y el de los humanos. Por lo que el río debió ser en el pasado remoto una frontera antinatural que formaba parte de un territorio sagrado más extenso. Siguiendo las huellas de los peregrinos que les precedieron aquellos peregrinos

Monasterio de San Miguel de Escalada (León).

iniciados llegaban finalmente a León. Sus orígenes hemos de ubicarlos en la Legio Septima Gemina por lo que el nombre de la ciudad parece tener clara vinculación con el dios Lug, algo que a estas alturas del viaje ya no debería sorprender a nadie.

Entrar en León suponía para los peregrinos entrar en zona griálica. Una vez más un símbolo tan poderoso como el Grial viene a «consolidar» el discurso iniciático del Camino. Y es que según la tradición el Santo Cáliz utilizado por Cristo en la Última Cena estaría custodiado en la iglesia de San Isidoro[52]. Estamos hablando del cáliz que la reina Doña Urraca regaló en el siglo XI y que está formado a su vez por dos piezas de ágata mucho más antiguas datadas en el siglo I. Otro de los grandes monumentos es la catedral que comenzó a construirse en el siglo XIII y que con el tiempo acabó por convertirse en lo que es hoy: uno de los monumentos más armoniosos de la arquitectura gótica española. Se trata de una obra que refleja muchos de los principios alquímicos medievales. En realidad, las catedrales constituyen un compendio de la sabiduría alquímica de la Edad Media. En el caso de la catedral de León esos conocimientos están expuestos a los ojos de todo el mundo a través de una rica simbología cuyo significado solo podían leer aquellos peregrinos oriundos de las logias medievales. Así, por ejemplo, la cruz latina de las catedrales era en realidad una representación del crisol alquímico mientras que la luz que filtraban las coloridas vidrieras de la catedral cumplían una función taumatúrgica. Fulcanelli afirmaba que el término «gótico» proviene del término «argot» que no es otra cosa que una referencia explícita al «lenguaje secreto» utilizado por los constructores medievales. Por esa razón la catedral de León era también de visita obligada, especialmente en su etapa de esplendor gótico pues gran parte del conocimiento adquirido kilómetros atrás cobraba sentido para el neófito al contemplar muchos de los secretos herméticos del Camino en un diálogo interior con los rincones y muros de la catedral leonesa fluido y enriquecedor. Como comentamos antes, se trata de una etapa donde el Grial está muy presente. Así, la Virgen Blanca de la catedral leonesa fue deliberadamente ubicada al poniente en un lugar donde el baño alquímico de la luz del sol alcanza la figura cada día. La imagen está flanqueada por los santos varones que sostienen en sus manos libros abiertos. Lo contrario que encontramos en el interior de la catedral. En sus entrañas en un lugar donde nunca penetra la luz solar, en el parteluz

---

[52] Quiero dejar claro que personalmente no estoy de acuerdo con la teoría que apoya la autenticidad del Grial pero entiendo que el símbolo refuerza y enriquece la narrativa cosmológica de la tradición iniciática jacobea, por eso es relevante la creencia en su autenticidad (nota del autor).

Historia secreta del Camino de Santiago

Dos vistas de la espectacular catedral de León.

La Virgen Blanca.

de la fachada norte, se encuentra la efigie de la denominada Virgen Negra del Dado; que no es otra cosa que el Santo Grial que sostiene en su mano derecha. La imagen está flanqueada también por los santos varones, pero a diferencia de lo que se representa al poniente de la catedral aquí los personajes portan libros cerrados. Todo un mensaje hermético que el peregrino neófito sabrá valorar en su justa medida. Sin duda, se trata de una de las etapas más trascendentales para el peregrino de la ruta iniciática que procede, tras un exhaustivo estudio de la catedral, a continuar camino en dirección a la antigua Astúrica romana, territorio estratégico para Roma pues de sus entrañas fluía el oro a raudales. Estamos hablando de las Médulas pero también del oro que se diluye en las aguas del río Sil y del Órbigo.

Portada de la Virgen del Dado en el centro.

Detalle de la mina romana de Las Médulas en León.

CAMINO DEL NORTE, CAMINO LEBANIEGO Y CAMINO PRIMITIVO: ALGUNOS APUNTES

El Camino también discurre en una de sus variantes por la costa cantábrica hasta llegar a Oviedo en territorio asturiano donde nace el Camino Primitivo. En Cantabria por ejemplo destaca por su simbolismo cósmico Santa María de Lebeña… o el monasterio de Santo Toribio de Liébana; ambos ejemplifican dos relevantes etapas del denominado Camino Lebaniego. El Camino del Norte es una de las rutas jacobeas más relevantes y de él precisamente parte una bifurcación muy próxima a San Vicente de la Barquera que acabará por convertirse en lo que luego se dará en llamar el Camino Lebaniego. Desde tiempos medievales ya se utilizaba esta ruta para visitar los restos de la cruz de Jesucristo que se creía estaba en el monasterio de Santo Toribio y de paso adorar los restos del santo que da nombre al templo. Un lugar a visitar si uno hace el Camino del Norte es la ruta jacobea de Urdaibai que parte de la localidad vizcaína de Bermeo donde nos encontraremos en nuestro viaje con el santuario vasco de San Juan de Gaztelugatxe con su impresionante escalera que asciende la escarpada loma de la montaña que acoge en su cima la ermita y la huella del pie de San Juan. Se sabe que en tiempos hubo un desvío desde Guernika hasta San Juan de Gaztelugatxe pero el camino que se utilizaría más sería el que tomaba dirección a Gerekiz pasando por Morga hasta desembocar en Santa María de Lezama. El Camino del Norte parte de Irún hasta terminar en Compostela. Al llegar a Gijón los peregrinos que hacen esta ruta tienen que decidir si continuar la ruta marcada por el Camino del Norte en dirección a Avilés o por el contrario tomar la bifurcación que conduce hasta Oviedo; si decidimos esta segunda opción entonces recorreremos el Camino Primitivo lo que nos permitirá visitar lugares tan especiales como la catedral de Oviedo con su reliquia estrella: el santo sudario que cubrió el rostro de Jesús; pero también dos joyas del prerrománico ligadas a la historia del Camino Primitivo: Santa María del Naranco y San Miguel de Lillo. Naturalmente, sea cual fuere nuestra decisión, son otros muchos los lugares fascinantes que enriquecerán el alma y el conocimiento del peregrino en su arduo viaje a Compostela o más allá.

La entrada a Astorga estaba acompañada de leyendas como la de Santa Marta, San Genadio, Santo Toribio y otros tantos personajes que alcanzaron la santidad y cuyas historias retumbaban como un eco lejano en los peregrinos hasta llegar a su catedral consagrada en el año 1069 y restaurada en el siglo XIII aunque posteriormente fue objeto de varias reformas, la última de ellas en el siglo XVI y que lamentablemente demolió

San Juan de Gaztelugatxe.

Pisada del santo en lo alto del santuario. Esta imagen nos remite a los ritos de fundación territorial en la Edad del Hierro e incluso antes.

Santa María de Lebeña una de las etapas más interesantes para los que hacen el Camino Lebaniego.

la parte más antigua del edificio por lo que desconocemos qué señales contenía en sus muros para el iniciado. Al despedirse de Astorga los peregrinos tenían la opción de escoger su nuevo trayecto hacia territorio galaico pero muy probablemente los que hacían la peregrinación por razones iniciáticas escogían el más antiguo y que trascurre por Rabanal del Camino y Focebadón. A partir de ahora el Camino se hará más difícil exigiendo del peregrino un esfuerzo físico mayor pues se trata de una ruta que va ascendiendo entre valles y montes sagrados. Durante este arduo trayecto la mente del peregrino se centraba en superar la fatiga y ocasionalmente durante los sucesivos descansos que se veía obligado a hacer reflexionaba sobre la influencia de los constructores en la ruta de las estrellas. Tal vez, pensaban, esos grandes templos e iglesias cumplían además una funcionalidad potenciadora de las energías telúricas que como serpientes vibraban bajo sus cansados pies. La Maragatería, así llamada por los habitantes tradicionales de estos pagos, era atravesada por los peregrinos de punta a punta. El peregrino consciente sabe que el valle del silencio estuvo poblado por anacoretas y que muchas de las cumbres que saludaban a los caminantes otrora fueron el hogar de olvidadas deidades que ejercían su soberanía en un territorio que gracias a la tradición jacobea volvió a ser funcional conforme a unos criterios

En su interior encontramos esta especie de mándala cósmico.

cosmológicos distintos pero que rezuman autenticidad gracias a las reminiscencias paganas que envuelven esta aventura única. Lo ecos del priscilianismo también se dejan entrever en la cultura tradicional con la que contactan a lo largo de su periplo. Atravesando la Maragatería, la subida se hace cada vez más dura en dirección a Foncebadón, en las laderas del monte Irago. A la salida del pueblo los peregrinos se percataban de que estaban a gran altura, en la línea divisoria con el Bierzo. El silencio a 1.500 metros de altura sobrecogía el ánimo de los peregrinos y frente a ellos el humilladero de la Cruz de Fierro; un crucero que marca desde el

Humilladero de la Cruz de Fierro.

siglo XII el punto más alto del Camino Francés pero que fue considerado desde la Edad Media como un lugar donde se expresaba la devoción religiosa y que solía existir junto a los caminos o a la entrada o salida de los pueblos. Se trata de una estructura prácticamente extinguida si no fuera por que aún hoy pervive esta en territorio leonés. Subsiste la tradición de dejar una piedra que el peregrino ha llevado consigo en la mochila procedente del lugar desde donde ha iniciado el Camino. Algunos peregrinos acampaban por las noches junto al monumento entre los aullidos de los lobos y con las estrellas fugaces recorriendo el cielo sobre sus cabezas. Mientras el viento mecía sus sueños.

Los susurros de un conocimiento arcano comenzaban a estas alturas a tomar forma en la mente del peregrino. Es algo que se sustanciaba cuando llegaba –pasado el castillo templario de Ponferrada– al templo mozárabe de Santo Tomás de las Ollas. Lo sorprendente de este lugar es su planta que parece adquirir la forma de una tumba antropomorfa, en

Los peregrinos insertan pequeños objetos y piedras como testimonio de su paso por este lugar.

Atravesando la Maragatería, la subida se hace cada vez más dura en dirección a Foncebadón, en las laderas del monte Irago. Los paisajes son espectaculares.

Molinaseca y su puente marca el trayecto hacia Ponferrada.

su cabezal encontramos la clave que explica la razón de esta construcción y es que está rodeado por nueve arcos de herradura. Esos nueve arcos ciegos levemente iluminados representaban para el iniciado los nueve pasos que permitían retornar al arquetipo, a los estados puros. Ese retorno marca una vía de conocimiento cuyos pasos se resumen en la muerte iniciática, que conduce al iniciado a dejar de lado lo profano; la superación del instante a través del abandono de la figura del tiempo lo que permitirá al iniciado acceder a lo sagrado, al renacimiento –como indica Mircea Eliade– a la vida eterna; pues la muerte se convierte en

Peñalba de Santiago la entrada natural al Valle del Silencio, territorio de ascetas.

un ritual que favorece el resurgir de un nuevo estado lo que en sí mismo se constituye en el espíritu de lo que significa la iniciación. Esa muerte iniciática que está tan presente a lo largo de toda esta etapa y que alcanzará su culmen en la próxima etapa física del Camino, equivale a la muerte de la ignorancia y el renacimiento de una sabiduría luminosa en el ámbito espiritual y filosófico. Una vez retomadas las fuerzas en la Iglesia de Santiago, en Villafranca del Bierzo; donde además algunos curanderos sanaban al peregrino de sus dolencias extranaturales relacionadas con lo telúrico, se incorporaban y retomaban el Camino hasta alcanzar la meta griálica en tierras gallegas: O Cebreiro. Y es que, según la tradición aquí se custodia otro Grial que no deja de ser un símbolo para los neófitos que una vez alcanzada la cima de O Cebreiro han asimilado su gradual proceso de muerte y transformación. A 1.293 metros la vista ávida de los peregrinos se perdía en las distantes tierras lucenses. Tras ver con sus propios ojos el Grial custodiado en la iglesia prerrománica los

Iglesia de Santiago Apóstol (Villafranca del Bierzo, León). El templo fue construido en el año 1186 por el obispo de Astorga, don Fernando.

La famosa Puerta del Perdón que solo se abre en los años jacobeos para aquellos peregrinos que por enfermedad o cualquier otra causa que les impida viajar hasta Compostela puedan ser perdonados de sus pecados otorgándoles el Jubileo.

iniciados descendían en dirección hacia Triacastela; la undécima etapa del Camino de Santiago.

En territorio galaico el peregrinaje supera el nivel físico y apuesta por avanzar en el plano introspectivo del individuo que realiza el viaje iniciático. Estamos ante las etapas más sublimes de la ruta de las estrellas, pues el recorrido que traza el Camino por Galicia coincide con lo que antaño fue un espacio de culto pagano que ya fue recorrido en tiempos de Aristóteles[53] por otros peregrinos que viajaban a los acantilados donde el dios de la muerte los esperaba con los brazos abiertos para ayudarles en su transición al Más Allá. En este trayecto los peregrinos medievales

---

[53] Camino Heracleo.

En el interior del templo encontramos esta fabulosa talla de un Cristo crucificado bizantino del siglo XIII.

Historia secreta del Camino de Santiago

Santa María de O Cebreiro (Os Ancares, Lugo, Galicia). Construida a mediados del siglo IX cobija en su interior uno de tantos cálices que compiten por el reconocimiento de ser considerados como el auténtico Santo Grial.

tenían la oportunidad, por primera vez, no solo de observar y aprender, sino de comenzar a dialogar con la Gran Obra y su ingente simbología evocadora de viejos cultos y saberes ancestrales de enorme trascendencia.

En su avance por tierras lucenses los peregrinos alcanzaban el monasterio de Samos pero aquellos pioneros de la ruta medieval no podían saber que siglos después, en el siglo XVIII, se construiría en uno de sus claustros una insólita fuente conocida como Fonte das Nereidas y que representa a cuatro sirenas que parecen apuntar a los cuatro puntos cardinales. Según la tradición oral de la zona hubo un momento en que las autoridades consideraron impúdicas las efigies por lo que decidieron desmontarlas pero al parecer una fuerza sobrenatural impidió que los monjes pudieran hacerlo por lo que respetaron la construcción. Existe otra leyenda, esta aún más antigua, que tal vez explique los orígenes de Samos en su fundación; y es que Samos, como otros monasterios de la ruta jacobea, pudo tener relación con una comunidad eremita que estaría allí mucho antes de la existencia misma de la congregación religiosa. Según la tradición hubo en el monasterio un monje llamado fray Anselmo que todas las noches soñaba con un hermoso pájaro de alas de

Monasterio de Samos.

Barbadelo etapa de camino a Portomarín con su interesante iglesia del siglo XII.

Uno de los «cruzeiros» de la iglesia de Barbadelo.

oro que se posaba en un lugar –probablemente un territorio de culto pagano– y extendía sus alas allí. Persuadido por la experiencia onírica recurrente, Anselmo decidió ir en compañía de otros monjes al lugar y excavaron en él; entonces desenterraron una galería que desprendía una luminiscencia misteriosa y en su interior encontraron el cuerpo incorrupto y luminoso de un ermitaño con un ajuar de oro alrededor de su cadáver. Una narración llena de símbolos recurrentes como el sueño de fray Anselmo, donde vuelve a referenciarse metafóricamente a las luces cósmicas que adornan la Vía Láctea y el concepto de mortalidad.

La siguiente escala del peregrino, una vez superada Sarria, era Portomarín. Desgraciadamente este lugar fue víctima de las políticas públicas del franquismo. Con la excusa de levantar una presa se trasladó todo el pueblo a su actual lugar, incluido el fabuloso templo de San Xoán de Portomarín. Como consecuencia de ello algunas de las funcionalidades que se presupone tenía el templo perdieron sentido. Se cree que su orientación favorecía que los rayos del sol incidieran en su enorme rosetón en determinadas épocas del año. Desgraciadamente todas estas

El templo fortaleza de San Xoán de Portomarin (Lugo, Galicia).

Cima de O Pico Sacro (Boqueixón, A Coruña). Como hemos estado viendo escenario de la leyenda de la translatio.

especulaciones han quedado en eso. Pero lo que si es evidente es la profusión de gliptografías en sus muros cuya lectura en su conjunto sigue siendo un misterio[54].

Para el iniciado, sin embargo, visitar este templo conllevaba un acopio importante de datos relacionados con la construcción pero también con la lectura iniciática. Lamentablemente todas las claves herméticas perdieron su sentido después de ser trasladado el templo con todo el pueblo. Los peregrinos se despedían de este enclave y bajaban una suave pendiente que pasaba por Cortapezas con su fantástica iglesia románica y seguían su periplo atravesando Togibó, Castromaior, San Pedro Fiz de Hospital y otras aldeas menores en población que no en importancia hasta que entraban en Vilar de Donas la casa fundada por los «Caballeros de Santiago» para servir a los peregrinos en su viaje siendo lo más llamativo del templo las pinturas del ábside datadas en torno al siglo XV. La traducción al castellano de la palabra «Dona» es «Dueña» y aquí radica el misterio. Alvaro Cunqueiro afirmaba sobre estas «Donas» que

---

[54] Naturalmente, se trata de firmas de cantero pero existen indicios que nos llevan a sospechar que —en determinados contextos— eran algo más.

Claustro de Sobrado dos Monxes.

Historia secreta del Camino de Santiago

Interior del templo

vemos pintadas en el ábside que «son las *Giocondas* de Galicia, de misteriosa y abstraída sonrisa». Se cree que estas pinturas fueron ejecutadas sobre otras más antiguas, tal vez por considerarlas demasiado impúdicas o heréticas, por lo que cabe la posibilidad de que las originales hicieran referencia a esa diosa que se agazapa en el mundo tradicional galaico más ancestral y que, como ya señalamos en capítulos precedentes, era soberana de los territorios sagrados antes de la llegada del Cristianismo. Aquellos peregrinos viajaban entre la naturaleza más salvaje, pero también entre montes coronados por castros, dólmenes y petroglifos. Un hecho significativo que marcaba, ahora lo sabemos, los territorios sagrados donde se manifestaba el mundo sobrenatural que se concitaba desde siempre en los cruces de caminos y las estrechas *corredoiras* que a veces salían al encuentro de los caminantes. Una vez dejaban detrás Vilar de Donas los peregrinos ascendían el monte del Rosario desde el que se podía otear en la distancia el santuario alrededor del cual pivota toda la cosmología celta galaica y, como hemos visto, la tradición oculta del Camino de Santiago: el Pico Sacro.

A los pocos kilómetros se encontraban con Palas de Rei la que el Códice Calixtino considera como última etapa de la ruta de las estrellas. Los peregrinos proseguían su viaje por Carvallal, Caiola, San Xulián do

Camiño y cruzaban el río Tambre por un puente que les conducía hasta Libureiro, desde allí avanzaban a un territorio en el que la arqueología ha encontrado huellas de épocas pretéritas; Mellid que se adentraba por Vilanova de Lourenzá, Mondoñedo, Vilar y Parga. En este periplo los peregrinos seguían avanzando hasta las puertas de Arzúa que posee una

Monte do Gozo. Una escultura moderna señala el lugar donde los peregrinos del siglo XXI exteriorizan su júbilo después de un largo periplo de esfuerzos.

iglesia dedicada al Apóstol y visitaban de paso el fabuloso monasterio de Sobrado dos Monxes fundado en el siglo x.

Tras superar Burres, Ferreiros, Santa Irine y Casanosa los peregrinos se encontraban a tan solo once kilómetros de Compostela. Una vez superada esa distancia algunos peregrinos mostraban su júbilo al ascender el llamado Monte do Gozo; por fin podían atisbar desde su cima la ansiada meta de la mayoría de ellos: la catedral de Compostela.

Naturalmente, para los que hacían el camino iniciático aquella era, sin duda, una etapa de singular relevancia pero su verdadero destino estaba en Fisterra. Como ya hemos explicado en capítulos precedentes, la llegada a Compostela suponía para los neófitos toda una revelación; un prólogo de lo que finalmente iban a experimentar a su llegada en los acantilados atlánticos galaicos: una epifanía en la que aquellos iniciados llevaban a cabo algún tipo de ritual que les permitía morir simbólicamente, puede que algunos de ellos lo materializasen en Santa María A Nova, en Noia, para luego experimentar en Fisterra su nueva percepción del mundo, los conocimientos adquiridos y su renacimiento como una nueva criatura de Dios dispuesta a consagrar su vida a la Gran Obra entendida como la única herramienta capaz de transformar al ser humano en lo más íntimo de su ser y el mundo que pisa en su viaje vital como individuo.

Quinta parte

De lo profano a lo espiritual

Capítulo 16
Peregrinar en la Edad Media

Siempre he tratado de imaginarme cómo habría sido hacer el Camino en la etapa medieval. Sabemos que en el siglo XIII los peregrinos se agolpaban fervorosos a las puertas de la catedral Compostelana. Esa imagen resume hasta qué punto llegó a ser importante para el cristiano medieval materializar ese viaje en sus vidas. Afortunadamente, tenemos documentación histórica que nos ayuda a recrear ese periplo a Compostela y las vicisitudes que aquellos peregrinos pudieron experimentar en un plano más profano y apegado a la realidad del momento. Aquellos romeros procedentes de culturas tan diversas contribuyeron, muchas veces sin saberlo, a activar otras sinergias en el Camino alejadas de las ambiciones espirituales o ideológicas; algunas fueron imprevistas como la expansión de enfermedades y otras fueron previamente diseñadas y desarrolladas como el turismo y la creciente actividad económica en la ruta jacobea. Así que en el Camino medieval confluyeron numerosos factores y aspectos haciendo de esta ruta no solo un camino de peregrinación, de iniciación o de aprendizaje técnico o artístico: también fue el escenario donde muchas personas enriquecieron su propia experiencia vital como seres humanos experimentado en cada etapa las sensaciones y acontecimientos del día a día y de la cultura medieval dominante. En su viaje, los peregrinos se enfrentaban a retos y peligros todos los días que podían dar al traste con sus planes de llegar sanos y salvos a Compostela.

Esas vivencias más prosaicas que espirituales retratan la otra cara del Camino de Santiago conformando una experiencia vital cuya dimensión armoniza las más elevadas aspiraciones del peregrino con la dura e intensa realidad que sale a su encuentro durante su largo recorrido por el escenario medieval que pisa ataviado con el don de la observación, la introspección y la reflexión de todo cuanto ve y siente.

La promoción del Camino fue hábilmente orquestada por los monjes de Cluny pero también por el arzobispo Gelmírez y el cabildo compostelano. La Orden de Cluny con sus trece conventos acogía a numerosos peregrinos, especialmente los franceses que se sentían cómodos entre sus muros, razón por la cual mostraban un gran afecto por sus anfitriones. No pasaba lo mismo con los lugareños que literalmente odiaban a aquellos monjes, a la postre influyentes señores feudales que causaron no pocas tensiones con sus habitantes. Aquella compleja estrategia, a la que ya nos hemos referido antes, tuvo tanto éxito que ya en el siglo XII Santiago de Compostela pasó a convertirse en el tercer santuario de todo Occidente tras Roma y Jerusalén.

Gracias a la leyenda Carlomagno, que probablemente nunca supo de la existencia de Galicia y sus habitantes, acabó convirtiéndose en el «primer peregrino»[55] que viajó a Compostela. Los promotores del Camino no dudaron en sembrar toda la ruta jacobea con reclamos de toda índole para llamar la atención del devoto creyente y así animarlo -literalmente- «a perder la cabeza» y viajar a Compostela, imbuidos de un extremo fervor religioso, hasta el punto de abandonar, si ello era preciso, sus responsabilidades familiares dejando a sus hijos a cargo de la caridad pública tal como se ha podido constatar en numerosos documentos medievales. Fue el caso de numerosos peregrinos que persuadidos por la aventura jacobea renunciaron a su instinto paternal antes de embarcar en cualquiera de los navíos que esperaban partir desde los puertos ingleses en dirección a Galicia u otros puertos del cantábrico ibérico.

Las reliquias fueron otro de los grandes atractivos y por esa razón muchos peregrinos se sentían motivados a superar las etapas que les permitirían conocer los restos de la madre de Cristo, o la cabeza de San Juan Bautista entre otros muchos testimonios de santidad. El Camino medieval prometía conocer, en primera persona, grandes maravillas pero también poder tocar las evidencias de lo sobrenatural o presenciar milagros inexplicables. ¿Cómo resistirse a un viaje tan prometedor siendo un devoto creyente?

---

[55] En realidad, el primer peregrino jacobeo, históricamente hablando, fue el obispo Godescalc que en el año 951 inició su viaje desde la localidad francesa de Le Puy inaugurando la conocida segunda vía jacobea: la Podiensis.

Carlomagno, de pie, fue uno de los grandes reclamos de la ruta jacobea medieval.

Los siglos XII y XIII fueron los dos grandes momentos del Camino medieval. Fue cuando este gozó de mayor popularidad y atracción. Este explosivo éxito tuvo su más fiel reflejo en los más de doscientos templos e iglesias que se construyeron entonces bajo la advocación del Apóstol. Riadas de peregrinos viajaban a la catedral de Compostela, como ya he referido páginas atrás, por múltiples motivos. Las primeras oleadas significativas de peregrinos que llegaron Santiago, en el siglo XI, procedían de Alemania y era tal su devoción que no les bastaba con reverenciar los restos del Apóstol o tocar con sus dedos el hacha con la que supuestamente había sufrido martirio. Muchos de ellos llevaban en sus zurrones o alforjas numerosos regalos. Pero antes de experimentar este trascendental momento los peregrinos de toda Europa descubrían la existencia del Santo Grial en el alto de O Cebreiro, idea que probablemente inspiró, como señala la erudita Victoria Armesto, el Parsifal.

Sala del Santo Grial en «O Cebreiro».

En su largo viaje a tierras ibéricas los peregrinos europeos medievales que transitaban las diferentes rutas jacobeas, la Tolosona, la Podiensis, la Turonensis y la Lemosina tenían la oportunidad de maravillarse antes de converger en su peregrinaje allí donde las cuatro rutas finalizaban: Puente la Reina. La cuarta vía, la Turonensis, llamada así porque pasaba por la ciudad de Tours, era la más importante. Allí convergían peregrinos franceses, ingleses, alemanes y flamencos. Todos ellos tenían grandes expectativas acerca de lo que encontrarían en esta ruta; y es que en su caminar tendrían la oportunidad de recorrer París y visitar la desaparecida iglesia de Saint Jacques de la Boucherie. Una vez recorridas sus entrañas y tras las oportunas ofrendas y oraciones los peregrinos cruzaban el puente de Notre Dame en dirección a Tours donde les esperaban los supuestos restos de San Martín; pero si existía una reliquia que distinguía esta ruta de las otras era la cabeza de San Juan Bautista, la cual estaba custodiada por un centenar de monjes en el monasterio de San Juan de Angely, en

Ostabat. Hay que señalar, también, que esta ruta tenía un simbolismo muy especial y es que, según la tradición, fue el mismo trazado que utilizó la comitiva que trasladó los restos de Prisciliano desde Alemania hasta Galicia para recibir sepultura allí. Imagino las sensaciones que pudieron experimentar los peregrinos cultos que eran realmente conscientes de este supuesto acontecimiento histórico.

Aunque estas cuatro vías jacobeas convergían en Puente la Reina no todas pasaban por Roncesvalles. Los peregrinos orientales que recorrían la ruta Tolosana se veían obligados a pasar por la imponente cadena montañosa de los Pirineos atravesando, para ello, el puerto de Aspe. El resto de peregrinos, aquellos que viajaban por las otras tres rutas, pasaban obligatoriamente por el mítico Roncesvalles. Si eras un peregrino del siglo XIII sorprendía ver tanto bullicio en sus calles; y es que, por entonces, lo que hoy es un pueblo apacible, otrora fue uno de los centros turísticos más vitales de la ruta jacobea medieval. Por sus calles transitaban todo tipo de peregrinos, desde los más humildes hasta los más ricos y pudientes. Sabemos que hasta allí llegaron personajes de la realeza como Luis el Gordo que aterrizó en esta localidad con todo su séquito y en compañía del duque de Aquitania, también pasaron por allí personalidades tan relevantes en la época como la princesa sueca Ingrid von Melchtild de la que se dice que hizo el Camino a pie acompañada de un séquito de alegres jóvenes de la nobleza; todas ellas mujeres. En el siglo XIII también fue sonado el caso del Papa Formosu o el de algunos aristócratas que no dudaban en viajar, en aquellos tiempos, en coche-cama. En aquella época, Roncesvalles fue el escenario de momentos melodramáticos pero también deliciosamente cómicos. Es el caso de los peregrinos sustitutos que hacían el Camino en representación de personas pudientes condenadas a hacerlo por adulterio. Según la ley de la época podían evitar este escarnio público enviando a otro en su lugar. Me pregunto lo que haría el condenado durante el viaje de su representante a Compostela. Alfonso «El Batallador» fundó en Roncesvalles un hospital que acogía a los peregrinos más pobres. Los peregrinos que llegaban allí eran muy bien tratados y durante tres días se les daba digno hospedaje y alimento. Pero antes de darles entrada se les despiojaba y aseaba. A los que tuvieran alguna enfermedad de la piel, como la sarna, muy común en aquellos tiempos, se les ubicaba en habitaciones separadas del resto de peregrinos sanos que dormían en lugares comunes pero previamente separados por sexos. Los camastros donde dormían estaban hechos de paja y existían criados de varias nacionalidades que adecentaban y mantenían el lugar. El Camino también era un espacio para lo trágico. Es el caso de los peregrinos desnudos, que también los había. Eran personas que habían sido condenadas por la ley a hacer el Camino esposados y sin ropa, apenas un taparrabos. Esos infelices eran conocidos como «nudis cum ferro». Los que conseguían llegar a la ciudad santa se liberaban de sus penas y llegaban en un estado deplorable. Digna mención merecían las reliquias que servían de reclamo en esta animosa, por entonces,

Alfonso I de Aragón, también conocido como «El Batallador», fundador del por entonces populoso Roncesvalles.

localidad jacobea: la maza de Ronaldo y las pantuflas del arzobispo Turpín de Reims[56]. Puede que algunos peregrinos escucharan por sus calles a alguien mentar el nombre de «Orrega» y es que se trata del nombre del topónimo en vasco de Roncesvalles. Lo curioso es su significado -«Pueblo del Bosque»-, lo que para algunos deja abierta la posibilidad de que este lugar fuera también un lugar de culto pagano ancestral.

Llegar a Compostela desde Roncesvalles suponía cubrir los algo más de ochocientos treinta kilómetros que separaban ambos lugares en trece o catorce días si ibas a caballo y, si hacías el Camino a pie, tardabas una media de veinte o treinta jornadas en llegar siempre que fueras capaz de cubrir los cuarenta kilómetros diarios necesarios. Naturalmente, como he referido antes, continuar viaje era toda una aventura pues el Camino estaba plagado de incertidumbres y peligros: ataques de lobos, pero también de bandidos y otros actores que asaltaban a los peregrinos en su viaje como las incursiones de moros que podían convertir al peregrino -en el mejor de los casos- en cautivo o bien encuentros inesperados con los vascos que gozaban también de muy mala reputación. Viajar por aquellos territorios se convertía en una lucha diaria por mantenerse vivo. A la hora de recogerse, después de una dura jornada, algunos peregrinos se dejaban caer en las posadas. Estos sitios podían convertirse en lugares siniestros para el viajero. Existía una ley por la que el ventero podía quedarse con todo lo que llevara consigo el infeliz peregrino si este fallecía dentro de su propiedad, cosa que pasaba con cierta asiduidad por enfermedad sobrevenida o por contraer alguno de los numerosos males que aquejaban a los hombres, mujeres y niños en la Edad Media. En los escritos del famoso monje benedictino Ayméric Picaud, Santiago apóstol era considerado un poderoso mediador contra cualquier tipo de enfermedad o dolencia que aquejara al peregrino durante su largo viaje. Sin embargo, hacer el Camino muchas veces conllevaba el inevitable contagio de temibles enfermedades. Las enfermedades más comunes entonces eran la lepra, el tifus, la viruela y algunas infecciones venéreas. Durante la Edad Media, la lepra fue, de todas las citadas, la más temible y extendida. Aunque su propagación durante la época comenzó en Italia, la enfermedad ya existía en menor medida desde los tiempos del Imperio romano. Sus principales propagadores fueron, entonces, los legionarios recién llegados de lejanas tierras y los esclavos y trabajadores involucrados en muchas de las grandes infraestructuras que por entonces acometía Roma dentro de su imperio. Como es natural,

---

[56] Este prelado del siglo VIII era tan prestigioso que se decidió atribuirle la autoría del Libro IV del Códice Calixtino (siglo XII).

la peregrinación a los lugares santos, entre ellos Santiago de Compostela, o la participación en las Cruzadas, contribuyeron con suma eficacia a su expansión pandémica en toda la península ibérica y por ende, en los caminos jacobeos por los que viajaban aquellos peregrinos. Pero no fue la única causa. El Camino fue la primera vía comercial de Europa donde las mercancías se intercambiaban sin mediar gravámenes aduaneros, por lo que aquellos comerciantes, precursores de la Unión Europea, también contribuyeron a la expansión de estas enfermedades en la ruta jacobea. La cosmología cristiana consideraba a los leprosos como hijos de Dios por lo que no podían ser abandonados a su suerte. Por esa razón, la Iglesia decidió encargarse de ellos recogiéndolos en centros benéficos donde eran aislados para de este modo evitar la propagación de la temible dolencia. Esos lugares de acogida recibieron el nombre de lazaretos, evocación de la Orden de San Lázaro fundada en el siglo x y que se encargaría a partir de entonces de tratar a estos enfermos en todo el Camino de Santiago. En esta misión destacaron además las órdenes hospitalarias de los Caballeros de San Juan o la de San Antonio Abad, entre otras. Los leprosos recibían el nombre de malato o gafe y su presencia en las calles era advertida por un fraile que tocaba una campanilla a su paso para que la gente se apartara. También llevaban una vestimenta que los distinguía del resto. Se trataba de una vestimenta de color gris con un distintivo identificativo. Debido a la consideración cristiana que tenían estos enfermos, la Iglesia les ofrecía los servicios litúrgicos pero también les permitía viajar como peregrinos a Santiago. Muchos de ellos lo hacían esperanzados pues pensaban que el Apóstol les curaría de su enfermedad. Era tal la fe que las crónicas han registrado para la posteridad numerosas curaciones milagrosas. Se cree que el tifus se expandió en la Edad Media desde Marruecos. Uno de los hospitales medievales más conocidos del Camino fue el de Foncebadón; lugar donde fueron a parar muchos peregrinos que se habían contagiado de la enfermedad. Uno de los aspectos más terroríficos del tifus es que tras manifestarse la enfermedad sus víctimas apenas superaban los tres días de vida. Otra de las pestes que atacaba regularmente a los peregrinos era la viruela procedente del continente africano. Aunque los índices de mortalidad no eran tan grandes su impacto pandémico fue considerable en la Europa medieval y concretamente, en el Camino de Santiago.

Finalmente, entre las enfermedades venéreas que campaban a sus anchas dentro del trazado jacobeo, la sífilis era la más temida y común. Conocida entonces con el nombre de «morbus gallicus» tenía su origen en aquellos peregrinos que mantenían relaciones sexuales con prostitutas; pero también la falta de higiene de la época contribuyó a expandir

Historia secreta del Camino de Santiago

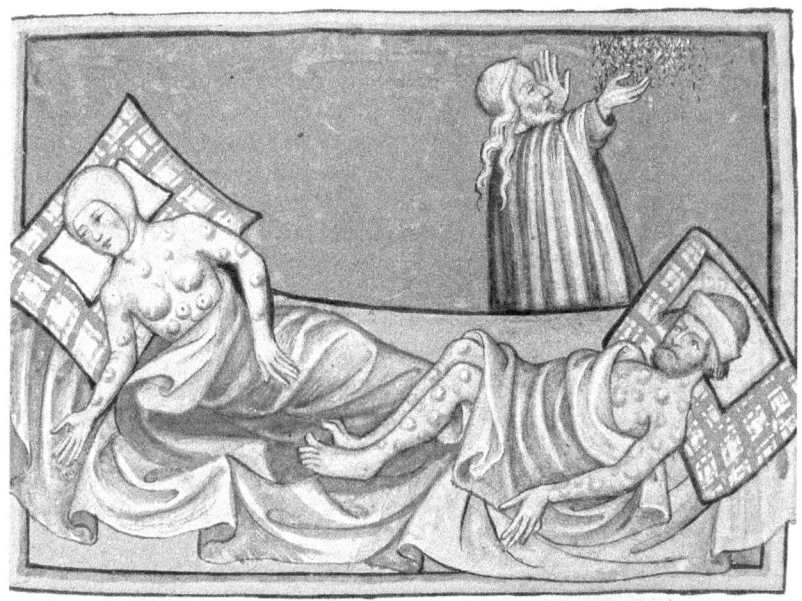

Representación medieval de dos «apestados».

la enfermedad. Enfrentarse a la enfermedad en la Edad Media no resultaba fácil aunque el afectado profesara una gran fe. En la ruta jacobea se emplearon remedios medicinales de todo tipo para hacer frente a estas terribles enfermedades. Para combatirlas, existían métodos variados y curiosos desde nuestro punto de vista. Por ejemplo, como medida profiláctica se pensaba que si se quemaban hojas de manzanilla o incienso, si se obligaba uno a levantarse poco antes de que saliera el sol, si se evitaban las relaciones sexuales o se incineraban los cadáveres, ropas y enseres de los infectados, se podría evitar la propagación pandémica. Para curar la enfermedad se proponía el ayuno acompañado de la ingesta de medicinas naturales pero también el uso de emplastos de frutos como es el caso de los higos para, por poner un ejemplo, tratar llagas y otras laceraciones cutáneas provocadas por la enfermedad aplicando en casos extremos el hierro candente. También se pensaba que las rogativas, oraciones o invocaciones a determinados santos o las procesiones de enfermos flagelantes podían servir para superar estas dolencias. He aquí ese otro panorama con el que podía llegar a lidiar el peregrino de entonces en su aventura jacobea.

Los peregrinos medievales en su trayecto por tierras de santos departían bajo las estrellas al calor de una fogata acerca de las leyendas que hablaban de sus milagros. Algunos de estos personajes imbuidos de santidad fascinaban a aquellos peregrinos. Uno de esos santos, sobre los que ya me he referido páginas atrás, fue el también asceta San Juan de Ortega, del que se decía que seguía obrando portentosos milagros aún después de muerto. En el año 1474 se quisieron trasladar los restos del santo desde su tumba, sita en una capilla ubicada en un lugar próximo a Santo Domingo de la Calzada, a la catedral de Burgos. Dice la leyenda que cuando trataban de llevarse el cadáver, por cierto muy bien conservado al parecer, numerosas abejas blancas hicieron acto de presencia en la capilla. Sabemos que según la tradición de la zona las abejas blancas simbolizan las almas de los niños que aún no han nacido. Se trata, una vez más, de un guiño pagano contextualizado y debidamente formalizado dentro del ámbito cultural jacobeo medieval.

Otras maravillas aguardaban al peregrino medieval. Es el caso del por entonces considerado Cristo más milagroso del mundo cristiano;

El ascetismo fue otro importante impulsor del fervor religioso en el Camino de Santiago en el medievo.

el que reposaba en el convento burgalés de San Agustín, desde el siglo XIII, y que era mostrado públicamente todos los viernes a las siete de la tarde. Aquel Cristo tenía el tamaño de un ser humano de la época y se decía que estaba cubierto de piel humana posiblemente momificada. También se afirmaba que había obrado clamorosos milagros entre los que destacaba la resurrección de dieciocho personas. Estas historias sobrecogían y asombraban a los peregrinos medievales y por esa razón antes de seguir camino muchos de ellos imploraban su protección en las siguientes etapas. También en Burgos, en el monasterio cisterciense de las Huelgas, existía una insólita imagen mecánica del Apóstol conocida como «Santiago del Espaldarazo» utilizada por los monarcas castellanos para armar a los caballeros[57].

En la siguiente jornada los peregrinos acudían a la Virgen de Villasirga convencidos de sus portentosas facultades milagrosas. Al llegar a León algunos peregrinos buscaban contemplar con sus desorbitados ojos el cuerpo de San Isidoro[58] en la iglesia de San Juan Bautista mientras que otros se quedaban a pernoctar en el Hospital de San Marcos para restablecerse del profundo cansancio y poder encarar las siguientes jornadas con renovados bríos.

Otra de esas etapas con un simbolismo especial era Astorga que, no olvidemos, fue la sede del obispo priscilianista Dictinio. Es a partir de esta etapa cuando el ya agotado peregrino medieval se percataba de la dureza de las próximas etapas lo que llevaba a muchos de ellos a abandonar su empresa y recomponerse de su larga marcha en el hospital de Villafranca del Bierzo en cuya iglesia de Santiago, tal como recojo páginas atrás, se encomendaban a su Cristo[59] previo paso por la conocida «Puerta del Perdón» donde se les exoneraba de toda carga espiritual por los pecados cometidos hasta la fecha. Algunos de esos peregrinos estaban agotados físicamente, otros simplemente estaban enfermos o moribun-

---

[57] En los siglos de esplendor del Camino medieval; es decir, antes del siglo XV, Santiago era también el estandarte de la lucha contra los moros y por extensión era en sí mismo un reflejo del prestigio del *Reino de Galicia* pero en el siglo XVIII las cosas cambiaron y en palabras de Armesto, «Castilla se mete en la piel del jinete celeste». Este Apóstol mecánico representaría entonces «un gesto solemne de la Galicia medieval la cual -tal vez a contra gusto y forzada por la puesta en marcha de un mecanismo extraño –se aviene a comunicar a Castilla su fuerza telúrica» (V. Armesto).

[58] Como en el caso de San Juan de Ortega, San Isidoro es deliberadamente vinculado con el mundo pagano al afirmarse que de pequeño fue alimentado con miel por cientos de abejas que cubrían su cuerpo infantil como símbolo de protección pues según la leyenda se perdió en un olivar.

[59] Este Cristo será objeto de culto a partir del siglo XIII.

dos por lo que conseguir llegar a este recóndito lugar les proporcionaba un enorme consuelo.

Aquellos que continuaban el duro ascenso llegaban hasta O Cebreiro desde cuyas alturas oteaban el horizonte reflexionando sobre las últimas jornadas que quedaban por cubrir. Superadas las etapas existentes entre Portomarín y Palas de Rei, el peregrino se desembarazaba de numerosos estímulos provocados no precisamente por los bellos paisajes y los fastuosos monumentos sino por las meretrices, los peregrinos y sacerdotes falsos, los tullidos, mendigos y otros personajes variopintos que salían a su encuentro constantemente en busca de unas monedas para aliviar su triste existencia. Conforme se acercaban a Compostela, los peregrinos apresuraban el paso y trataban de ser los primeros en divisar desde la distancia las torres de la catedral. En ese caso, el peregrino recibía el honor de ser considerado a partir de ese instante el rey de la comitiva. Una vez dentro de la ciudad santa nuevos personajes hacían acto de presencia arremolinándose alrededor y detrás de los peregrinos que avanzaban decididos hacia la catedral. Rebaños de niños hacían cabriolas y reían frente a ellos, los mendigos apostados en las esquinas pedían «esmola»[60], los comerciantes y artesanos mostraban sus productos y las prostitutas y otros personajes buscavidas mostraban sus habilidades y ofrecían sus servicios por un módico precio. Gracias a las descripciones documentales aportadas por Aimerico Picaud sabemos que si los peregrinos llegaban a Compostela a primeros de mayo serían testigos de una insólita tradición emparentada con el *entroido* galaico: un personaje disfrazado con motivos vegetales que ocultaba su rostro y parte de su cuerpo con ellos al que llamaban «O Maio» una reminiscencia del paganismo gallego en plena ciudad santa compostelana. Finalmente, los peregrinos al verse frente a la catedral de Compostela no podían refrenar su júbilo y al unísono entonaban como una sola voz un himno compuesto en el siglo XI por los flamencos que acabó por convertirse en el himno oficial de todos los peregrinos que llegaban a la catedral conocido como Ultreya y que reza así:

> *Herru Sanctiagu*
> *Got Sanctiagu*
> *E Ultreja! E suseja!*[61]

Naturalmente, en el siglo XII la catedral ofrecía un aspecto muy diferente al actual debido, entre otros factores, al hecho de que también

---

[60] Traducción al castellano: limosna.
[61] Lo que traducido al castellano significa: «Señor Santiago, adelante, arriba».

servía como cuartel y por eso presentaba un aspecto más de fortaleza que de templo de culto religioso al uso. De aquellos tiempos se conservan algunos detalles, entre ellos la famosa «cruz dos Farrapos», llamada así porque a sus pies existía un gran pilón en el que los peregrinos arrojaban sus viejas y desgastadas vestimentas para recibir posteriormente, como regalo por parte del Cabildo, nuevas prendas. Los peregrinos que entraban por la Puerta Norte de la catedral se recreaban observando unas escenas escultóricas del Paraíso que ya no existen y que no tienen nada que ver con la fachada neoclásica actual. También existía una fabulosa fuente donde destacaban las figuras de cuatro grandes leones de cuyas fauces brotaba agua cristalina. Pero el cambio más significativo con respecto al aspecto actual que presenta la catedral lo encontramos en la Praza do Obradoiro. En el año 1188 el maestro Mateo dispuso los dinteles del Pórtico de la Gloria. Poca gente sabe que antes de que el maestro llevara a cabo su fabulosa obra existió otro pórtico diferente al actual. Se trataba de un pórtico que representaba la Transfiguración de Cristo; todo un símbolo no solo en su visión tradicional cristiana sino también iniciática. Aimerico Picaud lo describe en sus crónicas con asombro. La representación de la Transfiguración se escenifica en el monte Tabor y aparecen personajes bíblicos tan relevantes como los apóstoles Pedro, Juan y Santiago, además de Elias y Moisés, este último sumamente significativo también desde el punto de vista iniciático si atendemos a las referencias del mito en lugares tan legendarios relacionados con el Camino como Noia, al que he hecho referencia capítulos atrás. Resulta desconcertante comprobar cómo poco después de ser presentado en sociedad el Pórtico de la Gloria fue objeto de litolatría por parte del pueblo. Desde entonces, multitudes de peregrinos han acariciado la base de la columna donde se representa el árbol de Jesé con las yemas de los dedos erosionando poco a poco la piedra hasta dejar impresa la característica huella con los cinco dedos de los fieles. Además, hasta no hace mucho aún se podía golpear con la frente la cabeza, también erosionada, de la figura del maestro Mateo conocida con el nombre de «O santo dos croques». Estas tradiciones evidencian el impulso pagano, casi instintivo, que aún pervive entre los gallegos a la hora de exteriorizar el culto a las piedras en un lugar tan significativo para la Cristiandad como es Santiago de Compostela. Una vez en el interior de la catedral las riadas de peregrinos iniciaban un recorrido emocional personal sin parangón en sus vidas. A todos los que llegaban a Compostela se les condonaban gran parte de sus pecados siéndoles perdonados todos si estos tenían la «suerte» de fallecer durante el viaje tanto de ida como de regreso a sus respectivos lugares de origen.

Representación artística del Pórtico de la Gloria (Jenaro Pérez, 1849).

El famoso vuelo del «botafumeiro» de plata con forma de torre fue una tradición posterior a los siglos que estamos describiendo y tuvo su génesis en el año 1530[62]. Una vez terminadas las liturgias religiosas los peregrinos salían de la catedral por la Puerta Norte y se confundían en el bullicioso gentío de la ciudad donde resonaban las voces de los trovadores y las hermosas melodías interpretadas por los músicos.

> MÚSICOS, TROVADORES Y JUGLARES
>
> La música es otro de los grandes actores del Camino. El canto más antiguo recogido en el Liber Sancti Jacobi es el canto de Ultreya -antes mencionado- compuesto en el siglo XII. Durante la etapa medieval fueron célebres algunas cantigas de Alfonso X El Sabio como la que dice:

---

[62] El 17 de enero de 1809 los franceses bajo el mando del general Franchesqui saquean la ciudad y la catedral. Entre las numerosas reliquias y tesoros que roban, destaca el famoso botafumeiro con forma de torre que será sustituido siglos más tarde por el actual elaborado en 1851 por el artista Losada.

Historia secreta del Camino de Santiago

> *Un home cego ahou*
> *Que a Santiago va,*
> *Mas ela ll'aconsellou*
> *Que fosse per Vila-Sirga*
> *Se quisiesse luma ver.*

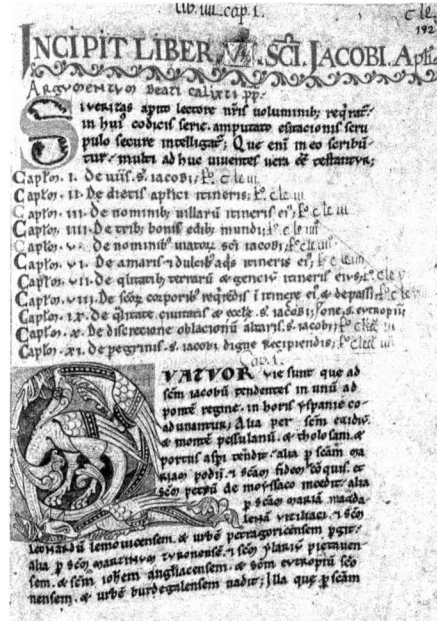

Liber Sancti Iacobi.

Otra de sus canciones más famosas, conocida con el nombre de Sancte Jacobe, nos cuenta la milagrosa intercesión de la Virgen al salvar de la muerte a un niño que estaba dentro del vientre de su madre a la que habrían golpeado con extrema brutalidad mientras viajaba por tierras de Santiago:

> *E de tal raza com esta*
> *Un miragre mui fremoso*
> *Vos direi que fez a Virgen*
> *Madre do Rei poderoso,*
> *En terra de Sant Yago,*
>
> *En un lugar montannoso...*

Cantigas de Santa María.

El Codex Calixtinus también recoge composiciones tan populares en la Edad Media como esta conocida como «Iacobe Servorum» y que dice así:

> *Spes et medicina*
> *Tuorum,*
> *Alleluia, alleluia:*
> *Suscipe servorum*
> *Miserans pia vota*
> *Tourum, alleluia.*
> *Gloria patri et filio*
> *Et spiritui sancto*
> *Alleluia, alleluia.*

Aparte de las Cantigas de Alfonso x El Sabio, con sus cuatrocientas veinte canciones escritas en lengua galaico-portuguesa o el Codex Calixtinus, existieron otros grandes libros medievales que desarrollaron numerosos poemas relacionados con la naciente tradición jacobea medieval; fue el caso del Llibre Vermell de Catalunya copiado en el monasterio de Montserrat en el siglo XIV. En sus milenarias y coloridas hojas encontramos danzas y cánticos recogidos por alguien anónimo a lo largo del Camino francés.

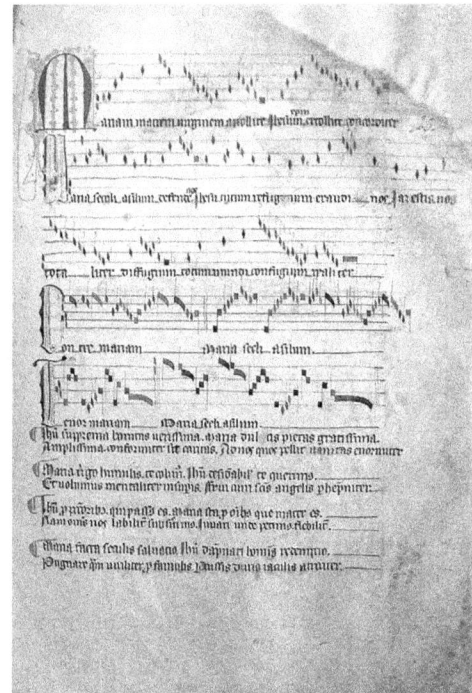

Llibre Vermell (Extracto).

Martín Codax fue uno de los trovadores gallegos más famosos de su tiempo y raro era no escuchar durante el Camino o en las calles de Compostela la más popular de todas sus composiciones (Cantiga de amigo), que decía:

> *Se vistes meu amigo*
> *E ai Deus se verra*
> *Cedo.*
> *Ondas do mar levado*
> *Se vistes meu amado*
> *E ai Deus se verra*
> *Cedo.*
> *Se vistes meu amigo*
> *O porque eu sospiro*

> *E ai Deus se verra*
> *Cedo.*
> *Se vistes meu amado*
> *Porque ei gran*
> *Coidado*
> *E ai Deus se verra*
> *Cedo.*

Cantigas de Amigo. Martín Codax.

Por entonces, los peregrinos que visitaban Compostela oían un variado repertorio de romances de diversa temática y en diversos idiomas. Uno de esos cánticos descubierto en su día por el gran Pío Baroja dice:

> *Pelegriñauc datos Santiagotican*
> *Atea iriqui besaicustiagatican,*
> *Chomiñ jozac trompeta,*
> *Pello, nun dec conqueta?*
> *Berdiña baldic baciagog*[63]

---

[63] Traducción al castellano: «Vienen los peregrinos de Santiago/si es que nos abren las puertas/tú, Chomín, toca la trompeta/¿Pello, dónde tienes la calabaza?/ Si es que viene vacía, llénala».

También encontramos composiciones marineras como esta escrita en lengua gallega:

«*Minha terra!, minha terra!*
Minha terra nao a nejo;
Minha terra é Santiago
Onde meus olhos navego?[64]

Músicos medievales (Codex Manesse).

---

[64] Traducción al castellano: «Mi tierra, mi tierra/ mi tierra no la niego/ mi tierra es Santiago/ ¿dónde mis ojos navegan?»

Capítulo 17
Pitagorismo en el Camino de Santiago

En el arte medieval jacobeo encontramos evidencias de conocimientos matemáticos complejos especialmente relacionados, como veremos, con la doctrina pitagórica. Hoy nadie niega que los peregrinos cultos que pertenecían a los diferentes gremios medievales estudiaban en el Camino numerosas técnicas arquitectónicas y artísticas entre ellas la geometría con sus implicaciones matemáticas pero también filosóficas. Por ejemplo, el arte románico es especialmente simbólico pues todo lo que se reflejaba en él tenía un significado. Así, por poner un ejemplo, la configuración del cuerpo humano se veía reflejada en la planta de sus iglesias y templos. Por su parte, el arquitecto gótico tenía presente patrones geométricos que denotan conceptos ideados por Pitágoras. Desgraciadamente conocemos muy poco de este misterioso personaje probablemente nacido en Grecia y que vivió en el siglo VI a. C.

Creemos que en su búsqueda de conocimiento viajó hasta Egipto donde aprendió matemáticas y geometría pero también magia. Al regresar a su patria elaboró una doctrina ética pero además científica teniendo como referente básico las matemáticas. Su doctrina fue todo un éxito promocionando la práctica del bien común, la armonía interior frente al cultivo de la posesión materialista y su idea más revolucionaria, incluso en nuestros días: el cultivo del conocimiento y del amor, los únicos caminos que nos permiten alcanzar esa plenitud y felicidad como

333

Pitagóricos celebrando el amanecer (óleo de Bronnikov).

individuos. El pitagorismo llegaría a su fin con el llamado incendio de Metaponto sobreviviendo solo unos pocos pitagóricos que fueron, finalmente, los últimos depositarios de un extenso conocimiento que decidieron preservar en secreto en pequeñas y discretas cofradías. Aunque

En esta representación pictórica de la misteriosa Hildegarda de Bingen, el hombre aparece contextualizado dentro del símbolo pitagórico del pentáculo.

Simbología pitagórica en los arcos de herradura de la iglesia de Santiago de Peñalba.

no existen fuentes escritas sobre el pitagorismo las ideas de esta doctrina han llegado hasta nosotros por otros canales como por ejemplo el representado por el colectivo de los gremios de constructores de la Alta Edad Media que eran conocedores de las teorías de Pitágoras y las analogías que este encontraba entre el ser humano y el Cosmos. Un ejemplo de ese conocimiento hermético lo encontramos en algunas de las ilustraciones de la enigmática monja benedictina Hildegarda de Bingen (1098-1179). En uno de esos dibujos la religiosa representa la figura de un hombre en el centro del Cosmos cuyo cuerpo se ve entrecruzado por unas líneas que acaban conformando un polígono con forma de estrella y que inequívocamente representa el símbolo del pitagorismo.

Se trata del símbolo de reconocimiento más importante de su doctrina: el pentalfa o pentagrama. Este símbolo está relacionado con el denominado número aúreo[65] y como hemos visto en páginas precedentes también lo encontramos representado a lo largo y ancho del Camino de Santiago. Uno de esos lugares sobre el que hemos pasado de puntillas es el Valle del Silencio. Allí encontramos la fascinante iglesia de Santiago de Peñalba con sus insólitos arcos de herradura; y es que los constructores herméticos medievales utilizaron en su construcción el pentagrama como trazado director. En otras palabras, ambos arcos de herradura surgen deliberadamente en los dos vértices inferiores del motivo estrellado pitagórico.

Hay que entender que el pitagorismo no solo era matemáticas, sino que era una doctrina filosófica que los peregrinos más cultos podían llegar a contemplar en su viaje por la ruta jacobea. Por lo tanto, la visión esotérica del Camino no es una quimera: es una realidad que la historia no debe ignorar. La denominada magia mediterránea surgió en Egipto y durante miles de años sobrevivió al paso del tiempo pero con el cambio de paradigma que supuso la llegada de la ciencia y la religión, aquel conocimiento fue condenado al ostracismo y acabó por perecer. Esa doctrina presuponía que todo lo que pasa en la realidad, en la naturaleza, está regido por las matemáticas, por los números y su traducción en pesos y medidas. Se pensaba que las figuras geométricas tenían su reflejo en la naturaleza y el Cosmos donde encontrábamos otras homólogas. Por eso se creía que esos símbolos tenían poder y podían servir, en la práctica, para muchos propósitos, desde curar enfermedades hasta destruir a los enemigos. Cualquier deseo podía hacerse realidad si la magia geométrica se ejecutaba correctamente. En el pensamiento hermético medieval, especialmente cuando surge el gótico, ese conocimiento hermético y por lo tanto mágico se traducía en un uso ponderado de disciplinas diversas

---

[65] También es conocido como el número de oro. Se trata de un número algebraico irracional representado por la letra griega φ (phi). Este número se halla dividiendo cada término entre el anterior y el resultado de ese cálculo, a medida que lo realizamos entre los términos ascendentes de la secuencia, se acerca paulatinamente a un número cuyos decimales son infinitos, dando como resultado 1,618033. Es un número cuya esencia se insinúa en las plantas, las galaxias, en la dinámica de los agujeros negros, en la estructura microscópica de algunos cristales, en el caparazón de los caracoles. Su descubridor, Euclides, lo definía así: la relación entre el segmento mayor y la recta debía ser la misma que la del segmento mayor y el menor, y la división de ambas longitudes, independientemente del tamaño de la recta final, daba lugar al misterioso número phi que definía a su vez la «proporción áurea» de la que hicieron uso los artistas y arquitectos medievales.

como la Kábala, la brujería del mundo antiguo, la astrología, la magia alejandrina, la alquimia y por supuesto el pitagorismo. Surge así un misticismo numérico sobre el que ya he hablado amplio y tendido en capítulos precedentes y que se solapa, como ya sabe a estas alturas el lector, en los muros de los grandes templos e iglesias del Camino. Es más, la propia catedral de Compostela, sobre la que hemos hablado por extenso, denota la utilización del símbolo pitagórico como patrón ordenador de las variadas configuraciones arquitectónicas y artísticas que presenta la catedral y por supuesto el número 9 está presente en el Pórtico de la Gloria a través de los 24 ancianos del Apocalipsis y otras composiciones a las que ya me he referido capítulos atrás.

Epílogo: El viaje eterno

El lejano Finisterre gallego ha sido el destino, durante milenios, mucho antes de que el Camino medieval existiera siquiera, de millones de almas en su viaje a la «eternidad». Y es que –como ya hemos comentado anteriormente– Galicia fue considerada, en su gran extensión, un territorio sagrado donde los antiguos pueblos de la Edad del Hierro escenificaron en grandes y fabulosos santuarios su cosmología y sus misteriosas deidades. Esa materialización de lo sagrado se hizo efectiva a través de manifestaciones rupestres, megalitos y otros elementos geográficos del entorno que en su conjunto y debidamente vinculados con la mecánica celeste conformaban y siguen conformando un diálogo con lo sobrenatural pero también con el universo y las estrellas que jalonan la Vía Láctea; el camino cósmico por el que viajaban las almas de los muertos en su viaje hasta el lejano horizonte, más allá de los acantilados de la Costa da Morte.

Esos potentes santuarios acabaron por ser cristianizados pero ese diálogo pagano con las estrellas y el alma humana sigue vivo hasta el punto de haber sido rescatado para la memoria colectiva gracias a la paciente labor de las nuevas generaciones de arqueólogos que nos han permitido entender la funcionalidad de aquellos lugares mágicos donde a veces pernoctaban las almas en su viaje al Más Allá. Es el caso del antes citado Facho de Donón. Allí arriba, en la cima de este castro, el Dios

Iglesia de A Nosa Señora das Areas; en su interior encontramos el milagroso Cristo de Fisterra. Según la leyenda la efigie fue elaborada por un testigo de la Pasión de Cristo; Nicodemo. Dice la historia que este iba navegando en un barco inglés cuando una feroz tormenta, frente a las costas de Fisterra, amenazó con hundir la nave. Para evitar el naufragio Nicodemo y otros tripulantes echaron al mar numerosos enseres entre ellos la efigie del Cristo de madera que al caer al agua provocó que la tempestad cesara súbitamente.

Berobreo sigue presente esperando con los brazos abiertos a aquellos que buscan la eternidad. Lo mismo sucede en Fisterra, Muxía o el mítico santuario de San André de Teixido, donde algunos de aquellos rituales paganos siguen vivos aunque tamizados por el Cristianismo. El propio san Andrés fue en realidad un sustituto de la deidad que gobernaba este lugar y que fue, una vez más, Berobreo.

El viaje a Compostela discurre por una sucesión de paisajes y territorios sagrados que tienen su claro reflejo en las estrellas que iluminan la ruta que conduce al peregrino a un viaje que desemboca en uno mismo. Y aunque muchos peregrinos devotos del Cristianismo encuentran en su marcha las señales de su fe, en realidad su funcionalidad ancestral pervive disimuladamente y se presta a ser interpretada por aquellos que se aventuran en esta singladura espiritual y cognitiva desde otras perspectivas. Viajar al verdadero génesis del Camino nos permite vislumbrar ese

«O Cristo de Fisterra».

Santuario de Santo André de Teixido fue muy probablemente un santuario en el que –como pasaba en el castro de Donón– arribaban las almas para descansar un tiempo antes de seguir su viaje al Más Allá atravesando el ignoto océano Atlántico siguiendo el rumbo marcado por la Vía Láctea. En realidad, es más que probable que San Andrés haya sido en sus orígenes el dios Berobreo o cualquier otro del que ya hemos olvidado el nombre cuya funcionalidad era la de hospedar y cuidar las almas de los difuntos antes de volar a las estrellas.

secreto que durante milenios guardaron celosamente los constructores de la catedral de Compostela, sabedores de la potente energía pagana que alimentó durante siglos este misterioso impulso que invita a los individuos a recorrer miles de kilómetros por un extenso territorio en el que aún perviven los ecos y las enigmáticas presencias de viejas cosmologías que se agazapan en la geografía sagrada que transitan en su viaje solar hacia el ocaso galaico. Al fin y al cabo, caminar a Compostela o la distante Fisterra conlleva recorrer, paso a paso, muchos lugares que en la remota antigüedad fueron funcionales desarrollándose en ellos ritos y cultos paganos que el Cristianismo no tardó en prohibir durante siglos después de su implantación.

Tal vez por ello, los que construyeron la catedral decidieron testimoniar la relación de esta meta sagrada con los rayos solares que antaño señalaron el lugar exacto donde los romanos erigieron un templo a Júpiter; acontecimiento que tenía lugar, como ya he señalado antes, en el momento del orto solar del solsticio de invierno. Razón por la que los maestros de obra decidieron preservar en los muros de cimentación de la nave sur de la catedral un ara dedicada a la deidad u orientar el rosetón superior de la fachada de las Platerías para que los rayos del sol del mediodía penetraran en el interior del transepto y el crucero de la catedral bañando con su luz el sombrío interior. Desde la Torre del Tesoro (*Torre do Tesouro*, en gallego) aquellos maestros de obra, sabedores de este secreto celosamente guardado durante siglos, podían testimoniar con sus ojos este diálogo pagano con el sol y el lejano Pico Sacro que se otea en la distancia.

Catedral de Compostela.

Peregrino exhausto recién llegado a la catedral de Compostela.

Peto de ánimas de Santiago de Compostela. Otro guiño del paganismo ancestral galaico.

Naturalmente, aquel lugar ya había sido objeto de adoración y culto para los nativos que habitaban los castros de la zona antes de que los romanos llegaran a Galicia. Antes de que los romanos retomaran la funcionalidad conforme a su cosmología de este lugar, los habitantes ancestrales de aquel viejo territorio sagrado ya daban vida al territorio en tiempos prehistóricos en el mismo lugar en donde siglos más tarde los constructores medievales erigirían la catedral de Compostela.

Este viaje a los orígenes de la tradición jacobea nos ha permitido transitar y conocer los numerosos santuarios sagrados de la Edad del Hierro relacionados con el Camino de Santiago, muchos de ellos aún funcionales y otros lugares que nos permiten entender las poderosas razones ideológicas que pudieron justificar el hacer pasar los restos depositados en Compostela como los pertenecientes a Santiago, cuando en realidad podrían ser los de Prisciliano.

En el momento histórico que se lleva a cabo la *inventio*, el litigio que hemos visto retratado en la leyenda de la *translatio* -que no es más que la confrontación entre el esquema de creencias religiosas de los antiguos pueblos galaicos y la nueva religión– representó la confrontación real entre el paganismo y el Cristianismo; por lo que es perfectamente posible que esa operación fuera realizada por los priscilianistas discretamente. No olvidemos que muchos miembros de la iglesia galaica simpatizaban e incluso militaban en las filas de Prisciliano después de muerto. Incluso hemos llegado a pensar que nuestra amiga la reina Lupa pudo ser la evocación de una diosa que ejerció su influencia en lugares reales; tal vez uno de esos lugares fue el castro de Mallou desde donde se divisa el monte sagrado de los celtas galaicos desde un promontorio rocoso sito en el mismo castro conocido como «*a cadeira da raínha Lupa*» («*la silla de la reina Lupa*», en castellano). Desde allí la misteriosa reina observaba sentada y en su majestad O Pindo, otro monte sagrado que evoca el «Pico Sacro» o monte *Ilicinus*, así conocido por los romanos y de gran relevancia para ellos pues estaba dedicado a Júpiter; desde cuya cima se podía observar de forma directa, en el momento del orto solar del solsticio de invierno, el señalamiento solar del punto exacto donde se ubicaba el templo dedicado a la deidad romana en el interior de la actual ciudad de Santiago de Compostela[66]. Esta evidencia nos hace sospechar la posibilidad de que, como acto de rebeldía, los huesos de Prisciliano y algunos de sus discípulos pudieran finalmente reposar en el interior de la catedral de Santiago de Compostela. Ese es uno de los grandes mis-

---

[66] Naturalmente, la Reina Lupa (*Rainha Lupa*, en gallego) pudo también ser la evocación de una diosa territorial. Concepto, como hemos visto, muy manido en las cosmologías indoeuropeas y celtas.

El ocaso en Fisterra

terios que tal vez nunca podamos desvelar, al menos mientras la Iglesia no permita los análisis de carbono 14 que nos podrían ayudar a datar los huesos y en consecuencia a ubicarlos en el tiempo confirmando de paso esta revolucionaria conclusión. Sea como fuere, esta ruta sigue manteniendo un eterno diálogo con el territorio y las estrellas. Una peregrinación que, ahora lo sabemos, comenzó hace siglos, mucho antes de que tan siquiera naciera el Cristianismo. Y es que viajar a Fisterra, hacer la ruta de Santiago, es caminar por las estrellas en busca de la eternidad. No hay mensaje más poderoso y universal que perviva en el tiempo y en el espacio durante generaciones. Y esta ruta de peregrinación es única en el mundo por eso mismo, porque nos permite experimentar lo que miles de años antes experimentaron de manera primordial los primeros peregrinos prehistóricos que viajaban a lugares de culto como Stonehenge o el misterioso país de lo sobrenatural: Galicia; territorio donde siglos más tarde la catedral de Compostela atraería a miles de peregrinos que ansiaban encontrar respuestas a las grandes preguntas de la existencia y los misterios de la Gran Obra.

«*A Rota das Estrelas*» (La ruta de las estrellas) desde Fisterra.

Historia secreta del Camino de Santiago

www.ingramcontent.com/pod-product-compliance
Lightning Source LLC
Chambersburg PA
CBHW070735170426
43200CB00007B/526